KB262896

사랑이 흐르는 물길
성민원 25년사

하나.
성민원은 기독교 정신으로 창조주의 뜻을 따라
사람을 사랑하며 세상의 빛과 소금이 되어
섬김과 나눔을 실천하기 위해 세워졌다.

하나.
성민원은 전능자의 가르침에 따라
영원한 행복과 봉사를 위해 만들어졌으며
사람의 생명을 천하보다 귀히 여기고
세상의 명예와 칭찬 그리고 명분을 뛰어넘어 선을 행하는
한 알의 밀알의 사명자로 부름을 받았다.

하나.
성민원은 특별한 정당을 지지하거나 개인의 유익을 도모하지 않으며
모든 사람을 행복하게 할 목적으로 서로 나눔과 섬김을 실천한다.

하나.
성민원은 구별은 하되 차별하지 않으며
아가페 사랑으로 소외된 이웃의 영육 간의 친구가 되어 돌본다.

하나.
성민원은 군포제일교회의 지원과 협력에 힘입어
거룩한 백성의 아름다운 삶을 실천하며
그 전통을 이어갈 것이다.

1998.3.5.

사랑은 계속 흘러갑니다

COMMUNITY

생수의 근원은
예수님께 있습니다

SOURCE

마르지 않는
샘이 넘쳐
흘러 지면을
적시고

FLOW

촉촉이 양분을 머금은
성민원의 토양에서

SENIOR

새로운 미래가 자라납니다
YOUTH

사랑이 흐르는 물길

사랑이 흐르는 물길

나무가 심겨져 자라나면서 비바람 눈서리를 만나고,
그를 견디면 나이테가 만들어지고 환경을 이기는 능력이 생깁니다.
사람이나 기관도 그와 같습니다. 성장과 발전의 과정에 위기와 기회는 늘 함께 옵니다.
성민원도 그동안 변화되는 여러 환경에 적응해 왔습니다.
군포제일교회 부설로 설립되어 오늘에 이르기까지
성민원 25년을 동행하며 세상의 소금으로 녹아온 날을 되돌아보니
생사를 함께한 영육의 가족들이 더욱 소중하고 모든 순간이 행복했습니다.
진리가 공급해주시는 힘과 환경으로 달려온 모든 날,
반석 위에 집 짓는 섬김과 나눔의 삶이 주는 큰 기쁨으로 무장된 성도들,
성민원의 정신을 사랑하는 후원자와의 만남, 모두가 은혜입니다.
참된 가족이 된 우리가 어려울 때 모이고 헌신했더니 열매를 보았습니다.
세상을 사랑하시어 독생자를 주신 아가페 사랑 정신으로
지금까지 왔고, 앞으로도 그렇게 갈 것을 믿습니다.
성민원은 하나님 사랑을 사람 사랑으로 실천하고
사람을 구원과 사랑의 대상으로 바라보는 가치관을 지키며 나아갑니다.
천부인권을 존중하면서 노인, 어린이, 장애인들의 의식주와 문화, 교육과 영원을 위해
아비목회와 어미복지의 위대함을 실천하고 사랑을 전할 것입니다.
자유대한민국이 복음통일을 이루는 날까지 보내심을 받은 지도자의 사명을 다해
지난날 심은 곡식의 열매로 행복한 오늘에 만족하지 않고 천국가는 날까지 달려갑니다.
100년의 새 시대, 복지의 새 지평을 열어갈 것입니다.
설립 때의 각오로 복음의 반석 위에 영원한 복을 함께 쌓아갑시다.
25년을 붙들어 주신 하나님께 감사드리며 교회와 성도들, 법인 이사와 자원봉사자들,
그리고 함께한 지역의 기관과 군포시청,
역사를 기록한 직원들에게 감사합니다. 모든 영광을 하나님께 돌립니다.

성민원 이사장 **권 태 진** 목사

CONTENTS

사랑이 흐르는 물길
성민원 25년사

CONTENTS

성민원이 만든 사랑의 물길

사랑이 흐르는 물길

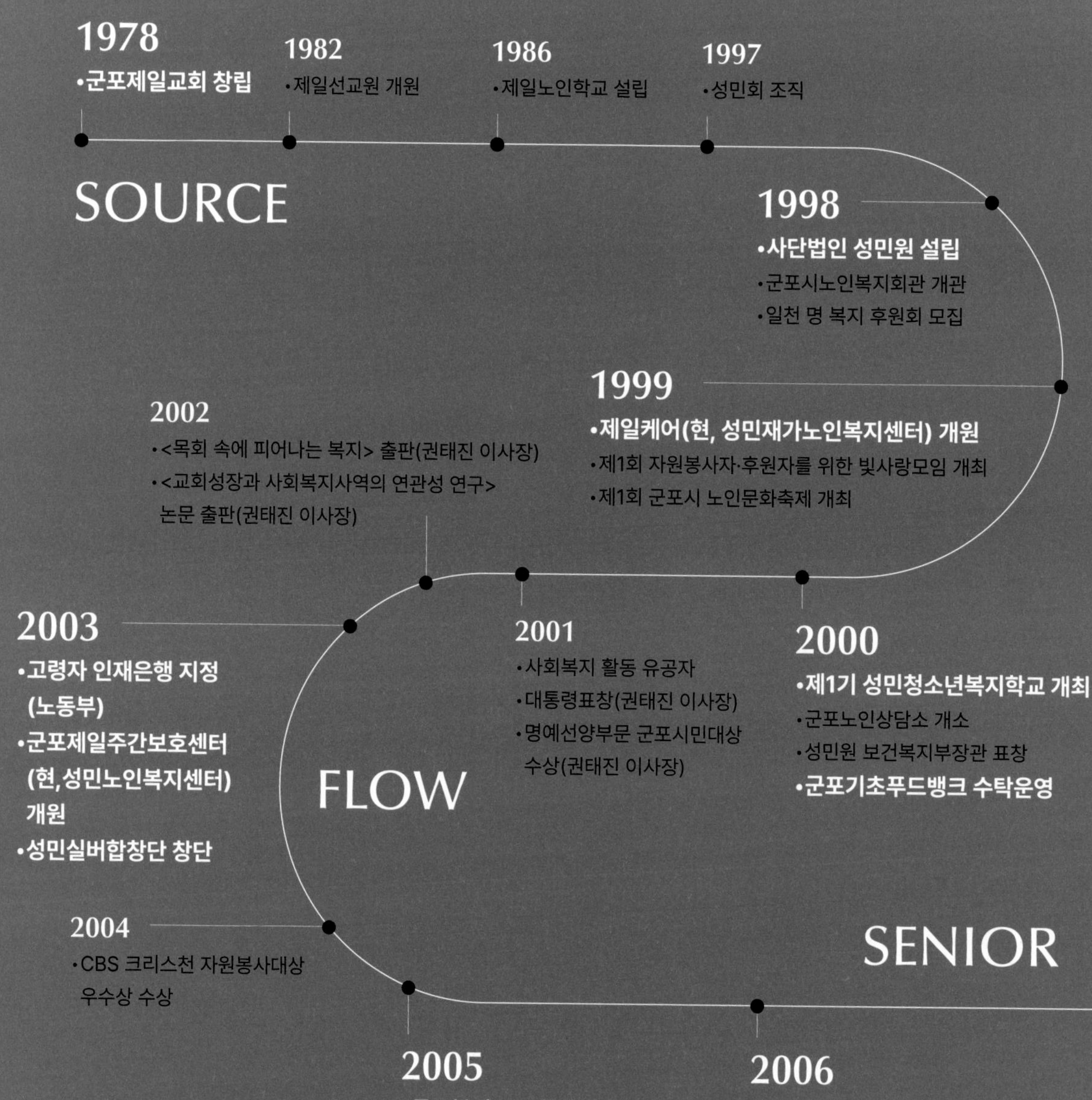

성민원이 섬기고 나누며 뿌린 씨앗은 물과 숲과 산악을 이루었고
성민원은 생명이 자라는 토양이 되었습니다.
이제 성민원의 토양에서 새 시대의 생명이 태어나고, 자라고, 꿈을 키우도록
아낌없이 나누고 섬기며 사랑합니다.

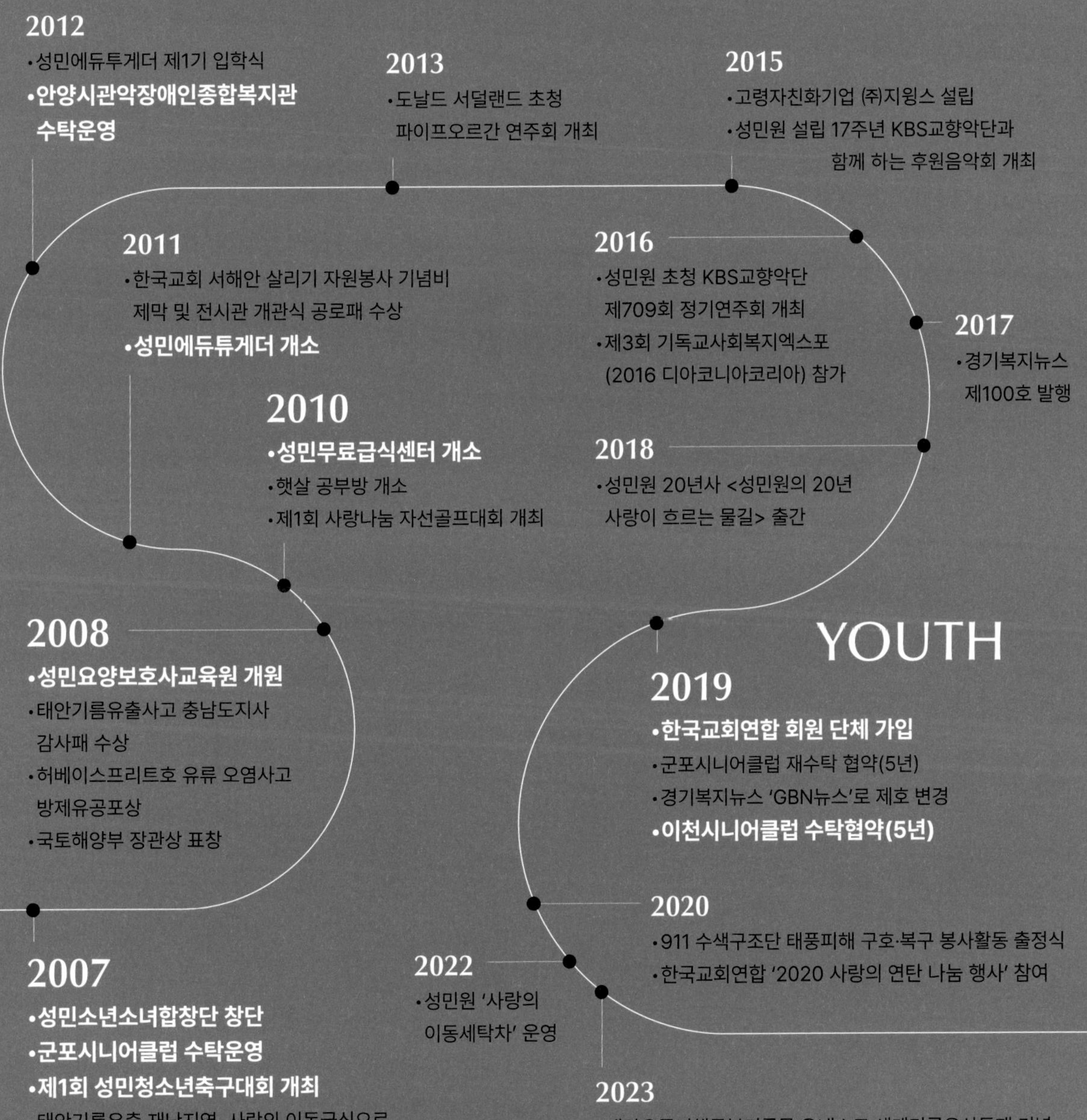

1 역사에서 탄생하는 미래

SOURCE
근원

THE FIRST

역사에서 탄생하는 미래

설립자 정신

사랑이 흐르는 물길

45년의 이야기 - 하나님이 써내려가신 빛과 소금의 사역

개척당시 천막교회 설립예배

Q. 복지가 처음 시작된 때의 이야기를 듣고 싶습니다.

A. 1978년부터 교회의 역사를 찬찬히 살펴보면, 한순간 한순간이 다 훈련의
과정이고 역사였습니다. 개척교회 시절, 방 두 칸의 가정집에서 한 칸은
예배당으로, 다른 한 칸은 사택으로 사용하던 때가 있었습니다. 그때부터 집
없고 힘든 사람, 실패한 사람들에게 같이 살자고 했습니다. 청년들 여러 명과
같이 살면서 예배하고, 밥 먹고, 새벽 기도 하고. 지금 생각해보면 그것이 그들을
구제하고 돌본 것이지만, 그때는 그저 가정이기에 집도, 쌀도, 위로도 같이
나누었던 거죠. 하지만 그렇게 동고동락하던 청년들이 매몰차게 떠나가기도
했습니다. 하나님은 그 사건을 통해 사람은 오롯이 사랑의 대상임을 깨우치게 해
주셨습니다. 그렇게 성도와 이웃의 삶의 접점에서 필요에 따라 자연스럽게 태어난
사역들이 성민원 복지의 시작입니다.

Q. 가정에서 시작해, 가정의 원리를 따른 것이 아비목회와 어미복지의 근간이 되었군요?

A. 그렇습니다. 저는 성도들과 제가 만난 어려운 이웃들을 가족이라 생각했습니다.
엄마는 아이가 태어나는 순간부터 한없는 사랑을 줍니다. 가정에서 아이들을 키울
때 교육학과를 나와야 할 필요가 없듯이, 하나님을 사랑하면 사람을 사랑하고,
사람을 사랑하면 복지는 배우지 않아도 그림자처럼 따라옵니다. 부모와 같은
사랑으로 시작된 복지는 그 본질이 변하지 않습니다. 끝도 없습니다.

Q. 그렇다면 성민원 복지의 가장 중요한 원칙은 무엇인가요?

A. 제1원칙은 사랑입니다. 사랑하는 마음만 가지면 됩니다. 사랑의 에너지는
복음에서 옵니다. 다른 방법이 없습니다. 저도 어디에서 배워온 것이 아닙니다.
사랑하기 때문에 저 사람에게 무엇이 필요한지 생각하고 하나씩 만들어가니 그것이
복지였습니다.

성민원은 노인, 장애인, 아동, 청소년 등 다양한 영역의 복지 사업을 수행하고
있습니다. 우리가 에너지를 쏟고 투자해도 돌아오는 것이 없어 보입니다. 그러나
계속 사랑을 쏟고, 심고 나눕니다. 그럼 성경에 약속된 대로 우리에게 복이 임하는
것을 경험합니다. 하나님이 주시는 비전과 축복이 있기에 마르지 않는 샘이 되어
계속 헌신할 수 있습니다.

제2원칙은 넘치는 물입니다. 교회에 하나님의 역사가 있으면 사람이 모이고,
사람이 많아지면 은혜의 샘이 넘칩니다. 그 넘치는 물로 이웃과 사회에 베풉니다.
성도의 것을 뺏어서 밖으로 주는 게 아닙니다. 행복한 사람이 사람을 행복하게 만들
수 있습니다. 울면서 누군가를 웃길 수는 없습니다. 행복으로 베풀면 하나님께서
어떻게든지 풍성한 복으로 채워주십니다. 하나님은 모든 씨 뿌림을 기억하시고,
내가 상상하지 못했던 부분에서 채워주십니다. 채워진 복은 또다시 넘쳐흐릅니다.
사랑의 물길이 선순환 되는 것입니다.

Q. 사랑의 물길이 선순환되는 하나님의 역사가 성민원에 보이는 듯합니다.

A. 지금까지 45년 복지의 역사는 하나님이 써내려가신 빛과 소금의 사역입니다.
하나님은 지금도 살아계시고 교회를 통해 빛과 소금의 사역을 펼치십니다.
성민원은 복지를 실천한 이래로 내적, 질적, 사회적 성장을 이루었습니다. 많은

노인재가 온천나들이. 2001

이들이 행복해졌고 함께 봉사한 이들도, 교회도 많은 축복을
받았습니다.

교회가 복지를 하는 것은 아주 이상적입니다. 교회에서
말씀을 통해 은혜를 받으면 언어는 물론이고 사상도
변화합니다. 밥을 먹으면 소화시킬 운동장이 있어야
건강해지듯, 교회에서 사랑을 전하자는 메시지를 들었을
때, 내가 가서 섬길 수 있는 곳이 있어야 합니다. 그곳에서
사랑을 행하며 경험해야 '아, 이것이 사랑이고 행함 있는
믿음이구나.'라는 것을 깨닫습니다. 이렇듯 사랑 실천의 장을
마련하는 것이 교회의 중요한 역할입니다.

제 2회 제일선교원 입학. 1986

**Q. 교회와 복지의 두 기둥이 함께 성장하며 시너지를 낼 수 있음을 보여주는 대표적
사례라 생각됩니다. 이 사역이 건강하게 유지되는 비결은 무엇일까요?**

A. 저는 복지의 세 겹줄이라고 말하겠습니다. 먼저 복지는 교회의 지상명령, 즉
예수님의 사랑을 전하는 일을 합니다. 둘째, 복지는 성도와 이웃에게 삶의 터전인
직장을 마련해 줄 수 있습니다. 셋째, 복지는 수혜자와 봉사자를 막론하고 복지
경험을 한 모든 사람에게 아가페 사랑을 느끼게 합니다. 이 세 겹줄 중에 하나라도
유지가 된다면 복지는 계속됩니다. 교회가 예수님의 사랑을 전하고, 삶의 터전을
마련해 주고, 아가페 사랑을 느끼게 하는 역할을 감당한다면 사회에 귀감이 되고
교회는 칭찬을 받습니다. 멀리, 그리고 넓게 봤을 때 교회가 부흥하는 토양을
만드는 셈입니다.

100년의 이야기 - 새로운 시대, 100년의 토양을 다지다

Q. 다음 세대를 향한 마음이 궁금합니다. 어떤 비전을 품고 계신가요?

A. 요즘 저의 고민은 '아이들의 미래를 위한 교육을 어떻게 바로잡을 수 있을까'
하는 것입니다. 시대가 급속도로 변화하면서 무분별한 사상과 가치관이 사회
문화의 흐름을 타고 거침없이 유입되고 있습니다. 사회와 미디어가 나서서
아이들의 인성을 파괴하고, 부모의 체벌을 고소하는 게 인권이라며 가정의 해체를
조장합니다.

거친 물살의 환경 속에서도 흔들리지 않고 분별력을 갖기 위해서는 말씀에 기초한
인성교육이 가장 필요합니다. 공부보다 중요한 것은 아이들의 존재 그 자체입니다.
군포제일교회는 40년 전부터 선교원을 통해 4세부터 말씀 교육과 인성 교육을

해왔습니다. 자유롭고 창의적인 아이로 성장하도록 기도했습니다. 성경을 그대로 믿고 기도하는 훈련은 일천일 24시간 기도를 통해 단련되어 갑니다. 아이들도 함께하고 있습니다.

제게 남은 시간 동안 꿈이 있다면, 생명 다하는 날까지 다음 세대 아이들에게 복음을 전하며 100년의 기초를 만들어 주는 것입니다. 촘촘하고 정밀하게 아이들의 교육과 성장의 토양을 마련할 것입니다. 지금 태어나는 아이들이 살아갈 새로운 미래, 100년의 토양을 다지기 위해 복음으로 심고 삶으로 보여주는 비전을 갖고 있습니다.

Q. 향후 10년을 바라볼 때, 복지는 무엇에 중점을 두고 나아가야 할까요?

A. 정부가 복지국가를 추구하면 민간의 영역과 자율은 축소되기 마련입니다. 수년간의 복지흐름은 정부 주도적 성향이 강했습니다. 복지국가로서의 정부는 감시와 통제가 강하고 관리자의 역할을 합니다. 실제로 사업을 수행하는 주체인 민간 기관의 창의성과 자율성은 약해집니다. 사랑이 아닌, 제도 아래 평가받습니다. 복지의 패러다임이 바뀌는 때가 옵니다. 생산적 복지를 추구하는 정책이 마련되고, 민간에 자율성이 주어지면 교회보다 복지를 더 잘할 기관은 없습니다. 일반 복지는 따뜻한 옷을 입혀줄 수는 있어도, 공허한 마음을 채워주지는 않습니다. 손발의 케어만큼이나 중요한 것은 눈빛으로, 복음의 언어로, 따뜻한 마음으로 하는 케어입니다. 영혼의 케어가 사람을 살립니다. 이러한 것들은 일반 복지에서는 흉내 낼 수 없습니다. 아가페 사랑으로만 가능합니다.

Q. 그 안에서 성민원은 향후 어떤 역할을 감당하리라 생각하시나요?

A. 성민원은 미꾸라지 통에 메기와 같은 면이 있습니다. 고요히 지내던 미꾸라지 통에 메기 한 마리를 넣으면 그를 피하느라 미꾸라지들이 생기를 잃지 않는다고 합니다. 메기효과라고들 하지요. 사회복지계에도 어느 정도 정해진 룰이 있지만 성민원은 우리가 일할 수 있고, 도울 수 있다면 청소년 영역이든 장애인 영역이든 사랑과 복음이 필요한 곳 어디든 뛰어듭니다. 아무런 조건 없이 사역하는 이유는 단지, 사랑입니다. 관행을 따르지 않아 지금은 메기 같아도 성민원은 앞으로 더 성장해서 전국적으로 사회복지의 모델을 제시하며 중추적인 역할을 할 거라 기대합니다.

더불어 복음을 가지고 전진하면 세상이 상상하지 못한 창의적이고 도전적인 사업을 추진해나갈 수 있습니다. 앞으로 성민원은 기독교 복지 네트워크를 만들어 갈 것입니다. 전국 8도에 있는 교회가 복지를 할 수 있도록 개 교회별로 지원할 수 있는 프로그램을 마련할 계획입니다.

Q. 성민원이, 그리고 다음 세대 리더들이 그 역할을 잘 감당해야 하겠군요.

A. 그동안은 제가 직접 그라운드를 뛰었습니다. 젊을 때는 선교원 아이들 봄 소풍에
함께 가고, 청소년과는 일 년에 두 번씩 밤이 새도록 '대화의 시간'을 가져 거룩한
꿈을 갖고 성장하도록 지켜보았습니다. 청소년복지학교의 개회 강의도 제가
도맡아 하던 시절이 있었습니다. 성민원이 자라는 과정에 제가 직접 관여한 일이
많았습니다.

이제는 그라운드 밖에서 코치로서 비전과 방향을 제시하는 게 중요한 때라고
생각합니다. 성민원의 정신과 가치를 잘 아는 시설장들이 그동안 많이
성장했습니다. 이제 우리가 가진 노하우와 역량을 다음 세대들에게 잘 전달해야
합니다. 지금의 성민원을 이끌었던 1세대 리더들에 이어, 젊은 리더들 역시 꾸준히
양성해 나가고 있습니다.

선교원 시절부터 말씀 안에서 자란 아이들은 현재 교회와 사회의 중추적 역할을
감당하고 있고, 복지의 수혜자들은 복지후원의 주체가 되었습니다. 누군가는 10년
후의 대안이 무엇이냐 묻습니다. 사랑의 물길은 끊임없이 순환하며 새로운 물길을
만들 듯, 눈에 보이지 않아도 우리가 이미 45년 전 시작한 복지사역이 재생산,
선순환하며 100년의 대안을 만들고 있습니다.

그 안에서 자란 젊은 리더들이 이 사랑의 정신을 가지고 복지를 하면 가까운 미래,
10년 뒤에는 성민원의 사역이 훨씬 힘 있게 나아갈 것입니다. 지금 운영되는 사업이

성장하고, 아동 청소년 교육과 상담을 중심으로 영역을 확장할 계획입니다. 가까운 미래에 성민원의 식구들이 늘어나고, 10년 뒤엔 성민원이 빛을 발하는 전성기가 올 것입니다.

Q. 성민원 복지의 경험을 토대로, 한국교회가 가지고 가야 할 복지의 방향을 나눠주신다면 향후 100년의 기독교 복지 사역에 큰 힘이 될 것 같습니다.

A. 교회가 가지고 있는 인적 자원, 물적 자원, 환경적 자원이 민간 복지와 연결될 때, 지역을 윤택하게 할 수 있는 길이 열립니다. 교회가 사회로 보내는 사랑은 조건적 사랑이 아니라 아가페적 사랑입니다. 섬김과 나눔을 실천하며 아가페적 사랑을 실천하는 것이 성시화 운동으로 연결되고 거룩한 제사장의 나라가 되며, 세상에서는 빛과 소금의 역할을 실천하게 될 것입니다. 그 실천으로 인해 사회는 아름다워질 것입니다.

우리가 가는 길은 선명합니다. 오직 성경의 가르침대로, 아가페 사랑, 영혼 사랑으로 모든 사역을 시작했습니다. 이것이 변함없이 지켜져야 힘을 잃지 않습니다.

교회가 끊임없이 하나님이 주시는 힘으로 계속 복음을 전하고 복지를 실천하면 하나님께서 주시는 복이 땅 밑으로 흐릅니다. 땅 밑으로 흐르는 물은 나무를 키워 열매를 맺게 합니다. 하나님의 영광이 다시 사랑이 되어 흘러 우리가 밟고 있는 땅을 촉촉이 적시고 양분이 되어 더 많은 나무, 더 많은 열매를 키우게 되기를 소원합니다.

FRONTIER

역사에서 탄생하는 미래

복지의 뿌리

성민원 복지의 시초는 45년 전 군포제일교회의 설립 때로 거슬러 올라간다.
교회가 군포시 곳곳을 돌아보며 한 사람, 한 사람 먹을 것과 입을 것을, 마음의 위로를,
영혼의 평안을 주었던 작은 돌봄들이 바로 복지였다.
어찌보면 지금보다 더 밀착된 맞춤 복지를 실현한 때였다.
그 사람의 육체를 돌보면, 영혼은 하나님을 바라보는 힘이 생긴다.
사람들은 직면한 삶의 문제에서 빠져나왔을 때, 여유를 찾고, 믿음을 갖고 희망을 가졌다.

천막, 낮은 곳에서부터

1978년 10월 15일 시흥군 남면 당리 122, 한 아카시아 나무 옆 공터에 천막이 세워졌다.
서늘한 가을바람이 불 때, 권태진 목사는 그 당시 임신 중인 아내와 함께 천막을 예배당
삼아 교회를 세웠다. 그 천막이 바로 군포제일교회이며, 성민원 사랑의 초석이었다.
당시 예배당 안에는 가마니 깔린 바닥에, 철제 책상으로 대신한 강대상, 그리고 풍금
하나가 전부였다. 천막 앞에 세워 놓은 십자가가 있었는데 그마저 누군가 뽑아서
부러뜨렸다. 그러나 천막에서는 새벽 기도 소리가 끊이지 않았다. 때는 초겨울 문턱, 제법
쌀쌀한 날씨였지만 불붙는 듯한 기도의 열정을 막지는 못했다. 황량한 천막이었지만
성령의 역사하심으로 온기가 가득했다. 이웃을 향해 퍼져나가는 사랑과 복음을 향한
뜨거운 열정이 복지의 씨앗이 되었다.

권태진 목사가 가진 목회자로서의 첫째 소명은 영혼을 구원하고 사람을 사랑하는
일이었다. 성령의 능력으로 병에서 고침받은 경험이 있는 그는 받은 사랑을 전하고픈
마음이 요동쳤다. 성령의 인도하심을 따라서 온 군포에서 그의 시선은 늘 하나님의
사랑이 필요한 사람에게로 향했다. 사람을 사랑하고 불쌍히 여기는 마음은 하나님이 주신
마음이자, 예수님의 마음이다.

당시 군포는 시흥군 남면으로 불리던 시골이었고 당시 교회 근처에 공장이 있었다. 그곳에
취직한 청년층이 교인의 대부분이었다. 그 중에는 숙소를 마련하기 어려워하는 청년들이
많았다.
권태진 목사는 가난을 몸소 체험했기에 그들의 아픔이 보였다. 그들에겐 아직 젊음과
회복할 열정이 있었다. 권태진 목사는 그들을 사택으로 불러 함께 살았다. 가난이 족쇄가
되지 않고 스스로 행복해지는 길을 찾아 새 삶을 꿈꿀 수 있도록 영혼과 마음을 먼저
돌보았다.

청년들의 삶을 세우다

천막 예배당이 철거당한 후 이사한 가정교회에서 방 두 칸 중 한 칸은 예배당으로
사용하며 남자 청년들은 목사와 함께 지내고, 여자 청년들은 사모와 함께 지냈다.
주일에는 점심식사를 교회에서 함께했는데 젊은 청년들의 식사량을 감당할 만큼 넉넉지
않았다. 쌀이 떨어지면 청년들에게는 라면을 끓여 먹이면서도 산모인 사모는 소리없이
굶는 날이 허다했다.

> "어느 날 집에 쌀도, 라면도 다 떨어지고 더이상 식구를 거느릴 수 없는
> 상황이었어요. 그래서 (청년에게) 하숙을 구해보면 좋겠다고 조심스럽게
> 권했더니 사모님이 해주시는 밥이 맛있는데 나가라 한다며 심하게 토라져
> 말도 섞지 않고 지내더라고요. 제가 그때 만삭이었는데 연탄을 들고 힘들게
> 계단을 올라와도 못 본 체하고 외면하더니, 주일예배를 서울에 있는 교회로
> 다녀오더라구요. 그때는 큰 상처였지만 지나고 보니 그 때가 하나님의
> 훈련기간이었어요."
>
> 김희연 사모

> "사람에게 계속 실망했던 순간들은 하나님을 온전히 의지하게 하는
> 시간들이었습니다. 사람 편에서 보면 서운하지만 지나고 보면 사람은
> 사랑의 대상이지 의지의 대상이 아님을 깨닫게 하시더라고요."
>
> 권태진 목사

그러나 오갈 곳 없는 청년들을 돌보는 것은 하나님의 종 된 자로서 당연한 일이라고
여겨 멈추지 않았다. 공깃밥 한 그릇을 나누어 먹으면서도 잘 살 수 있다는 희망을
예수님께로부터 얻었다. 그런 목사의 삶은 성도들에게 큰 자극과 귀감이 되었다. 그때

함께 동고동락한 청년들은 고스란히 복지의 씨앗이 되었다. 그들은 복지의 첫 번째
수혜자였고, 그리스도의 사랑을 통해 앞으로 후원자가 될 에너지를 얻었다. 가난한 이들의
영혼과 육체를 먹이는 일은 점점 그 폭을 넓혀 그들의 삶을 일으키는 생산적 복지로
이어졌다.

> "믿는 사람들은 다 함께 지내며 모든 것을 서로 나누어 쓰고 재산과 물건을
> 팔아 각자의 필요에 따라 나누어 주었다."
>
> 사도행전2:44~45

천막 교회가 철거당하고 몇 번의 예배 처소를 이전하면서도 목사와 성도들은 굶주리는
사람과 소외된 이웃을 위해 자신의 쌀독을 비웠다. 특히 권태진 목사와 김희연 사모는
함께 기거하는 교인들을 먹이기 위해 정작 본인들은 물로 헛배를 불린 적이 많았다.
말씀을 가슴에 새기고 늘 마음을 다잡지 않고서는 극복하기 힘든 경제적 빈곤이었다.
그러나 때마다 일용할 양식 주심을 체험하며 믿음의 성장 기간이었음을 깨달았다.

교회 주변에 사는 청소년 중에는 부모를 잃고 힘겹게 생활하는 소년소녀가장들이 있었다.
교회에서는 그들에게 장학금, 생활비를 지원했다. 권태진 목사와 사모가 정신적인 부모가
되어 주며 바르게 성장할 수 있도록 도왔다. 그들은 교회 안에서 하나님의 자녀로서
자존감을 찾고, 장성해 하나님의 충성된 일꾼으로 아름다운 가정을 이루었다.

발길 닿는 곳마다 사랑을

현재 시행 중인 복지 서비스 중 '노인맞춤돌봄서비스' 라는 프로그램이 있다. 그런데 1980년대에도 이미 '맞춤돌봄' 서비스는 존재했다. 직접 가정에 찾아가 영과 몸의 마음의 빈곤을 살피던 '심방' 사역이 바로 그것이다.

> "그 당시에는 담임목사님, 사모님께서 심방을 주로 다니셨어요. 저희들 중에도 시간되는 사람은 함께 따라나섰죠. 질퍽한 논길을 지나 조그만 아파트에 사는 한 가정에 찾아갔어요. 부부가 우리 일행을 맞이했는데, 담임목사님은 어머니께서 어디계시냐고 물으시고는, 꼭 잠긴 방문을 열게 해 문안 인사를 드리셨어요. 문을 걸어놓았던 걸 보니, 가족들은 거동을 못하는 노인을 보이고 싶지 않았나봐요."
>
> 이희숙 권사

> "그 이후로 노인들을 편안히 모실 수 있는 기관이 필요하겠다고 많이 말씀하셨어요. 복음으로 어르신을 돌보는 곳이 있다면, 가족들도 편안해질 수 있으니까요."
>
> 권수안 권사

권태진 목사와 김희연 사모의 섬김은 함께 심방을 다니던 성도들에게 자연스럽게 체득되었다. 성도들은 이웃을 돕는 일에 자발적으로 나서기 시작했다. 그 당시 교회의 사역을 찬찬히 돌아보면 그것이 바로 복지 서비스였다. 교회 앞에 혼자 사는 노인의 거동이 불편하다는 것을 알고는 구역장들이 돌아가며 집 안을 청소해 주고, 병원에 데려가고, 음식을 수시로 만들어 갖다 주며 복음을 전했다.

> "15년 이상을 하반신 장애로 사시는 분이 계셨습니다. 교회 건너편 건물 3층에 살던 분이었습니다. 그 집에서 우리 교회가 보였습니다. 그는 사랑하는 아내에게 외면 당하고, 아들들도 다 떠난 상태였고 중학생 막내딸만이 함께 살고 있었습니다. 혼자서는 화장실 출입도 어려운 지경이었습니다. 저는 그곳에 자주 들러 그에게 복음도 전하고, 두런두런 대화도 나누었습니다. 그는 10년 이상 바깥 세상을 구경하지 못했다며 울분을 토했습니다. '목사님, 저는 세상이 싫습니다.

지금 당장 죽어 차라리 지옥에라도 가고 싶습니다. 그만 죽게 해주세요' 저는
우리 전도인들과 여전도회원들에게 그 가정을 돌보아 주기를 부탁했습니다.
권태진 목사

"그 당시는 늘 수요일 10시에 기도회가 있었어요. 기도회를 마치면
필요한 가정에 심방을 다녔어요. 수요일 뿐 아니라 매일 우리는 가정들을
돌보았어요. 교회 건너편에 사시던 그 가정에는 반찬이나 쌀을 갖다드리고,
가서 예배를 드리고, 3층 계단을 오르내리는 일을 돕고 그랬어요"
뉴녕숙 권사

여전도회는 매년 연말이면 환경미화원과 독거노인, 장애인들에게 양말과 장갑, 쌀, 과자,
과일 등을 선물했다. 성도들은 바쁜 시간을 쪼개서 치매 환자나 거동이 불편한 노인들의
손과 발 역할을 했고, 어버이날이 되면 정성껏 음식을 만들어 대접했다. 여전도회는
하나의 종합복지관과 같은 역할을 했다. 청년들은 후원개발을 담당했다. 5월이 되면
독거노인 가정을 방문하여 떡을 준비하고, 카네이션을 달아드렸다. 보육원, 소년원
등에 방문하여 봉사하고, 선물을 나누었다. 연말이면 불우이웃돕기를 위한 일일찻집을
열었고, 여전도회에서는 바자회를 열어 수익금 전액을 지역사회의 어려운 이웃을 위하여
사용했다.

교회와 구성원 전체가 하나님의 사랑을 실천하며 복음으로 마음을 따뜻하게 했다. 그
과정에서 봉사자들이 놀라운 하나님의 은혜를 체험했다. 돌봄을 통해 누적된 경험은 어느
전문적 지식에 비할 수 없었다.

40년 전 시작된 미래

권태진 목사는 맑은 눈으로 종알거리는 아이들을 보며 그 영혼의 중심에 하나님의 사랑이
자리잡기를 원했다. 아이들은 보배이며 우리의 미래이다. 태어나면서부터 보고 들은 모든
것들이 수십 년 뒤, 세상에 그대로 펼쳐진다. 그러므로 지금 아이들에게 심는 모든 것이
미래의 세상을 좌우한다고 믿었다.

당시 동네엔 초등학교 이전의 아동들을 교육할 만한 곳이 없었다. 어릴 때부터 하나님
말씀 위에 사랑과 정의를 가르치는 선교원이 필요하다고 생각했고 1981년 9월에 선교원
설립을 위한 기도를 시작했다. 1982년 5월 2일에는 보건사회부로부터 어린이집으로
정식 인가를 받아 제일선교원을 개원했다. 첫해에는 300만 원의 빚을 졌다. 작은 교회가
선교원 건물의 월세와 교사들에게 줄 월급을 확보하는 일은 결코 쉽지 않았다. 하지만
삼사십 년 뒤를 바라보면 선교원을 포기할 순 없었다. 그래서 초기 1-2년간의 아이들
식사와 간식은 김희연 사모가 담당했다. 교사들은 보수가 적거나 없을 때라도 권태진
목사와 사모가 가진 비전을 함께 바라보며 기쁨으로 감당했다.

> "1980년대 어렵던 시절에는 선교원 원비를 꼬박꼬박 내지 못하는 아이들이
> 많았습니다. 교사 월급도 주기 힘든 달도 있었어요. 그럴 때도 담임목사님,
> 사모님은 아이들을 포기하지 않았어요. 교사들은 돌아가며 월급을
> 나누어 받고 사모님은 아이들의 점심식사를 손수 준비하며 말씀 교육을
> 이어갔습니다."

이순선 권사

제일선교원 개원예배. 1982

사랑이 흐르는 물길

선교원의 설립 목적은 세상에서 가장 연약하고 상처받기 쉬운 어린아이를 돌보며, 어린 영혼을 하나님의 말씀으로 가르치고, 예의 바르고 지혜로우며 거룩한 어린이로 성장시켜 요셉과 같은 꿈을 가진 이들로 키우는 것이다.

그렇게 세워진 선교원은 아이들이 하나님의 사랑을 가득 받고, 스스로 기도하는 삶을 살도록 양육하고 있다.

선교원 아이들은 성민원을 통해 복지현장을 체험할 기회를 얻는다. 고사리 같은 손으로 나눔을 위한 저금통을 채우고 엄마와 함께 만든 도시락을 전한다. 아이들은 예수님의 사랑을 직접 실천하며 마음에 사랑이 점점 자라나는 것을 배우고 깨닫는다.

선교원 졸업생들은 사회의 각 분야에서도 영성과 실력을 겸비한 인재로 두각을 나타내고 있다. 그 중에는 선교원의 교사로서, 원아들의 부모로서 선교원으로 돌아온 이들도 있다. 2023년 2월까지 38회, 총 2,073명의 아이들이 선교원을 졸업했다. 선교원의 개원은 복지사업의 첫걸음이었다.

노년의 삶에 전환점을 만들다

경제발전이 가속화되던 80년 대는 생산력 없는 노인들이 설 곳이 없었다. 그러나 늙음은 병이 아니다. 권태진 목사는 경로당을 찾아가 노인들의 말벗이 되고, 어려운 일을 당한 사람의 상담자 역할을 했다. 어릴 적 할아버지를 극진히 모시는 어머니를 보며 자랐기 때문이다.

"제가 어릴 적 어머니는 시장에 다녀오시면 쓸쓸히 혼자 계셨던 할아버지께
김 몇 장을 구워 식사를 차려드리며 시장의 고춧값, 마늘값도 일러드리고,
약장수가 원숭이를 데리고 왔다며 시장의 풍경을 이야기해드렸는데
할아버지께서 수염을 쓰다듬으며 즐거워하시던 모습이 기억 속에 아주
아름답게 남아있습니다."
권태진 목사

목회를 시작할 때부터 무료한 어르신들이 시간을 값지게 보낼 수 있는 교육기관을
만들어야겠다는 비전을 품었다. 교회가 가난한 자와 하나 되어 그들을 이해하고 가족처럼
돌보며 그들의 필요를 채워주는 것, 그것이 세상에서 섬김의 소명을 받은 하나님 자녀들의
특권이며 의무임을 깊이 깨달았다.

"효도는 자랑할 것이 아닙니다. 빌려준 사람이 빚을 받는 것처럼 당연한
일입니다. 황혼의 빛은 어떤 빛보다 아름다운 것처럼 노인들을 만남으로
얻는 지혜와 지식은 놀랍습니다. 어머니는 나에게 많은 것을 배우게
하셨습니다. 노인학교를 세워 노인들과 함께 하도록 동기부여를 해 주신
분입니다. 생활의 안정이나 환경을 핑계하지 말고 건강하실 때 잘해드려야
한다고 제게 일러주셨습니다. 그래서 교회가 안정되고 넓은 공간이 있을 때
노인학교를 하는 것보다 지금, 바로 이 시간이 적기라 생각했습니다."
권태진 목사

권태진 목사는 한국이 고령화 사회로 접어들 것을 미리 예견한 선각자였다. 이에 대한
대처가 시급하며 이는 교회의 사명이라고 생각했다.

"의학이 발달하면서 평균 수명이 연장되고 따라서 노인 인구가 계속
증가하고 있습니다.…(중략) 이런 상황에서 우리 기독교인들은 더 이상
노인문제를 외면해서는 안 됩니다. …(중략) 이 일을 할 수 있는 것은
교회뿐입니다. 사명감을 가지고 기독교인들의 은혜로운 생활을 위한
방법을 모색해야 합니다. 노인문제는 곧 우리의 미래를 결정하는 중요한
문제입니다."
권태진 목사

1986년 5월, 제일노인학교를 설립했다. 처음 명칭은 제일노인학교였으나 다음해부터는
제일노인대학이라 칭했다. 대상은 55세 이상, 40명 정원이었다. 학장은 권태진

목사였으며, 이사 오창흠 은퇴목사와 정성묵 집사, 교장 현명도 은퇴목사, 음악담당
최현숙 집사, 체육담당 이순선 집사와 손명숙 집사, 서예 현상진 집사, 노인복지 박용구
집사, 건강특강 구연준 원장, 서기 권수안 집사가 담당하였다.* 노인대학의 일꾼들은
여전도회원과 선교원 교사들이었다. 은퇴하신 목사님들께는 헌신할 수 있는 일을 드리고,
노인들에겐 삶의 활력을 되찾아 드리는 기회였다. 말 그대로 노인의 재사회화를 실천하는
길이었다. 일주일에 한 번 정도 모여 목회자를 강사로 모셔서 말씀을 듣고, 현실에
적응하는 능력을 키워 가는 것만으로도 노년의 삶이 180도 달라질 수 있기 때문이다.

제 3회 제일노인대학 입학식

노인 대학은 얼마 지나지 않아 안팎으로 칭송이 자자해졌다. 노인들의 마음에 꼭 맞는
다양한 프로그램을 만들어 매주 월요일 10시부터 오후 1시 30분까지 알찬 배움과 공동체
생활의 기쁨을 제공했다.
초창기 교과과정은 찬송과 말씀, 생활 교훈으로 재능 있는 성도들이 강사로 봉사했다.
점점 학생이 많아지자 전문가를 초빙해 노인 건강과 체육, 기초 법률 상식 등의 강의를
들었으며, 시인인 오창흠 목사의 지도로 창작 시와 수필 쓰기 수업을 진행했다. 노인들이
잠재 능력을 발휘하고 자존감을 높이며, 정서적 만족감을 느끼도록 집중했다. 교양 과목도
진행되었다. 화목한 가정생활을 위한 실질적인 언어 습관과 언어 순화 연습, 고부간의
대화법, 상대방 칭찬하기 등 경직된 가정 분위기를 화목하게 바꿀 수 있도록 살아있는
교육을 했다.

* 당시 직분을
기준으로 한 명단

노인대학 수업. 1989

노인대학 졸업식

사랑이 흐르는 물길

점심과 간식은 성도들이 교구별로 돌아가면서 준비했다. 점심 식사는 밥이나 떡국,
칼국수, 수제비 등을, 간식으로는 고구마와 감자, 특별한 죽, 부침 등을 교회 식당에서
준비해 대접했다. 여전도회는 식사비용을 확보하기 위해 바자회를 열어 수익금과
기부금을 모았다.
노인대학은 정기적으로 영화 관람, 유적지 답사와 같은 문화체험을 다녀왔고 봄·가을에는
온천 나들이를 다녀왔다. 계절의 변화와 자연을 만끽하며 평안을 얻었다.

> "우리 노인학교는 나에게 매우 소중한 학교였습니다. 이 학교는 때로
> 옛날의 추억을 돌아보게 했습니다. 어렸을 적에 부르던 "푸른 하늘 은하수
> 하얀 쪽배에" 노래를 할 때 너무나 감격했습니다. 예전에 저녁달을
> 쳐다보며 동리 언니들과 부르던 것이 주마등처럼 나의 앞에 보여졌습니다.
> 어깨동무하고 다정하게 지낸 과거가 그리워졌습니다.
> 교장 목사님의 성경말씀은 꿀 송이 같았습니다. 때로는 안타까울 때도
> 있었습니다. 주일 날 다섯 번의 설교를 하시고 월요일은 쉬는 날인데도 우리
> 노인들을 위해 강의 들어오실 때였습니다. 얼굴표정은 웃고 들어오셔도
> 피곤하여 어쩔 줄 모르는 모습은 눈물겹도록 고맙게 생각됐습니다. 또
> 여전도회 간식 대접을 받고 난 후 교회의 아름다운 모습을 보는 것 같아
> 고맙게 느껴졌습니다.
> 교장목사님, 그리고 군포제일교회 여전도회에 감사하는 말을 대신하여
> 드립니다. 이 노인대학이 오래도록 존속하도록 꼭 부탁을 드리면서 감사의
> 말을 대신합니다. - 졸업생 대표 드림"

당시 노인대학의 학칙은 상당히 까다로운 편이어서 수업일수의 2/3이상 출석을 해야만
졸업을 할 수 있었다. 노인 학생들도 스스로 학생회를 조직해서 장기적인 연대를 이루도록
격려했다.
단단한 믿음과 희망으로 시작된 제일노인대학은 1986년 5월에 개원하여 만 6년 동안
운영되었다. 1992년 5월 6일 제6회 졸업까지 151명이 입학하여 47명이 졸업했다.
입학생에 비해 졸업생의 수가 적은 것은 수업일수를 엄격히 적용했기 때문이다.
군포지역의 노인들은 제일노인대학을 통해 배움의 기회를 얻고 각종 여가활동을 즐길
수 있었다. 또한 노인대학을 통하여 많은 노인이 예수님을 영접했고 자신의 이름을
찾았다. 비록 행정규제에 묶여 사역이 종료되었지만 그 헌신을 씨앗 삼아 군포시 최초의
노인복지관을 운영할 역량을 갖출 수 있었다.

성민원 시작

사랑이 흐르는 물길

최초의 봉사조직 '성민회'

성민회의 시초는 1997년 초, 북한에서 망명한 이한영이 북한 간첩에 의해 살해되면서
비롯되었다. 사건이 일어나자 경찰들이 추운 겨울에 밤새 특별근무를 하게 되었다. 권태진
목사는 그들을 위로하기 위해 여전도회 회장과 교구장들을 동원하여 따뜻한 차를 매일
나누어 주었다. 오미자차, 구기자차를 보온병에 넣어 경찰초소와 파출소를 방문하여 주고,
보온병은 그 다음날 회수하면서 새로운 차를 다과와 함께 대접했다.
두 달간 매일, 밤 10시부터 새벽 1시까지 2명씩 한 조를 이루어 십여 군데를 돌며 차와
간식 나눔 봉사를 했는데, 이때 경찰관들이 어디서 나온 분들이냐고 여러 번 물어
군포제일교회라는 이름 대신 '거룩한 백성의 모임'이라는 뜻의 '성민회'라고 대답했다.
순수한 의도의 봉사가 교회의 포교 활동으로 비춰질까 염려해서였다.
최초의 봉사조직으로서 모양새를 갖췄던 성민회는 교인들의 자발적인 참여로 도움이
필요한 교인과 이웃을 대상으로 사랑과 섬김을 시작했다. 계획한 것이 아니라 그때마다
절실히 도움이 필요한 이들을 찾아서 돌본 것이 '복지'의 형태로 나타났다.

최초의 복지 전문가 양성 '가정봉사원'

성도들은 1997년 3월부터 순애원 교육훈련센터가 주관한 '가정봉사원 교육'을 받았다.
이후 심화 과정을 이수하여 유급가정봉사원 자격증을 취득한 이들도 생겨났다. 노인에
대한 기초지식, 자원봉사자의 역할과 자세에 대해 오영상 교수(숭앙내 의대)외 5명의
강사가 교육을 담당했고, 교육생들은 이론교육을 마친 후 12월 중 현장에 배치되어
실습을 거쳐 독거노인을 돌보았다. 모든 교육을 수료한 사람들에게는 가정봉사원 2급
자격증이 주어졌는데, 1997년 성탄예배 시간에 68명의 수료생이 자격증을 수여받았고
1998년 2월에는 64명의 수료생이 추가되었다. 가정봉사원 파견 교육을 이수한
성도들은 더욱 열심을 품었고 주체적으로 교육프로그램을 운영할 수 있다는 자신감이
생겼다.

가정봉사원 교육과정(2급 양성교육) 1차 수료자

강순금 권수안 권연순 구인자 김말숙 김미애 김복례 김순용 김은순 김연애 김영자 김정숙 김혜진 김홍순 김희연 김희정 박경숙 박정희 방기석 박화숙 박순미 배순이 백인순 손득자 손명숙 송두봉 신진숙 오순영 유미자 유명옥 유명숙 유영란 유임숙 유정희 유현숙 유희경 유화용 유혜정 윤서운 윤순영 이경순 이남숙 이선옥 이성자 이순선 이순자 이은숙 이희숙 이희완 이재순 임선미 장은경 정길훈 정시화 정은양 정하숙 정현주 전효숙 조영자 지경아 진옥님 최광란 최복란 최상순 하영순 허상분 허선옥 황미옥 (68명)

위기를 기회로, 성민원

전국이 IMF 경제위기의 어려움 속에 휩싸였던 1997년. '성민회'란 이름으로 드러나지
않게 움직였던 성도들의 봉사는 이 시기에 더욱 빛을 발했다. 안으로는 회복과 내실을
다졌고 밖으로는 끊임없이 봉사했다. 교회에서 행하는 사랑과 섬김에 동참하면서
여전도회원, 그리고 성도들은 점차 봉사에 대한 깊은 이해와 감사를 느꼈다. 자신의
존재가치와 하나님이 주신 삶의 이유를 찾아 나갔다. 돌봄의 대상이었던 성도들이 삶을
회복하고 영적 치유를 경험하며 자립했고 단단해졌다. 자연스레 받은 사랑을 나눠주는
기쁨을 깨달았다. 마치 우리나라가 국제 원조를 받아 열악한 환경을 극복하고 수혜국에서
공여국이 되었듯, 그 은혜를 기억한 성도들은 힘을 다해 봉사에 참여했다.
그 시기쯤 삼성그룹에서 군포시에 노인복지회관 건물을 건축한 것이 완공되었고,
이를 군포시에 기증했다. 군포시에 처음으로 설립된 노인복지회관이었다. 당시 조원극
시장은 첫 종합노인복지사업을 모범적으로 이끌어줄 기관을 찾고 있었다. 조원극 시장은
군포노인복지회관 위탁 기관을 선정하며 제일 먼저 권태진 목사를 떠올렸고, 복지의 뜻을
펼치기를 권면했다.
이후 권태진 목사는 경기도로부터 1998년 3월 5일, 거룩한 백성들의 모임이란 뜻의
'성민원'으로 사단법인을 설립인가를 받았다. 공식적인 복지 사역의 출범이었다. IMF
경제 위기에서 사람의 셈으로는 모든 것을 긴축해야 할 때, 교회는 힘써 가진 것을
투자하기로 했다. 그 길이 가정을 살리고 사람을 살리는 길로 보였기 때문이다.

2 극적인 변화를
이끄는 힘

FLOW

흐름

SENIOR

군포시노인복지회관

FLOW 흐름

군포 노인의 삶을 변화시키다

사랑이 흐르는 물길

1998년 5월 10일, 군포시에서 사단법인 성민원에 군포시노인복지회관 운영을
위탁하여 1998년 5월부터 2007년까지 9년간 운영했다. 군포시노인복지회관은
한국 최초의 1·3세대 통합을 시도한 기관이었다. 경기도 군포시 당동 887번지에
자리한 군포시노인복지회관의 초대 관장은 권태진 목사가 맡았다.

처음 군포시노인복지회관을 수탁할 당시에는 복지관 총 운영비의 30%, 매년
1억 원 이상의 전입금이 필요했다. 위탁 운영기간 동안 수억 원이 필요했고 매년
교회 일반재정의 20%를 투입해야 했다. 교회는 이제 막 1차 예배당(군포시 금정동)
건축을 완공한 때였다. 하지만 충분한 돈이 있는지 따져서는 절대 할 수 없는 일이었다.

1998년 6월 7일 일천 명 복지 후원회 모집을 시작했다. 이를 통해 모인 복지연보 참여
인원은 1998년 8월 3일 기준 612명이었다. 주일학생부터 노인까지 전 세대가 참여했다.
IMF 경제위기도 사랑 실천과 복지 실현을 막지 못했다.

처음에는 부정적으로 생각하는 이들도 적지 않았다. 힘없는 노인들, 감사도 모르는
이들에게 매년 1억 원을 투자해야 할 이유가 없다는 것이었다. 그러나 노인의 씨는 따로
없다고 말하며, 하나님이 맡기신 모든 것을 아낌없이 나누자는 이사장 권태진 목사의
청지기 정신을 따라 곧 모두가 한 마음으로 복지관 운영에 동참했다. 동시에 노인들은
진심으로 기뻐하고 천국 소망을 얻고, 생활의 안정을 찾아갔다.

군포시노인복지회관은 군포시에 처음 세워진 노인복지시설로, 많은 노인들이 복지관의
다양한 편의시설과 프로그램을 경험하고 기뻐했다. 물리치료실과 목욕탕, 미용실, 식당을
찾은 노인들이 천국이란 말을 했고, 환한 모습으로 돌아가는 이들이 있다는 반가운
소식이 들려왔다. 온 교인들이 헌신하며 자원봉사하는 모습은 마치 예수 그리스도의
모습을 보는 듯 귀하고 아름다웠다.

한글교실

사회교육프로그램 글쓰기반

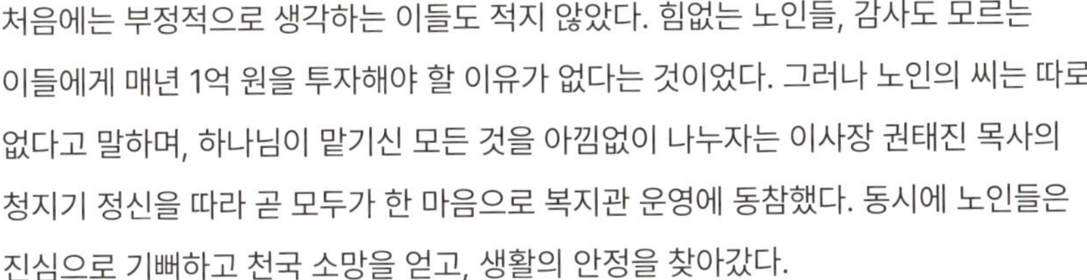

미래의 청사진이 될 사랑의 원칙

군포시노인복지회관의 초대 관장을 맡은 이사장 권태진 목사는 처음 내딛는
걸음걸음이 미래의 청사진이 될 것을 알았다. 권태진 목사는 지속가능한
복지를 꿈꿨다. 교회를 개척할 때부터 한 가족이라 생각하여 청년, 노인,
아이 모두 때에 따라 빈틈없이 사랑으로 돌보아왔다. 그 정신을 이어
성민원도 사람을 우선하고 가족처럼 돌보아 10년, 20년, 100년이
지나도 멈추지 않을 복지 사역이 되기를 원했다. 사람의 삶을 살리는
복지, 사랑을 베풀수록 행복해지고 채워지는 복지, 만나는 모든 이들의
영혼을 구원하고 영원까지 함께 가는 복지. 이 모든 것은 예수님의 사랑이
함께할 때 할 수 있는 일이었다. 이사장 권태진 목사는 이 사랑의 원칙을
세우고 군포시노인복지회관의 사업을 하나씩 만들어갔다.

제1회 군포어르신생활체육대회 2003

영혼이 건강해지는 복지

초대 관장 권태진 목사가 실천하는 복지의 지상 목표는 자립과 자족, 행복이었다.
궁극적인 목적은 영혼 구원이지만 이 땅에서의 삶을 행복하게 유지하기 위해서는 영과
육이 모두 행복한 일자리가 필요함을 알았다.
복지관에 필요한 초기 직원 수는 총 19명이었다. 성도 중에는 아직 한창 힘써서 일하고
분야를 넓혀가야 하는 시기인데도 IMF로 인해 실직한 이들이 많았다. 권태진 목사는
이런 이들을 놓치지 않고 기억했다가 적합한 곳에 적당한 때에 채용했다. 어려운
시기에 인재를 놓치지 않고 기회를 만들었다. 그들의 삶에 그 기회는 새로운 인생이었고
하나님의 보호였다. 군포시노인복지회관을 통해 많은 가정이 기사회생했다.
노인들에게 가장 중요한 것은 영혼을 살리는 복지다. 영혼이 힘을 얻으면 노인이라 해도
사회적 지위를 잃지 않고 자신의 존재를 귀하게 여기며 일상을 감사로 채워갈 수 있다.

제1회 군포어르신문화축제 작품전시회
제1회 노인문화축제 작품전시회
제4회 군포어르신문화축제 기타동아리

군포시노인복지회관 경로식당

FLOW 흐름

군포시노인복지회관이 개관하자 군포시에 거주하는 대부분의 노인들이 모여들었다. 복지
서비스 지원을 받지 않더라도 점심식사에 친구를 만나러 오고, 취미활동과 모임을 가지며
다양한 노인의 욕구가 해소되었다. 또한 노인들이 믿음으로 천국을 바라보며 행복한
노년을 준비할 수 있도록 신우회를 조직했다. 신우회가 다양한 이해관계 가운데서도
신앙으로 중심을 지키고, 복지회관을 방문하는 모든 노인들이 자연스럽게 영생의 복음을
접할 수 있도록 하기 위함이었다.

이처럼 노인복지회관은 노인의 빈곤과 외로움 등 기본적 욕구의 해결부터 궁극적
영혼구원까지 이룰 수 있도록 사업의 틀을 구축했다.

관장 권태진 목사는 군포시노인복지회관의 사업을 진행하면서 전 성도들이 봉사에
참여하게 했다. 성도들은 각자가 가진 재능과 건강으로 봉사에 참여했다. 실제 IMF로
경제적 어려움을 겪으면서도 자원봉사로 보람과 기쁨을 체험하는 봉사자들이 늘어나면서
주는 이와 받는 이 모두가 행복해졌다. 군포시노인복지회관에서는 오시는 모든 노인
분들께 점심식사를 무료로 제공했다. 성도들은 노인복지회관을 운영하는 9년 동안
주일을 제외한 모든 날에 매일 4-5명씩 봉사 조를 운영하여 식당 봉사를 도맡았다.
중고등학생들도 방학 때면 엄마를 도와 함께 나와 무료급식 봉사에 참여했다. 이러한
자원봉사 활동은 복지회관을 운영하는 원동력이 되었다.

제2기 은빛나래 자원봉사대 발대식 .1999

사랑이 흐르는 물길

노인, 삶의 주체가 되다

성민원은 건강한 노인, 독거노인, 요양과 보호가 필요한 노인 등 노인의 특성에 따라
전문화된 사업을 진행하며 분야별로 독립적 사업을 구축할 수 있는 경험과 노하우를
쌓아갔다. 이는 추후 재가노인복지센터 및 주간노인보호, 요양원, 어르신들을 위한 일자리
사업을 전개하는 밑거름이 되었다. 권태진 목사는 어르신들께 받은 은혜를 먼저 생각했디.
또한 고령사회에 대비하여 사회에 다시 공헌하고 기여할 수 있도록 인식과 경험을
바꿔주고자 했다. 복지시스템이 노인들의 재사회화를 돕고, 노인도 그들 삶을 주체적으로
꾸려가는 존재가 되도록 도와야 하는 것이다.
그렇게 시작된 군포시노인복지회관의 첫 중점 사업은 사회교육프로그램(1998.8.1.)이었다.
프로그램의 목적은 재교육을 통해 할 일을 찾고, 재취업의 기회를 마련하는 것이다.
사회와 격리되었던 노인들을 그들만의 새로운 생활 무대로 이끌어내는 첫 걸음이었다.
이후 추진한 사업은 은빛나래 노인자원봉사단이었다. 노인들이 스스로 사회 공헌
영역을 찾아서 주체적으로 삶을 살고, 나눔의 기쁨을 누릴 수 있도록 했다. 장애아동와
조손결연을 시작으로 다각도로 활동했다. 특히 장애아동과의 협력 관계를 구축하며
장애인에 관한 편견이 지금보다 심각했던 1990년대에 불편한 시선을 털어내며 서로가
도움을 얻고, 사랑을 나누고, 치유 받았다. 노인들은 더 이상 받기만 하는 존재가 아님을
증명했다.
또한 1999년 10월 2일에는 제1회 군포시노인문화축제를 개최했다. 이 날은 군포시

모든 노인들이 한 자리에 모이는 날이었다. 당시 노인만을 위한 축제로는 최초였으며,
이후로 노인들의 대표적인 축제의 장으로 자리매김했다. 지역주민, 어린이 등 모든 세대가
참가했다.

모두의 관심과 사랑이 필요하다

노인복지 사업이 지속되려면 모든 세대의 관심과 사랑이 필요했다. 1990년대 후반이
되자 할머니, 할아버지와 함께 사는 가정이 드물었다. 노인들이 격변의 시대를 지나며
넘은 보릿고개, 피땀어린 수고와 헌신, 경제 성장의 공로는 문명의 화려한 불빛 아래
의미가 퇴색되었다. 어린이, 청소년, 청년, 장년 모두가 역사를 기억하고, 노인들과 함께
교류하며 공경과 섬김이 자연스럽게 삶에 나타나야 한다.
노인복지회관 안에는 관인어린이집을 운영하고 있었다. 이 어린이집이 있었기에
1·3세대, 즉 영·유아들이 노인들과 함께 할 수 있는 것들이 자연스럽게 생겨났다. 그렇게
전국 최초로 1·3세대 프로그램이 시행되었고 노인복지회관의 대표적인 세대 통합
프로그램으로 자리를 잡았다.
1·3세대가 함께하는 독거노인 가정방문 서비스, 체육대회, 작은 음악회, 어르신 강사파견,
조손결연 프로그램 등 다양한 연계 프로그램이 생겨났다.
또한 노인복지회관 청소년 자원봉사자를 위해 '청소년복지학교'를 열었다. 2000년 1월

사랑이 흐르는 물길

140명으로 1기가 시작되었다. 청소년들은 복지학교를 통해 왜 더불어 살아가야 하는지, 젊을 때에 미래와 노년을 어떻게 바라보고 준비해야 하는지 배울 수 있는 기회가 생겼고 나눔의 당위성과 기쁨을 깨달았다.

노인복지사업의 새길을 개척하다

군포시노인복지회관은 노인복지관 사업의 롤 모델로 성장했다. 최초의 1·3세대 통합사업은 지역사회와 관공서의 노인 강사 파견사업의 초석이 되었고 노인일자리 사업으로 연결되었다. 1998년부터 시작된 노인복지회관의 사업들은 현재의 노인복지사업의 근간이 되었다.

군포시노인복지회관은 9년 동안 운영 후, 2007년 수탁을 종료했다. 그간의 군포시노인복지회관 수탁으로 성민원은 교회의 물적·인적·잠재자원을 활용하여 군포시 지역 내 복지사업에 선도적 역할을 하는 기관이 되었다.

성민원 내적으로는 지역복지의 꿈을 이루기 위한 끊임없는 기도가 응답되었고 기부문화에 대한 긍정적 인식을 갖는 계기가 되었다. 지역적으로는 종교를 초월하는 지역연계의 자원봉사활동 및 협력으로 지역자치제도의 장점을 한껏 발휘했고, 지역 발전에 동력을 공급했다. 또한 예수 그리스도가 이 땅에 오셔서 섬김으로 사랑하신 정신을 이어받아, 연약한 어르신들을 돌보며 영육 간의 생명을 살리는 일에 앞장서서 실천해 기독교 사회복지의 디딤돌 역할을 성취했다.

모두가 직원을 감축하고 긴축 운영하던 어려운 때에 성민원은 노인 사업에 투자했다. 가진 것이 없었지만 하겠다는 믿음으로 서원했더니 하나님께서 채워주셨다.

군포시노인복지회관은 3차 2004년 4월에 군포시로부터 재수탁(3차)을 하고 복지의 전문화와 질 높은 서비스로 2006년 보건복지부가 주관하는 노인복지회관 전국평가에서 군포시노인복지회관이 우수기관으로 선정되었다.

FLOW | 흐름

제4회 군포어르신문화축제

제6회 어르신문화축제

SENIOR

성민재가노인복지센터

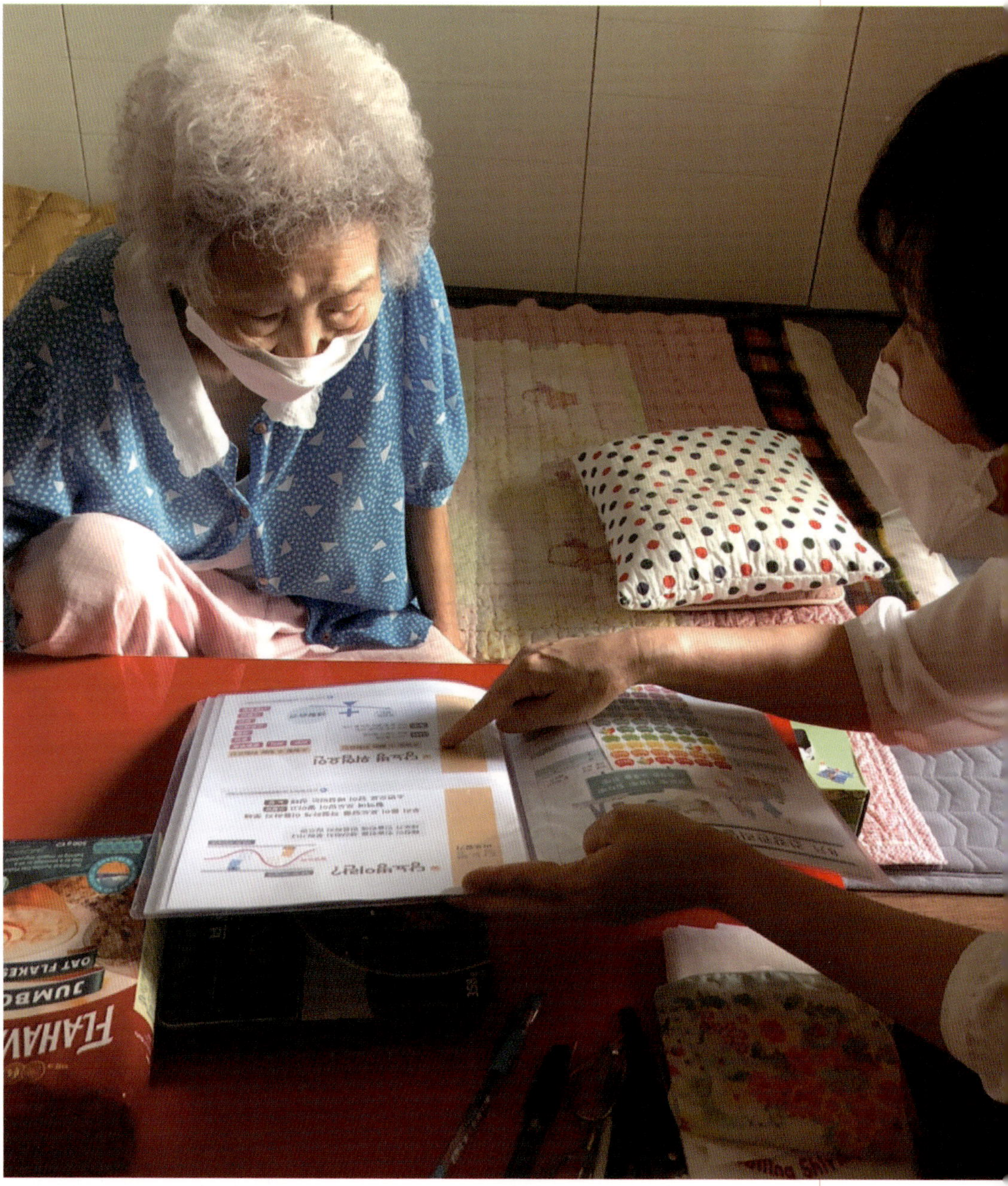

맞춤 서비스를 들고 찾아가다

이사장 권태진 목사와 김희연 사모가 혼자 지내는 노인들의 집에 반찬을
가져다 주거나 적적한 삶에 말동무가 되어주던 사역은 1997년부터
'가정방문봉사'라는 복지의 형태를 갖추기 시작했다. 보다 전문적인
봉사를 위해 가정봉사원 교육을 실시하였고, 교육을 이수한 전문
생활지원사가 가정을 방문하기 시작했다.

1999년 1월에는 각 가정에 파견할 가정봉사원을 교육하는
군포제일가정봉사원파견센터를 경기도로부터 위탁 받아 운영하기
시작했으며, 같은 해 7월에는 성민재가노인복지센터의 전신인
제일케어를 설립해 경기도의 정식 인가를 받았다. 2008년 이후에는 사업이
보다 활성화되고 전문화되면서 군포시의 여러 유관기관과 연계하여 서비스를 제공하고
있다.

재가노인복지사업은 노인에게 시설이 아닌 거주지를 기반으로 서비스하면서 기존
시설보호에서 나타났던 막대한 유지비용, 단체생활의 부적응, 개인의 사생활 및 권리
침해 등의 문제를 보완했다. 성민재가노인복지센터는 혼자서 일상생활을 하기 어렵거나
정서적인 우울감으로 사회관계가 단절된 노인들이 그동안 지내왔던 익숙한 공간에서
삶의 질을 보장받으며 안정된 노후 생활을 할 수 있도록 각종 복지서비스를 개발하고
제공한다. 생활의 안정 뿐 아니라 정서적 안정을 찾고, 구원의 확신을 갖게 하는 것이
성민재가노인복지센터의 중요한 미션이다.

성민재가노인복지센터는 2019년까지 재가노인지원서비스, 노인돌봄기본서비스,
응급안전알림서비스, 독거노인사회관계활성화사업, 사회서비스, 장기요양보험서비스,
지역사회자원연계사업 등 총 7개의 재가노인복지사업을 운영했다. 2020년부터는

기존의 분절적인 사업을 통합하고 지역사회의 기관들과 연계한
보건복지부 '노인맞춤돌봄서비스' 사업을 수탁했는데 이를 통해 이전
사업과 더불어 참여형 서비스와 개인맞춤형 서비스가 더욱 강화되었다.
특히 기존에 노인돌봄기본서비스에서 근무하던 성민원 소속의
생활관리사들은 그동안 쌓아온 노하우를 가지고 새로운 서비스의 주축이
되어 성민원의 비전을 나누고 전문적인 역량을 발휘해 나가고 있다.
서비스를 전담하는 사회복지사 또한 1명에서 5명으로 늘어나 이용자에게
보다 나은 서비스를 제공하고 있다.

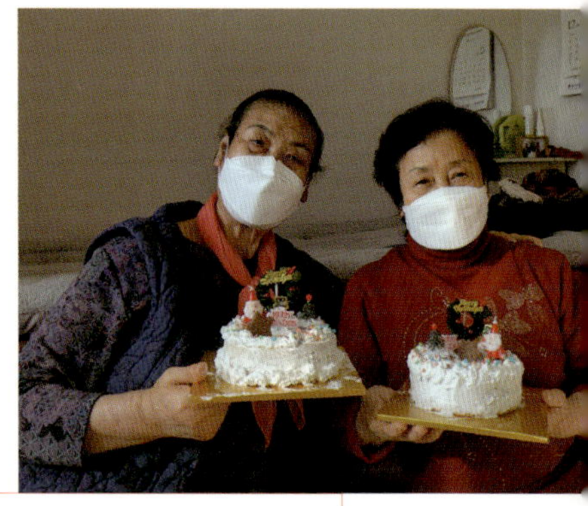

사회참여 크리스마스케이크만들기. 2022

웰빙과 웰다잉을 위한 맞춤 돌봄

성민재가노인복지센터는 노인들이 현재의 삶의 평안과 행복을 추구한다. 나아가 인간의
존엄성과 가치, 품위를 지키며 삶을 마무리하도록 돕는다. 이를 위해 재가노인지원서비스,
노인맞춤돌봄서비스, 응급안전안심서비스 3개의 사업을 유기적으로 운영하고 있으며
어르신들의 삶과 안전을 보호하는 지역사회 안전 체계를 형성하고 있다.

재가노인지원서비스

경제적·정신적·신체적 이유로 독립적인 일상생활을 하기 어렵다고 해서 모두 보호시설에
가야 하는 것은 아니다. 재가노인지원서비스는 취약하고 위기에 처한 노인이나
복지사각지대에 있는 노인이 가정에서 복지서비스를 이용함으로써 보다 건강하고 안정된

우울예방을 위한 특화서비스 행복나들이. 2022

노후생활을 할 수 있도록 한다. 노인들의 가정을 방문해 이·미용 서비스를 제공하고,
장보기를 돕고, 노인들이 복잡하게 느낄 수 있는 행정적인 일들도 함께 처리해 준다.
또한 노인의 주거환경을 개선해주고 정서적 안정을 위한 심리상담프로그램을 제공한다.
지역 내 복지관, 치매안심센터, 정신건강증진센터, 병원, 기업 등과 연계하여 노인의
안전을 확보하고 이용자들의 다양하고 복합적인 요구에 대응하기 위해 사회적 안전망을
구축하고 있다.
특히 2020년에는 당뇨를 스스로 관리하기 어려운 노인이 건강한 노후를 보낼 수 있도록
맞춤형 당뇨관리서비스 '당당하게, 건강하게!'를 시작했다. 2022년에는 경기도의 예산
지원으로 더욱 양질의 식단을 제공할 수 있게 되어 노인들의 영양적 필요를 충족시키고
식습관의 변화를 유도해 혈당 조절에 도움을 주었다. 사단법인 한국당뇨협회와 MOU를
체결하여 의료전문인력을 통해 노인들을 대상으로 한 당뇨병 관리 교육이 이루어지고
있다.

노인맞춤돌봄서비스

노인맞춤돌봄서비스가 시작되기 전, 노인돌봄사업은 유사하고 분절적인 6개의 서비스로
이루어져 있었다. 노인들은 다양하고 복합적인 서비스가 필요함에도 불구하고 서비스 간
중복지원을 받을 수 없었다. 이러한 상황을 개선하기 위해 6개의 서비스를 하나로 통합한
노인맞춤돌봄서비스가 시작되었다.
이제는 안전지원, 사회참여, 일상생활지원 등 여러 서비스와 연계해 사례에 맞는 맞춤
돌봄을 강화하고 다양한 서비스를 제공한다.

FLOW 흐름

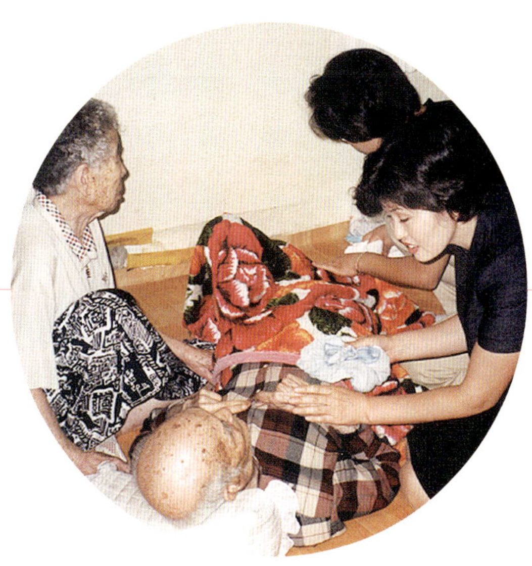

또한 생활지원사가 개별 가정에 방문하여 서비스하는 것에 그치지
않고 가정에서 지역사회 기관을 오가는 통원형 서비스를 지원한다.
이용자의 서비스 참여영역을 가정에서 지역까지 확대한 것이다.
더불어 최근에는 고독사 및 자살 예방을 위해 사회적 고립과 우울
위험이 높은 노인들을 대상으로 맞춤형 사례관리를 제공한다.
개별상담을 통해 이용자는 우울 진단과 치료의 필요 여부를
결정하고 정서적 지지를 받을 수 있다. 집단활동을 통해서는
개개인의 회복과 대처능력 향상, 원활한 사회적 관계형성을 기대할
수 있다. 또한 이용자는 센터가 제공하는 서비스에 의존하는 단순한
수혜자가 아니라, 적극적으로 스스로의 일상생활을 관리하고 돌보는 참여자가
되어 잔존능력을 활용할 수 있도록 자기돌봄을 안내하고 지원한다.

응급안전안심서비스

거동이 불편해 일상생활에 어려움이 있거나 고립된 생활을 하는 독거노인, 중증장애인
가정은 응급안전안심서비스를 이용할 수 있다. 응급안전안심서비스는 각 가정에
게이트웨이, 응급호출기, 화재센서, 활동센서, 출입문센서 등의 응급안전장비를 제공하여
상시로 안전을 확인한다. 현재는 229대의 응급안전장비를 운영하고 있으며 2022년에는
노후화된 장비 36대를 폐기하고 11월부터 추가로 250대의 신규장비를 설치했다.
서비스 이용자는 응급상황이 발생하거나 화재 징후가 감지되면 게이트웨이나
응급호출기를 통하여 119 상황실로 신고할 수 있으며, 119 상황실에서는 이용자의
주소가 자동으로 조회되어 이용자가 대화할 수 없는 상황에서도 해당 주소로 구급대원이
출동할 수 있다. 활동센서 및 출입문센서는 이용자의 거주지 내 활동 상태와 외출 상태를
구분해, 이용자의 활동이 감지되지 않을 경우 시스템에 기록되어 담당자가 연락하거나
방문하여 이용자의 안전을 확인하도록 한다.

노인돌봄기본서비스 안부확인. 2013

행복한 웃음으로 채워지는 일상

군포운전기사선교회와 함께 하는 택시나들이

1999년부터 20년 이상 계속된 택시나들이는 외출이 어려워 홀로 집에서 많은 시간을
보내는 노인들에게 택시운전기사선교회가 자녀가 되어 함께 나들이를 떠나는 대규모
행사이다. 숲, 바다, 온천 등 어르신들이 좋아하는 곳으로 짧지만 즐거운 여행을 떠난다.
2019년 봄에는 3·1운동 100주년을 기념해 독립기념관을 방문했으며, 가을에는
온천나들이를 통해 거동이 불편한 노인들의 목욕을 돕고 함께 찜질을 하며 삶의
활력을 드리는 시간을 가졌다. 코로나19로 인해 2020년과 2021년에는 택시나들이가
중단되었으나 3년만인 2022년 9월, 서비스를 재개했다. 모두가 기다렸던 순간이다.
군포운전기사선교회는 택시 25대를 동원해 50명의 노인과 제부도 나들이를 다녀왔다.
코로나19로 인해 통제됐던 일상을 벗어나 아름다운 자연을 만끽하는 행복한 시간이었다.

군포운전기사선교회가 함께 하는 행복담은 가을 나들이. 2022

문화활동 마음을 나누는 나들이. 2021

컬러링북을 활용한 인지활동 프로그램

노인들이 신체적 어려움을 극복하고 정서적인 위로와 치유를 얻도록 컬러링북
<보는 약>을 활용한 미술 활동이 각 가정에서 진행됐다. 전문적인 교육을 위해
스프링힐심리상담센터와 업무 협약을 맺었고, 책의 저자인 하애희 센터장이 직접
생활지원사들에게 사전 교육을 실시했다. 이용자들은 몰입이 주는 긍정적인 정서를
경험하며 활동시간을 기쁨으로 채워 나갔다. 이용자 중 한 명은
뒤늦게 미술에 재능을 발견해 현재는 직접 본 것들을
캔버스에 유화로 멋지게 그려내는 전문가 수준의 실력을
갖췄다. 이러한 긍정적 효과에 힘입어 인지활동
프로그램은 <즐거운 북> 등으로 후속 사업을
이어갔다.

사랑이 흐르는 물길

FLOW

흐름

김O동 어르신

"초등학교를 나오지 못해 책을 접할 기회도
글을 배울 기회도 없었는데 이번 <보는
약> 덕분에 오랜만에 생각하며 색칠도 하고
마음도 안정이 되고 기분전환이 되어 매주
미술활동 하는 날만 기다리게 되었다."

김O복 어르신

"부모님이 돌아가시고 힘들게 살아온 것이
지금 와서 생각 하니 살아가는데 힘이 되었고
색칠하면서 <보는 약> 이라는 의미를 알게
되었다. 아들과 가족들이 이 책은 누구에게도
주지 말고 계속해서 보관하며 기념하고
싶다고 해서 너무너무 기쁘고 행복한
마음이다. 성민원에도 감사를 전한다."

SENIOR

성민노인복지센터

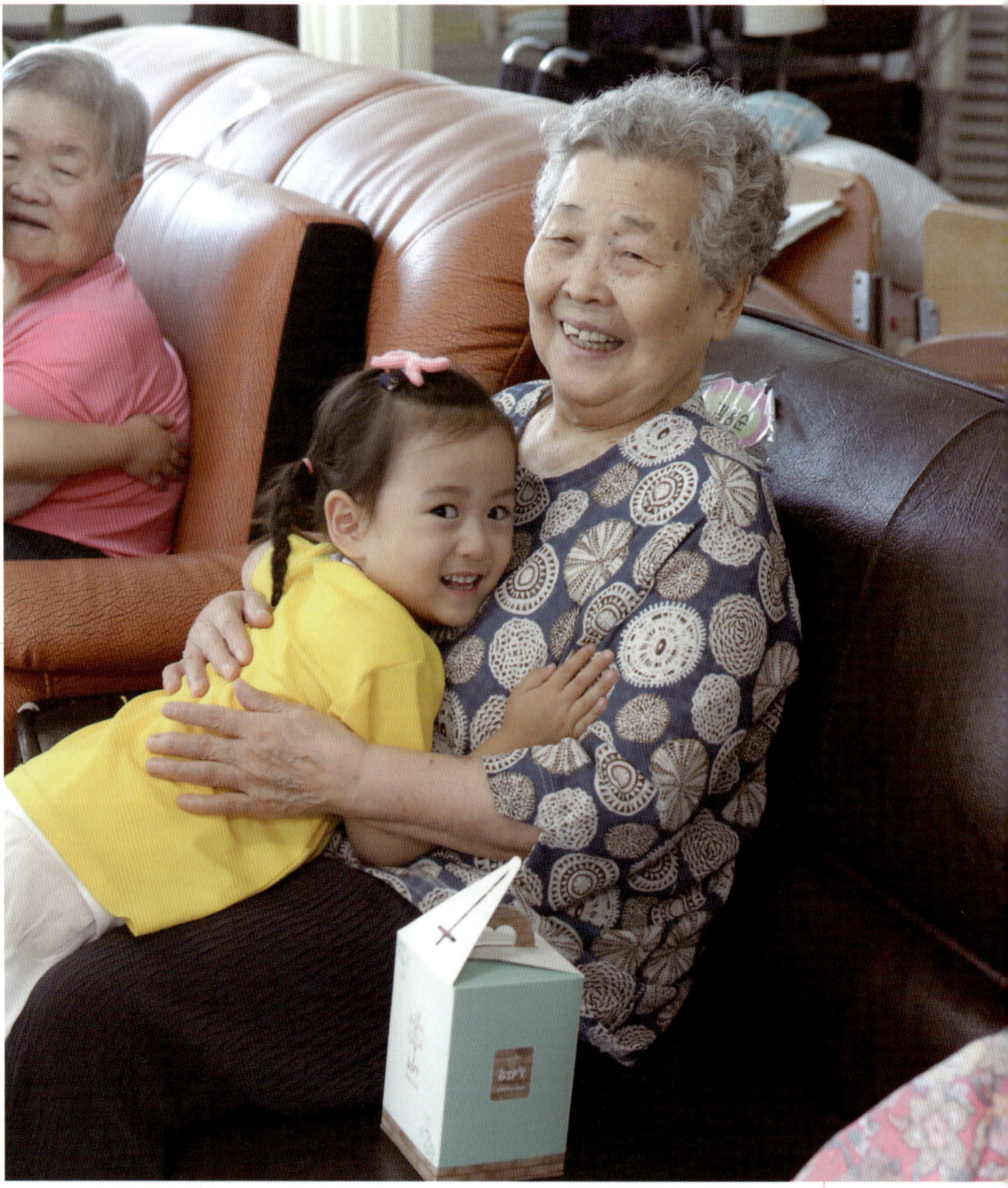

온 가족 안심 프로젝트

군포제일주간보호센터. 2004

교회에는 심방이란 제도가 있다. 가정으로 찾아가 예배와 상담을 하며 직면한 문제가
있다면 위로하고 함께 기도한다. 이사장 권태진 목사와 김희연 사모는 오랜 심방의 경험을
통해 치매 부모님을 모시는 가정의 어려움을 인지했다. 투병과 간호가 길어질수록 치매
부모님은 물론, 부모님을 모시는 가족 구성원들의 몸과 마음은 더욱 지쳐갔다. 이사장
권태진 목사는 온 가족의 건강과 평안을 위해 노인을 위한 주간 보호 시설을 계획헀다.
가족 구성원들이 사회·경제활동을 하는 주야간 시간에 중풍, 치매 등 각종 노인성 질환을
가진 노인들을 가족같이 돌봄으로써 가정의 고민과 스트레스를 해소하고자 했다.
성민노인복지센터가 설립되기 전인 2000년대 초에는 군포시에 기독교 기관에서 설립한
노인주간보호시설이 없었다. 신앙이 있는 노인들은 일반 시설에 적응하기 어려워했다.
노인들은 매일 예배와 찬양을 드릴 때 비로소 소망과
평안을 찾을 수 있기에 2003년 3월, 매일
함께 예배를 드리고, 기독교 가치관을 가진
직원들이 아가페 사랑의 정신으로 근무하는
군포제일주간보호센터를 설립했다. 2006년
12월에는 당동 동영프라자(군포로 487,
4층)로 소재지를 확장이전해 더 많은 노인에게
더 나은 서비스를 제공하기 시작했다.
2008년 7월부터 정부는 고령이나 노인성 질병

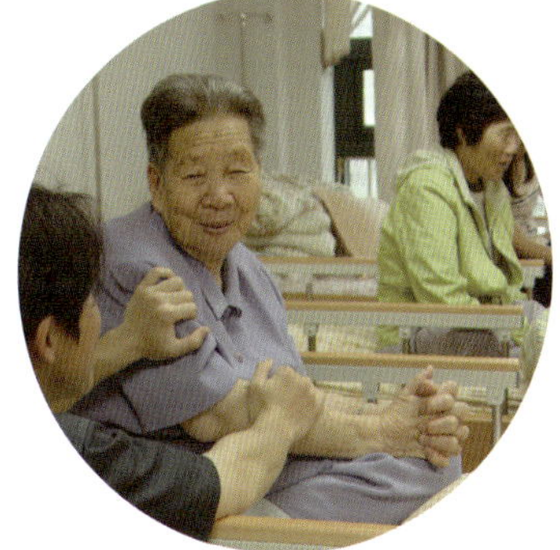

등으로 일상생활을 혼자서 수행하기 어려운 노인에게 신체·가사활동 지원 등에 급여를
제공하는 노인장기요양보험제도를 시행했다. 그동안 가족에게만 지워진 노인부양의
경제적 부담이 경감된 것이다. 성민노인복지센터 역시 장기요양기관으로 지정되어
지속적으로 양질의 서비스를 제공하며 노인들을 모실 수 있게 됐다. 2011년 6월에는
경기도 365어르신돌봄센터 운영기관으로 지정되어 시·도 보조금을 통해 저소득
치매노인, 독거노인등을 대상으로 야간과 주말, 공휴일까지 서비스를 제공하는 시설로
확장했다.
'네 이웃을 네 몸과 같이 사랑하라'는 말씀처럼 가족처럼, 어쩌면 가족보다 더
정성껏 노인들을 사랑으로 돌본 결과 2017년 장기요양기관평가에서 주야간보호
최우수기관으로 선정되었으며, 2020년 평가에서도 연속으로 최우수기관으로
선정되었다.

성민노인복지센터 개관 20주년 감사예배. 2023

섬세하고 촘촘한 보호 서비스

성민노인복지센터를 이용하는 노인과 보호자들은 언제든지
전문상담자에게 상담서비스를 받을 수 있다. 이용자의 생활과
특성에 대해 상담하고 맞춤 서비스에 적용한다. 이 외에도 가정
생활 및 가족 관계에 대한 주제로 수시 상담이 이루어진다.

건강관리서비스는 이용자의 건강관리를 위해 필수적이다.
매일 입소한 이용자의 바이탈사인을 체크하고 매월 혈당체크
및 신체계측을 통해 이용자의 컨디션을 체크한다. 또한 전문
미용자격을 갖춘 봉사자들이 정기적으로 방문해 어르신들의
이발과 컷트 등 이·미용서비스도 제공한다.

가을나들이. 2019

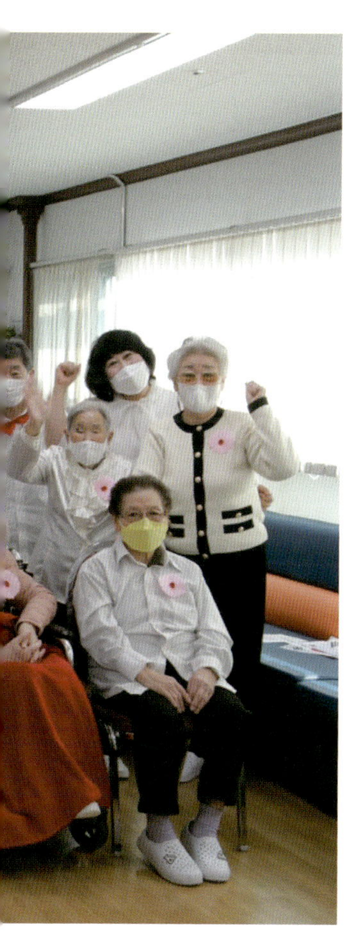

신체기능의 유지·강화를 위한 서비스도 다양하다. 온열치료,
광선치료, 초음파치료, 전기자극치료를 비롯한 재활 및
물리치료로 어르신들의 통증과 건강을 관리한다. 또한
미니볼링, 개골게임, 농구, 다트, 풍선배구, 고리던지기 등 치료
레크리에이션을 진행한다. 맨손체조, 율동, 건강체조 등은
이용자의 잔존근력 유지에 도움을 준다.

인지기능을 위한 서비스로는 노래교실과 음악치료, 회상요법을
접목한 미술치료, 한글 교실, 종이접기 등의 프로그램을 운영한다.
치매나 정신적 장애를 가진 이용자들의 인지능력 향상 및 유지에
큰 도움이 된다.

또한 어르신들의 생일이 되면 생일잔치를 열어드린다.
어버이날에는 보양식을 준비하고 어린이 봉사자들이 방문해
할머니, 할아버지의 어깨를 주물러드리는 등 행복한 시간을
보낸다. 이 외에도 보호자와 함께 하는 프로그램 등 이용자들이
즐길 수 있는 행사를 열어 보호자와의 관계 향상 및 사람들과 함께
어울리는 사회성을 재함양 할 수 있도록 돕고 있다.

FLOW 아름

이용자와 보호자 모두가 가장 중요하다고 여기는 것은 예배이다. 매일 오전 예배로
시작하는 하루는 노인들 뿐 아니라 직원들에게도 참 평안을 준다. 심심해하실 때
같이 찬양을 부르면 노인들은 금방 미소를 되찾는다. 매주 금요일 오후예배에는
군포제일교회의 목사님을 모셔서 말씀을 듣고 있다. 이렇게 이용자들이 신앙생활을
영위하며 영혼의 평안함과 영원의 소망을 가지도록 한다.

활력을 불어넣는 '세라밴드 운동'

노년에 이르러 근력이 부족해지고 근육량이 감소하면 잘 넘어져
골절과 같은 부상을 입기 쉽다. 성민노인복지센터에서는
이용자의 근력을 강화시켜 낙상 등의 사고를 예방하기 위해
세라밴드운동을 실시한다. 신나는 트로트 음악이 흘러나오면
이용자들이 강사를 따라 자연스럽게 몸을 들썩이며 준비체조를
한다. 몸을 워밍업한 후 강사의 다양한 동작을 따라하며 노래를
흥얼거리면서 이용자의 신체적, 인지적 기능뿐만 아니라 정서적,
사회적 기능이 회복된다.

코로나로 외부강사의 출입이 제한됐을 때는 센터의 장기근속 요양보호사들이 직접
세라밴드운동을 진행했다. 이용자들은 그들의 수고와 진심 어린 마음을 느껴 전원이
열심히 수업에 참여했고 프로그램은 안정적으로 유지되었다.

FLOW | 흐름

사회복무요원 이형재

"이 센터는 참으로 놀라운 곳이다. 요양보호사 선생님들은 정말 하나님의 사랑을
실천하고 어르신들은 그 사랑에 항상 감사를 표한다. 시설을 다니면서 가장
놀라운 활동은 매일 드려지는 예배인 것 같다. 찬송을 따라 부르는 어르신들
그리고 누구보다 "아멘!"이라고 크게 외치면서 믿음을 확고하게 지켜나가는
어르신들을 보면 '이 센터와 이 어르신들을 하나님이 얼마나 사랑하실까?' 라는
생각이 절로 든다."

SENIOR

성민요양원

햇빛보다 밝은 내 집

성민요양원은 치매나 각종 노인성 질환을 겪는 어르신을 모신 가정의 어려움을 믿음과
예배와 천국소망으로 극복하기 위해 설립했다. 어르신들을 내 가정에서처럼 모시고,
영혼의 평안을 드리기 위해 이사장 권태진 목사와 온 성도들은 뜻을 품고 기도했다.
마침내 2006년 1월 12일, 군포시 당동 785-16 동영프라자 건물 5층에 성민요양원을
개원했다.

요양원은 군포시로부터 대지면적 720.40m², 입소 정원 16명으로 허가를 받아 16개의
침대와 물리치료실, 상담실, 간호사실, 프로그램실을 구성했다.

초창기에는 요양원에 부모님을 모시는 것이 불효라는 인식 때문에 입소자가 4~5명밖에
되지 않았다. 운영이 어려웠지만 성도들 가정의 부모님은 성민원이 모셔야 했다.
예배드리고 찬송을 부르며 매일 천국소망을 심어드리는 일을 멈출 수는 없었다. 정책의
변화, 관련 법령의 개정 등으로 인해 힘든 고비를 겪을 때마다 기도로 극복했다.

2007년 노인장기요양보험이 실시되면서 성민요양원은 2008년 5월 15일,
장기요양기관으로 지정받았다. 2008년 7월 1일부터 노인장기요양보험을 시행해 입소
조건이 국민건강보험공단에서 노인장기요양 시설등급을 받은 노인이 대상이 되었다.
노인장기요양보험으로 운영에 도움이 많이 되었으나, 노인복지시설 신법 기준 변경으로
2013년 4월 3일 노인요양공동생활가정으로 변경되었다. 기존의 시설에서 운영할 수
있는 입소정원이 9명으로 축소되었고, 또다시 요양원 운영에 어려움이 찾아왔다. 하지만
장기요양평가에서는 A등급을 받았고, 어르신을 가정에서처럼 편안히 모시며 공경하는
정신은 계속 지켜나갔다. 특별히 마음을 다해 봉사하는 이들이 있어 어려움을 극복할 수
있었다. 군포제일교회 성도들은 주된 봉사자가 되어 이·미용 봉사, 목욕봉사, 미술교실
등으로 섬겼고, 매 주일에는 교구별로 남전도회가 간식을 순비해 방문하여 어르신들과
함께 예배를 드렸다.

성민요양원 개원10주년 감사예배. 2016

성민요양원 개원 7주년 감사예배. 2012

FLOW 흐름

성민요양원 주간보호센터 어버이날 기념예배. 2009

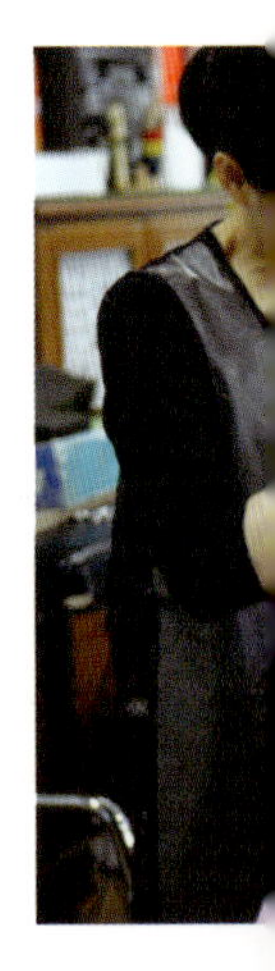

천국소망 가득한 곳

성민요양원은 매일 예배를 드리며 어르신들이 천국의 소망을 갖도록 했다. 입소 후
예수님을 영접하고 세례를 받은 어르신, 믿지 않던 자녀들이 하나님을 믿게 된 것은
성민요양원의 최고의 성과이다. 불면증, 불안 등으로 힘들어하는 어르신들이 예배와
기도를 통해 평안함을 얻기도 했다.

기본적으로 신체 재활, 사회심리재활, 보건위생, 지역연계 문화 활동 등의 사업
진행했으며, 전문영양사를 고용해 영양가 높은 최고의 식사와 간식을 제공했다. 중증인
어르신들도 침대에서만 지내는 것이 아니라 식사시간에는 식탁으로 이동해 식사를 하고,
프로그램을 진행할 때도 가장 편안한 자리에 앉아서 보실 수 있도록 했다.

요양원은 직원들이 내 부모를 모시듯 깨끗한 환경과 안전한 서비스를 제공하여
보호자와의 신뢰가 깊었다. 어르신 중에는 10년 이상 요양원에서 지낸 분도 계셨다.
코로나19가 확산하기 전에는 입소를 원해 대기하는 분들도 많았지만, 수용인원에 한계가
있어 받지 못했던 안타까운 일도 있었다.

성민요양원은 2020년 1월 코로나19 팬데믹이 시작된 이후 사회적 거리두기, 정부의
방역지침 강화로 어르신과 직원 모두의 격리가 장기화되고, 운영난이 심화되었다.
성민원은 향후 어르신들이 믿음 안에 커뮤니티를 이루어 평안한 노후를 준비하는
실버타운 설립을 기도제목으로 남기고 2020년 12월 1일, 개원 14년 만에 성민요양원
사업을 종결했다.

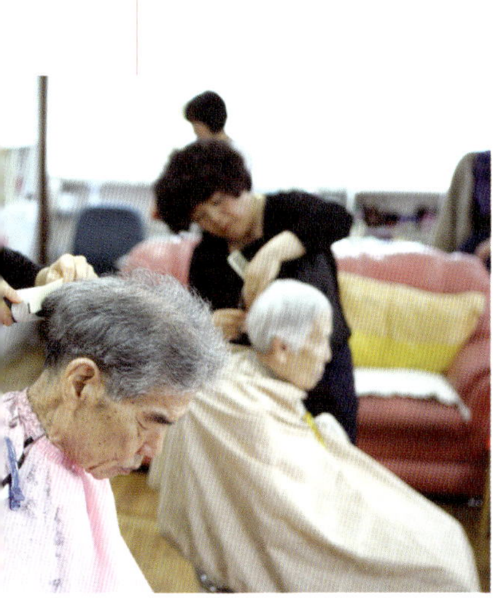

S.5

SENIOR

군포시니어클럽

관련 영상 바로가기

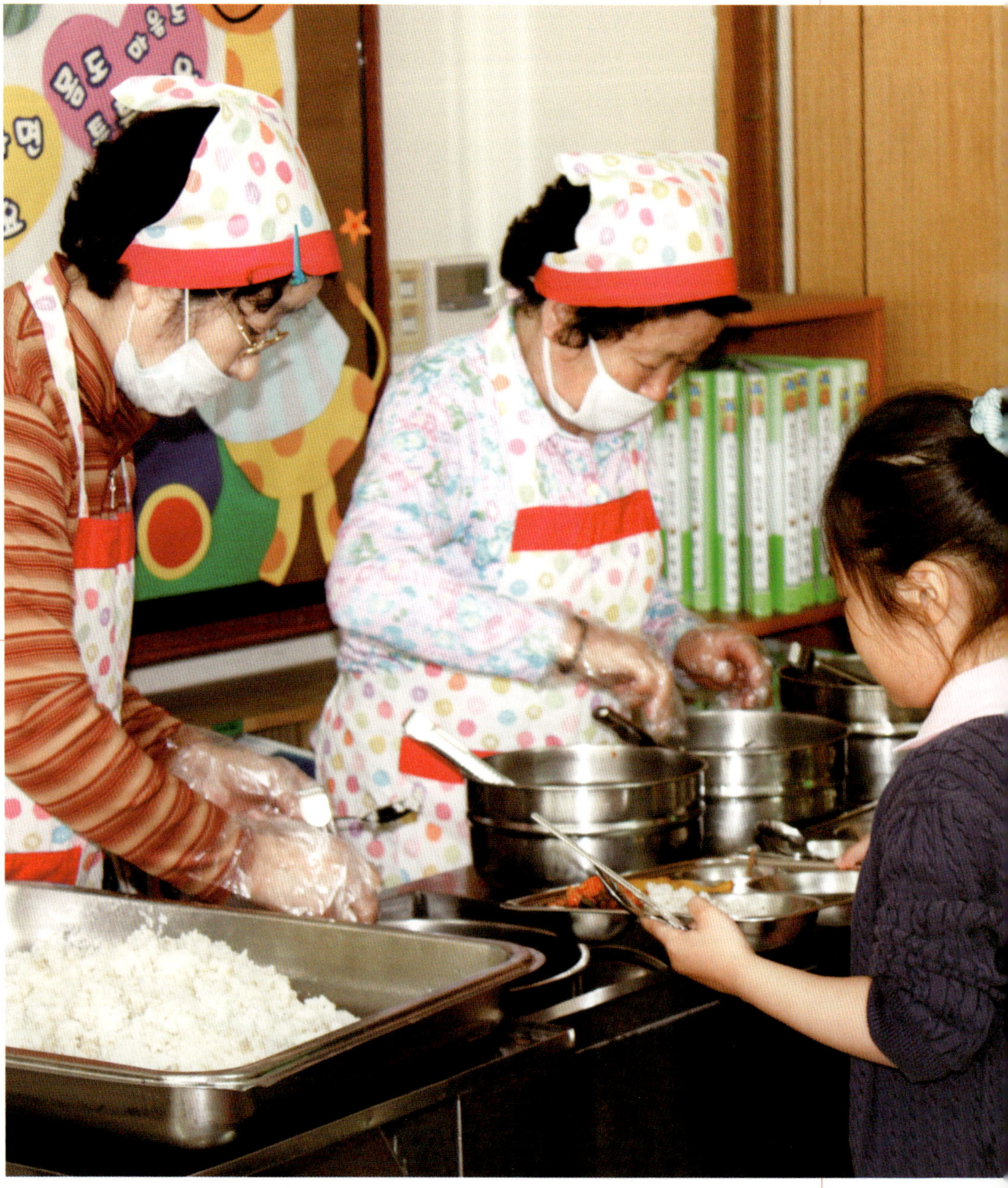

일자리에서 노인의 미래를 찾다

보건복지부는 2001년 전국 5개 지역(서울 종로, 대구 중구, 경기 부천, 강원 동해, 충북 충주)에 지역 사회 시니어클럽 시범사업을 실시했다. 이후 2004년부터 본격적으로 노인일자리사업이 전국적으로 확대 운영되었고, 지역사회에 노인일자리를 제공했다. 일찌감치 고령화사회의 노인 역할에 대해 고민했던 이사장 권태진 목사는 군포 노인일자리 사업 추진 소식을 듣자마자 준비를 시작했다. 점점 건강해지는 노인들은 단순한 돌봄의 대상이 아니었다. 이제는 노인 스스로의 힘으로 나아갈 수 있는 미래가 있음을 믿었다. 2007년 군포시에서 노인일자리 전담기관인 시니어클럽의 수탁을 공모했고 성민원이 선정되었다. 시니어클럽 수탁은 고령 사회를 위한 한발 앞선 결정이었다. 2007년 7월 1일 시작한 군포시니어클럽은 15년간 어르신들이 활기차고 건강한 노후생활을 영위할 수 있도록 노인일자리 및 사회활동지원사업을 수행하고 있다. '공익활동 사업', '시장형 사업', '사회서비스형 사업', '취업알선형 사업' 등 현재 약 2천여 명에게 노인일자리를 발굴하여 제공하고 있다.

할매정성밥상 금정점. 2020

'최초'의 역사를 써내려가다

군포시니어클럽을 설명할 때면 '최초'라는 단어를 빼놓을 수 없다. 군포시니어클럽은 2007년, 설립한 해에 '실버급식도우미' 사업을 시작했다. 그 당시 초등학교에서는 학부모가 순서를 정해 급식을 배식해야 했으나, 점차 맞벌이 부부가 늘면서 학부모가 배식에 참여하기 어려워졌다. 실버급식도우미는 노인이 초등학교의 배식을 대신하면서

맞벌이 부부의 빈자리를 채우고, 일하는 노인의 자긍심을 부각시키는
사업이 되었다. 지역 내 초등학교와 연계하며 시작된 이 사업은
우수 사업모델로 인정받아 전국의 노인일자리 운영 매뉴얼로
보급되었다.

한마음카페. 2022

2008년에는 전국 최초로 '군포실버택배'를 실시했다. 관내
아파트 단지의 유휴공간을 거점지로 활용해 노인택배사원이
택배 물품을 고객에게 안전하게 직접 배송하는 사업이다. 해당
아파트에 거주하는 노인이 택배 배달 활동에 참여해 지역 주민의
신뢰를 얻었고 지속적으로 거점을 확대했다. 이후 노인실버택배는 전국
시니어클럽의 사업으로 확산됐다.

이러한 경험을 토대로 2021년에는 택배분류도우미 사업을 시작했다. 코로나19로 온라인
소비가 증가하면서 택배 이용량이 증가하는 반면 택배 종사자들에게 업무가 가중되어
과로사가 발생하기도 했다. 이러한 사회문제를 개선하고 노인일자리를 창출하기 위해
CJ대한통운과 업무협약을 맺고, 집하장에 자동 분류된 택배 물품을 참여 노인이 배송
기사별로 분류하는 사업을 진행했다. 특히 2022년에는 택배사의 노사합의에 의해 택배
배송 기사가 택배 분류작업에서 배제됨에 따라 이를 대체하는 노인일자리가 증가했다.

2019년에는 전국 최초로 실버 바리스타 전문 교육장인 '스타벅스(Starbucks) 상생
교육장'을 개설했다. 보건복지부와 스타벅스코리아, 한국시니어클럽협회가 지속가능한
노인일자리창출 지원협약을 맺고 군포노인행복센터 4층 교육장에 실제 스타벅스 매장의
기계와 가구 등을 설치했다.

꿈빛강사인형극. 2022

에스빔바리스타교육장 1주년 기념행사. 2020

스타벅스의 바리스타 매니저가 직접 커피 교육을 진행하며 전국 150여 곳에서 일하는
실버 바리스타와 만60세 이상 노인 누구나 전문적인 커피 교육과 실습을 받을 수 있다.
군포시니어클럽은 센터 건립에도 '전국 최초' 타이틀을 보유하고 있다. 그간 여타의
사회복지시설과는 달리 일자리창출이 중점인 시니어클럽에는 전용건물이 필요하다는
인식이 없었다. 하지만 2015년에 군포시가 'NEXT경기 창조오디션 시즌2'에서
'G노인행복업 센터'로 입상해 10억원과 군포시의 재정지원을 받아 전국에서 최초로
시니어클럽 센터를 세운 기관이 되었다. 2018년 1월 완공된 군포노인행복센터는
사무실, 교육장, 작업장을 한 곳으로 통합해 노인들이 센터에서 모든 서비스를 한번에
받을 수 있게 했다. 또한 노인일자리 참여자와 일반 노인을 대상으로 한 교육, 간담회 등
다양한 활동이 가능해졌다. 신규 일자리 창출과 직원들의 근무환경 개선도 이루어졌다.
군포시니어클럽이 전용건물 건립의 효과성을 입증함으로, 현재는 전국에 총 14개의
시니어클럽 전용건물이 생겨났다.

지혜로 마을을 가꾸는 노인들 - 공익활동 사업

해를 거듭할수록 평균수명은 증가하고 노화는 지연된다. 노인들이 나이를 밝힐 때면
나이보다 훨씬 젊고 건강한 외모에 놀랄 때가 많다. 공공시설봉사 사업은 일할 능력이
충분하고 건강한 노인들의 일자리를 지역사회의 현안과 연계해 동시에 해결한다.
우리동네가꿈이, 실버급식도우미, 지하철안내도우미, 그린실버, 시설관리지원,
놀이터수호천사, 클린깔끄미, 도서관관리지원, 스쿨존교통지원 등의 사업이다.
노인들을 돌보는 방문복지사는 젊은이일 것이라는 편견을 깬 사업이 노노케어이다.
노노케어는 지역 내 사각지대에 놓인 취약 노인 가정에 동년배의 일자리 참여자가
방문하여 일상생활을 안정적으로 유지할 수 있도록 신체적·정신적 서비스를 제공한다.
2007년 74곳의 수혜자 가정을 방문한 것을 시작으로 2022년에는 103곳의 가정을
방문해 노인들의 친구가 되어주고 있다.
노인들이 가진 경륜과 지식, 삶의 지혜는 그야말로 오랜 세월을 통해 이루어지고
완성된다. 꿈빛강사로 활동하는 노인들은 그들만이 가진 무형의 자산을 유아·어린이 등
미래세대교육에 활용하고 있다. 파견 분야는 숲생태해설, 인형극, 동화구연, 종이접기
등으로 다양하다. 다양한 프로그램에 적합한 노인 강사를 파견하여 1·3세대 간의 적극적
소통을 이끄는 사업이 되었다.

엄마 손은 금손 - 시장형 사업

입을 것이 많지 않던 옛 시절, 어머니들은 늦은 시간까지 가족들을 위해 어두운 불빛
아래에서 재봉틀을 돌렸다. '하늠' 재봉사업은 2007년 '고운매' 사업으로 시작하여

노인일자리사업 발대식. 2023

15년째 이어온 군포시니어클럽의 대표적인 장수 사업이다. 재단과 봉재 실력을 갖춘 만 60세 이상 노인들의 꼼꼼한 솜씨로 신생아 이불, 앞치마, 미니 크로스백, 기능성 패션 마스크 등 다양한 수제품을 제작하여 판매한다. 관내 산부인과에 신생아 블랭킷(겉싸개)를 납품하는 등 지역사회와 연계해 판로를 개척하고 기업과 연계해 틈새시장을 공략하며 활동 영역을 넓히고 있다.

어머니의 손맛을 내세운 할매정성밥상은 2011년 오픈한 이후 지역사회에 천연재료를 활용한 건강한 먹거리를 제공하고 있다. 첫해에는 인공 조미료 없이 음식 맛을 내다보니 경험 부족으로 하루 매출이 만 원도 안 되는 날이 있었다. 그러나 합리적인 가격과 양질의 메뉴로 2014년 안전행정부로부터 착한 가격 업소 및 미리내가게, 효(孝)실천업소로 선정되었으며, 2017년에는 군포시중앙도서관에 2호점을 오픈했다. 또한 요즘 외식업 변화에 따라 운영전략을 변경해 수제비 전문점에서 한식뷔페로, 라면요리전문점에서 도서관 내 식당으로 다각화를 꾀하였다.

브런치 카페에서도 노인들의 활약은 계속된다. 제이빔브런치카페는 군포시니어클럽이 2018년 군포노인행복센터 지하 1층에 오픈했다. 최첨단 기술은 덤이다. 기존의 카페와 차별화를 두기 위해 ICT기술을 접목한 실내 농업 스마트팜을 설치했다. 스마트팜은 저강도 근무 환경을 갖추어 어르신들이 신체적 제약을 극복하고 지역 및 기후조건과 상관없이 유기농, 무공해 채소를 수확할 수 있다는 장점이 있다. 수확된 채소는 샐러드, 샌드위치 등 다양한 메뉴로 판매된다.

한마음카페는 2022년 대한산업보건협회 부설 한마음혈액원 1층에 개업했다. 한마음혈액원 직원 및 지역주민에게 좋은 품질의 커피와 음료를 합리적인 가격으로 제공하며, 노인일자리 창출과 더불어 공단지역 활성화에도 기여하고 있다.

2015년부터 2021년까지 진행된 사업 '지윙스'는 전국에서 유일한 국내 생산 셔틀콕 작업장으로 노인들의 수작업을 통해 셔틀콕을 제작했다. 중국공장에서 대량 생산된 셔틀콕과는 달리 노인들의 꼼꼼한 기술과 노하우로 생산된 셔틀콕은 우수한 품질을 자랑하는 동시에 노인들에게 지속적으로 양질의 일자리를 제공했다. 참여하는 노인들 또한 국내 유일의 셔틀콕 제조업체에서 근무한다는 자부심을 가지고 더 나은 기술력을 가지기 위해 끊임없이 도전했으며 그 결과 고령자친화기업으로 선정되기도 했다.

FLOW
흐름

제이빔브런치카페. 2021

2016년에는 '행복'공동작업장을 개소하여 노인들이 스티커, 화장품 케이스 조립과
같은 단순 작업이나 단순 임가공 제품 작업을 공동으로 할 수 있도록 장소와 일감을
제공했다. 노인들의 사회참여 및 경제적 소득 창출에 기여하고 있으며 2018년에는
군포노인행복센터 2호점이 건립되면서 2층에 공동작업장 2호가 시작되었다.

활기찬 노인이 만드는 건강한 도시 - 사회서비스형 사업

교육수준과 소득이 높은 베이비부머 세대가 고령인구로 편입되면서 보다 전문적인
노인일자리가 필요해 졌다. 사회서비스형 사업은 노인의 전문성과 역량 등을 활용하여
사회적 도움이 필요한 영역에 서비스를 제공한다. 주 3회, 월 10시간 참여하는
공익활동사업에 비해 사회서비스형 사업의 참여시간은 주 5회, 월 60시간으로 노인이
전문성을 충분히 발휘하고 더 많은 근로소득을 얻을 수 있다.
일자리 참여 노인들은 공공기관이나 공공시설의 수요에 맞추어 민원인을
안내하거나 지역사회 내 취약계층에게 돌봄서비스를 제공하는 업무를 담당한다.
노인복지시설지원, 아동그룹홈지원, 시니어컨설턴트, 공공시설지원, 노인일자리지원,
온종일돌봄서비스지원, 다함께꿈터지원, 가정서비스지원, 장애인서비스지원,
노인맞춤돌봄지원, 사회복지시설지원, 보육시설지원 등의 업무 등이 있다.

이 외에도 시니어클럽은 어르신들의 취업을 알선한다. 일정 교육을 수료하거나 관련된 업무능력이 있는 노인을 해당 수요처에 연계하여 일자리를 제공한다. 만 60세 이상 어르신들에게 사회참여와 소득 창출의 기회를 드린다. 주요 직종은 미화원, 경비원, 주차관리원, 지하철택배(기공소·치과), 제조 생산직 등이다.

노노케어. 2019

공익활동 꿈빛강사. 2021

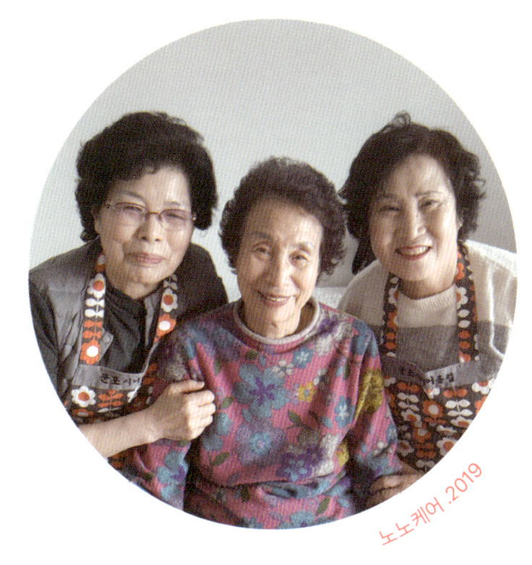

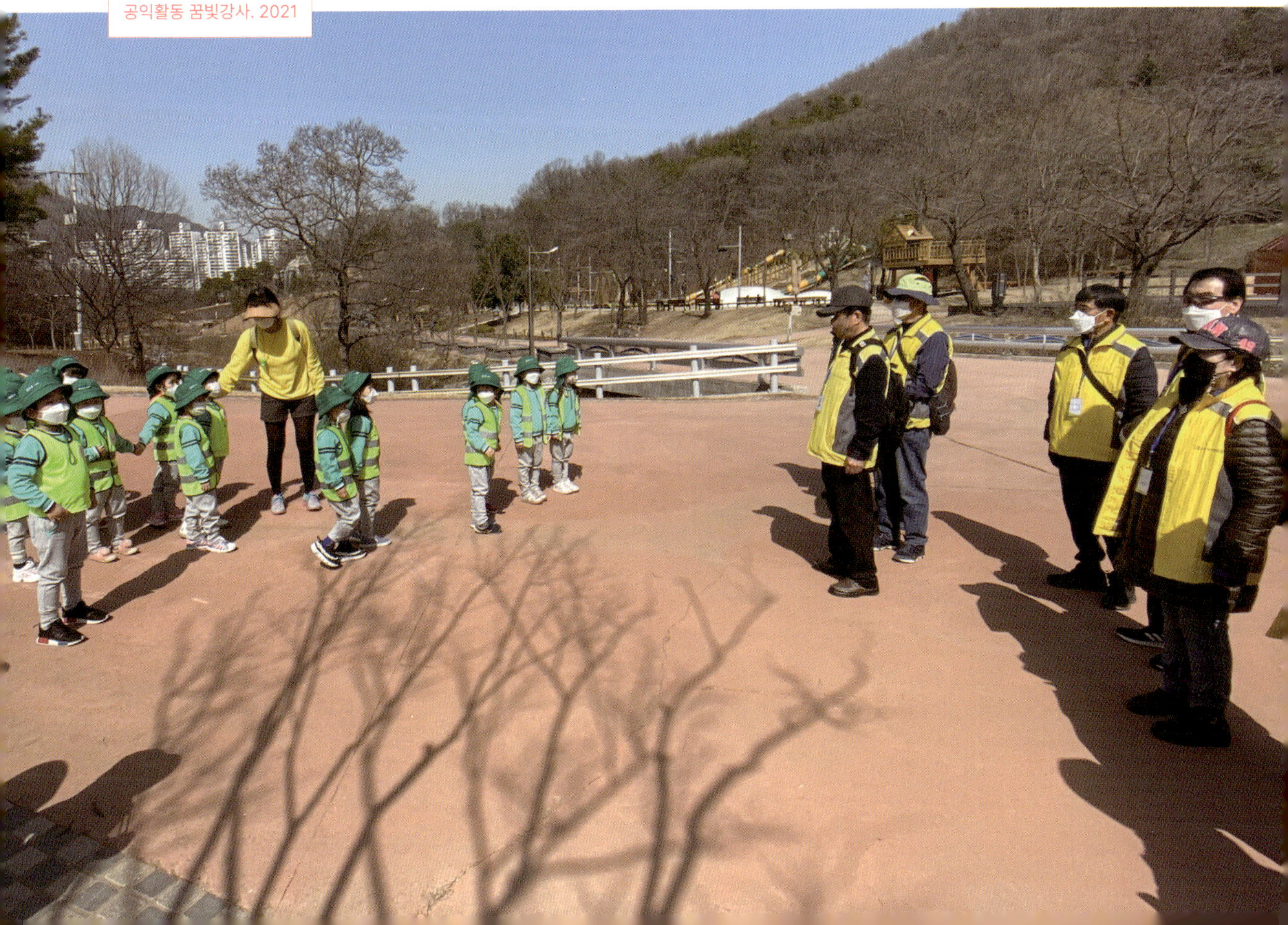

공익활동

노노케어: 독거 및 장애세대 정서 및 가사 서비스
우리동네가꿈이: 쓰레기불법투기 감시 및 환경개선
실버급식도우미: 초등학교 저학년 식당배식도우미 활동
보육시설도우미: 관내 보육시설 업무 보조
지하철안내도우미: 지하철 이용문화 계도
그린실버: EM을 활용한 공공시설, 둘레길 환경정화
시설관리지원: 시설물 환경정리, 방역소독
안심방역: 공원, 놀이터, 상가 등 환경정비 및 방역소독
클린깔끄미: 버스정류장, 차고지 환경정리 및 방역소독
도서관관리지원: 도서대출 및 반납보조
스쿨존교통지원: 초교앞 교통안전지도 및 순찰
꿈빛강사: 유아관련 프로그램 강사파견

취업알선형

기업체 취업알선 및 파견/사후관리 지원

FLOW 흐름

사회서비스형

노인복지시설지원: 노인복지시설 서비스 지원
아동그룹홈지원: 아동그룹홈 주방보조
시니어컨설턴트: 취업알선 업무지원
공공시설지원: 공공기관 민원응대, 방역, 환경정비
치매서포터즈: 말벗서비스, 치매가족 조호물품 배송
노인일자리지원: 민원응대, 방역, 업무보조
온종일돌봄시설지원: 서비스 지원, 환경정비
다함께꿈터지원: 다함께꿈터 생활지도 보조, 안전관리
가정서비스지원: 민원응대, 방역, 환경정비, 업무 보조
장애인서비스지원: 환경개선지원, 방역 지원
노인맞춤돌봄지원: 서비스 업무지원
사회복지시설지원: 서비스 업무지원, 환경정비

시장형

'하눔' 재봉: 재봉활용 제품생산, 판매
할매정성밥상: 시니어 식당운영
제이빔브런치카페: 시니어 브런치카페 운영
군포실버택배: 아파트 단지 내 택배배달
'행복'공동작업장: 단순작업, 임가공 제품 작업
한마음카페: 한마음혈액원 카페 운영
택배분류도우미: CJ택배 물류 분류 작업

새로운 일자리 창출을 위한 끝없는 고민과 도전

군포시니어클럽은 적극적인 도전정신으로 매해 새로운 시범 사업을 추진하고
안정적으로 운영해 본 사업으로 안착시키고 있다. 2021년에는 다함께꿈터지원사업과
시니어연금가이드를 시범 사업으로 추진해 2022년에 본 사업으로 안착시켰다.
이 두 사업은 시범사업으로 시작된 이후부터 현재까지 노인들과 수요처의 만족도가 가장
높다. 특히 2명으로 시작한 시니어연금가이드 사업은 공공시설지원사업으로 확대되어
32명이 참여하는 대형 사업이 되었다. 이처럼 성공적인 케이스는 전국 노인일자리
사업의 확장성과 다양한 노인일자리 개척에 기여한다. 시대가 급변하고 노인들의 욕구
또한 다양해지는 때, 다양한 시범사업은 신 노년 패러다임에 빠르게 발맞춰 일자리를
개발해 노인들의 기술과 경험을 충분히 발휘할 수 있게 한다.

취업알선. 2020

군포우리동네가꿈이 임수원

"어르신들이 일하는 즐거움과 내가 아직은 뭔가 지역사회에 기여 하는 것에
행복함을 느끼고 조원들을 만나 일하고 이야기하다 보면 집에서 느끼던 무료함도
외로움도 없어진다고 하신다. 일을 하며 여기저기 다니니 운동도 따로 할 필요
없어 자연스럽게 운동을 하니 건강에도 도움이 되어 이보다 더 좋은 복지가
어디 있겠냐며, 노인일자리사업은 어르신들에게는 최고의 복지라며 엄지를
치켜세우신다."

SENIOR

이천시니어클럽

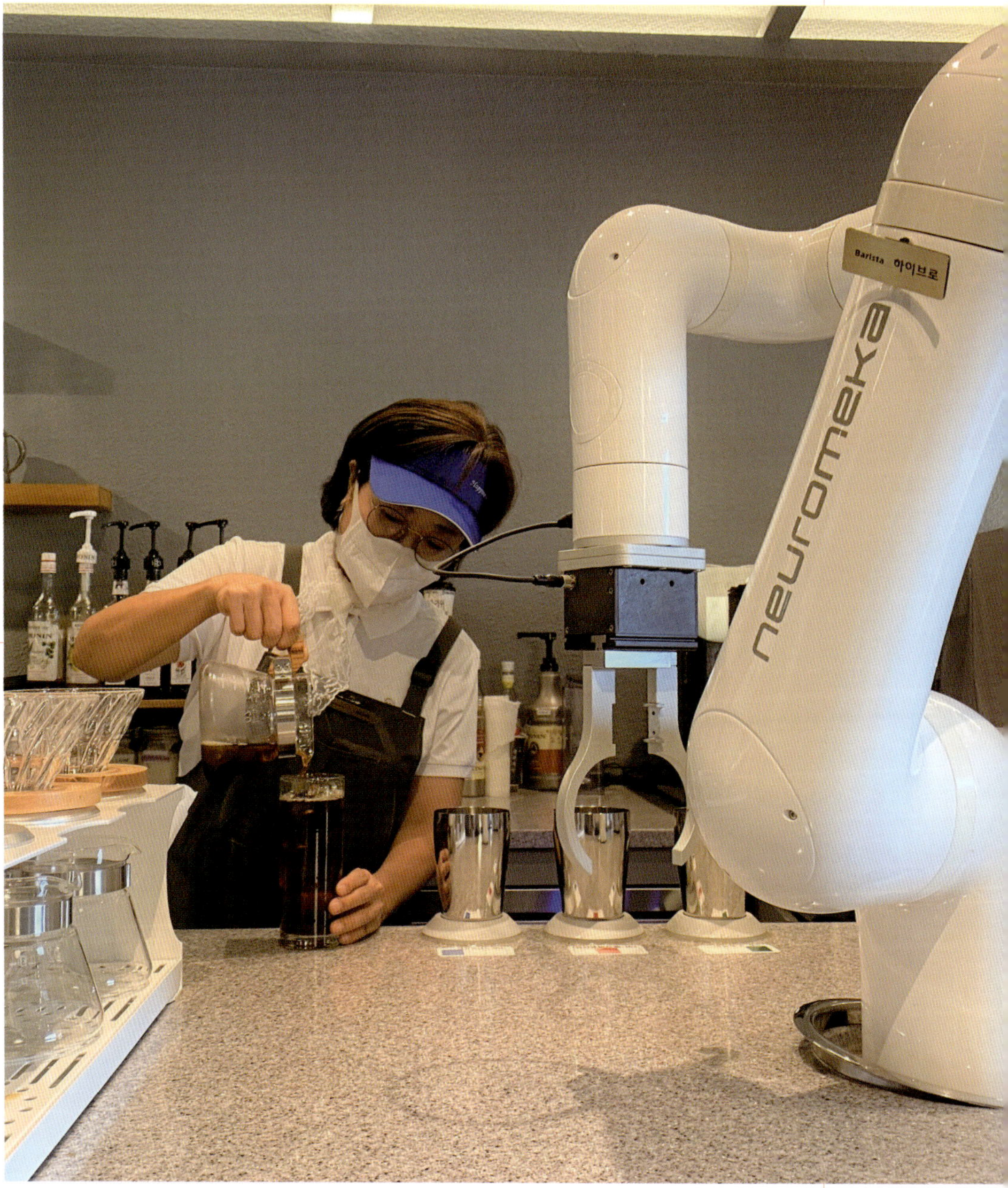

노인일자리가 스마트해지다

15년 간 군포시니어클럽을 운영한 성민원은 노인일자리사업에 대한 노하우를
얻었다. 새롭고 다양한 사업에 도전하여 성공하고 안정시킨 경험은 이천시니어클럽
운영에 좋은 자양분이 되었다. 이천시니어클럽이 개관하기 전, 이천시의
노인일자리사업은 이천시노인종합복지관 실버인력뱅크, 대한노인회 이천시지회,
이천시지속가능발전협의회 등 3곳에서 분산되어 있었다. 이천시는 제4기
지역사회보장계획의 주요사업으로 노인일자리 사업을 통합한 시니어클럽 설치를
추진했다. 새로운 사업모델을 구상하던 성민원은 수탁에 참여해 수탁지정법인으로
선정됐다. 성민원이 추구하는 복지이념, 그리고 기존 군포시니어클럽 운영으로 마련된
다양한 노하우와 행정체계의 기틀이 이천시에게 큰 신뢰를 주었던 것이다.
성민원과 함께 2019년 개관한 이천시니어클럽은 운영 첫 해인 2020년에 이천시
1,600여 명의 어르신들께 노인일자리를 제공했다. 주목할점은 기존 시니어클럽 운영
노하우와 더불어 새로운 ICT(Information and Communication Technology) 기술을
접목한 사업들을 추진해 보다 진일보하고 트렌드에 발맞춘 서비스들을 선보였다는
점이다. 특히 전국 최초로 ICT를 접목한 시니어카페 '카페행복하이'나 '카페꼬꼬동'은
바리스타로봇, 치킨로봇 등 신기술을 도입하여 업계를 선도했고, 노인일자리사업이
공익만을 위한 것이라는 그간의 인식을 개선하고 사업 그 자체로서 잠재력과 가능성을
발휘하고 있다. 이러한 성과를 인정받아 2021년에는 설립 1년만에 보건복지부
평가에서 전국 최우수기관으로 선정되고 보건복지부장관 '대상'을 수상했다. 이듬해인
2022년에는 노인일자리 우수 운영모델 공모전에서 최우수모델로 선정되었다.

FLOW 흐름

초록불이 사업. 2022

공익형 사업 클린이천. 2022

공익형 사업 헬로우티쳐. 2022

사랑이 흐르는 물길

한계를 벗어나 지속가능성에 도전하다

환경미화, 보육, 순찰 등 1차원적인 업무에 머무르던 노인일자리사업은 고학력 전문직
경험을 지닌 신노년의 등장으로 패러다임이 변화했다. 돌파구를 찾기 위해 전문 서비스
분야인 시니어카페가 부상하면서 한때 전국의 시니어클럽에서 운영하는 카페사업단은
242개에 육박했다. 하지만 시니어카페는 곧 지속가능성이라는 한계에 부딪혔다.
감각적이고 숙련된 전문성을 요하는 카페의 특성 상 트렌드를 따라가기엔 어려움이
있었고, 지역 내 유사 상권과도 경쟁해야 했기 때문이다.
이천시니어클럽은 이 한계를 넘어서기 위해 다양한 차별화 전략을 꾀했다.
2021년 3월에 개업한 '카페행복하이'에서는 먼저 전문성을 보장하기 위해
'이천시새로일하기센터'에서 시니어 바리스타 양성과정을 이수한 참여자를 바리스타로
채용했다. 재료 수급부터 메뉴 및 매장 관리, 서비스 등 카페 운영의 전문성은 카페 컨설팅
업체 (주)억셉트커피의 재능기부를 받았다.
이러한 차별화 전략은 이천시와 SK하이닉스(주)의 후원으로 전국 최초로 시니어카페에
최신 ICT 기술을 도입하면서 날개를 달았다. ICT 기술은 일자리에 참여하는 노인들과
긴밀하게 협업했다. 바리스타 로봇 '하이브로'는 최고의 커피맛을 내는 제조법이 입력되어
언제나 일정한 맛과 품질을 제공한다. 손이 떨리거나 힘이 부족한 노인들의 손이
되어주는 바리스타 로봇은 기계가 아닌 협업하는 동료이다. 매장에 설치된 키오스크도
노인들의 일손을 덜어준다. 서빙 로봇 '테미'를 부르면 앙증맞은 로봇이 노인 대신
손님에게 필요한 물건을 전달한다. '테미'에게 신청곡을 요청하면 카페 가득히 음악을
들을 수도 있다. 인공지능과 무인자동화 시스템이 노인들의 설 자리를 빼앗은 것이
아니라 오히려 지속가능하고 스마트한 노인일자리를 만들어수었다. 이천시니어클럽은
한계를 극복하는 차별화로 시니어 카페가 시장성을 확보하고 자립할 수 있는 기반을
마련했다.

차별화의 관건은 기획력

2021년 배달메뉴 1위는 치킨이다.* 어느새
치킨은 전국민이 가장 사랑하는 메뉴로
자리잡았다. 이천시니어클럽은 커피와
차는 달콤한 디저트와 어울린다는
고정관념에서 벗어나기로 했다. 2021년
11월, 커피숍과 치킨 매장이 공존하는
숍인숍(shop in shop)으로 카페 꼬꼬동을
오픈했다. 치킨을 요리하는 로봇과 커피를

* 하나금융경영연구소,
  2022.08.11

내리는 노인이 함께 일하는 매장을 기획한 것이다. 로봇은 이곳에서도 노인들과 협업을 이어갔다. 로봇은 정확하게 메뉴얼을 따르기 때문에 언제나 최상의 맛과 품질을 유지할 수 있다. 더불어 노인들의 작업안전에도 크게 기여한다. 노인들이 조리를 하다가 뜨거운 기름이 튀기거나 유증기를 직접 흡입하는 일이 없기 때문에 더욱 안전하고 효율적으로 일할 수 있다. 동시에 조리 공간을 통유리로 디자인함으로써 로봇이 치킨을 튀기는 과정이 투명하게 보이도록 했다.

이천시니어클럽은 모든 위기를 강점으로 활용했다. 100년 이상 된 무도관 건물이 가진 고유한 목재를 살려 빈티지 스타일로 인테리어를 마감하고, 그 안에 로봇과 노인이 일하는 독특한 광경은 사람들의 이목을 끌기에 충분했다. 이렇듯 창의적인 아이디어는 안정적인 노인일자리를 제공하는 씨앗이 되었다. 매출을 상승시키기 위해 직원들은 다시 한번 지혜를 모았다. 지역 내 공공기관과 기업을 대상으로 영업을 하며 포장 판매를 시도했다. 또한 경기도 배달특급, 배달의 민족과 같은 배달 플랫폼을 적극 활용했다. 매장 운영과 포장, 배달을 함께하는 3WAY 전략은 판매 경로와 수익 다각화에도 유리했다. 중심 상권에서 벗어난 지역임에도 카페 꼬꼬동의 매출은 꾸준히 증가해 3WAY 전략 6개월 만에 매출은 143% 상승했다. 뿐만 아니라 일자리 참여 노인에게도 음료와 치킨 조리, 포장, 서빙과 배달 등 다채로운 활동을 제공할 수 있게 되었다.

노인들에게 행복하고 보다 전문화된 일자리를 제공하기 위해 노력한 이천시니어클럽은 그 공을 인정받아 2021년에는 보건복지부 평가 전국 최우수기관으로 선정되고 보건복지부장관 '대상'을 수상했다. 이듬해인 2022년에는 노인일자리 우수 운영모델 공모전에서 최우수모델로 선정되었다. 기존의 노인일자리사업의 한계를 벗어나 변화하고 성장하는 것을 목표로 하는 이천시니어클럽은 새로운 시도와 도전을 통해 혁신적인 패러다임을 제시하는 선두기관으로 자리매김하고 있다.

학교벗님들. 2021

공익형

실버케어: 독거노인 밑반찬 배달
헬로우티쳐: 1-3세대, 노-노강사 경륜전수
공공시설도우미: 공공기관 내 환경, 주차 지원
클린이천: 깨끗한 우리동네 만들기
공원좋아: 공원 정리 및 시설물 관리
학교벗님들: 스쿨존 교통지도 및 텃밭

시장형

공동작업장: 마늘 정지작업
카페오늘: 노인바리스타 카페
카페행복하이: 바리스타로봇 카페
카페꼬꼬동: 치킨로봇 카페

사회서비스형

아이사랑: 보육교사 업무지원, 환경정화
세이프: 시니어 안전 모니터링
꿈터지기: '다함께꿈터' 돌봄교실 운영

취업알선형

민간취업알선

FLOW | 아미

'카페오늘' 참여자 하경숙 어르신

"시니어카페는 내가 번 돈으로 손주새끼 용돈도 주며 '이거 할미가 벌어서 주는거야'하는 소소한 행복도 느끼며 행복감을 주는 공간이다. 나이가 들어가면서 친구들은 우울하다 어쩐다 하는데 여러 손님들을 대하다 보면 나이도 잊게 만들고 늘 밝게 웃게 된다. 살림도 병행하면서 자투리 시간으로 용돈도 벌고 또한 동료들과 소통도 할 수 있어서 매일이 즐겁고 행복하다."

'꿈터지기' 수요처 이천아미초등학교 후원자

"그분들의 식지 않은 열정은 저에게도 좋은 본보기가 되었습니다. 나이가 든다고 해서 무조건 움추려 있을 이유가 없구나. 나이는 숫자에 불과하다는 사실을 몸소 보여주셨습니다. 어쩌면 노인 일자리 창출 사업은 단순히 노인에게 일자리를 제공하고 사회에 기여하는 의미 외에도 젊은 세대에게 또 하나의 긍정적인 에너지를 주는 것 같습니다."

SENIOR

성민실버합창단

합창으로 노년을 꽃피우다

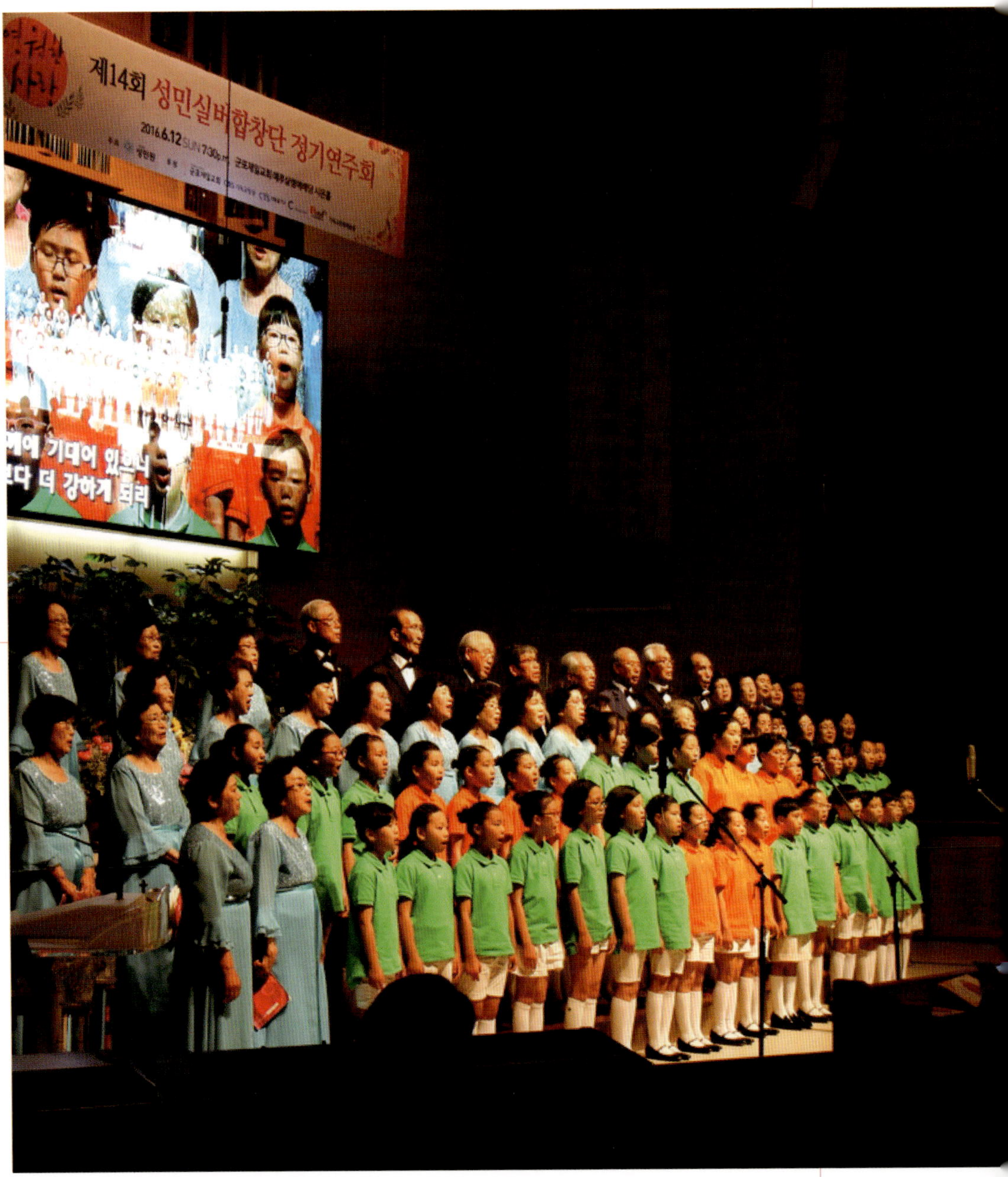

성민원은 군포시노인복지회관을 운영할 때부터 어르신 신우회를 조직하고, 30여 명의
찬양대를 구성했다. 다른 사람들과 음악을 공유하고 힘차게 소리 내 노래하는 합창은
노인들에게 기대 이상의 활력을 부여한다. 그 힘을 알기에 오래전부터 찬양을 할 수 있는
시간과 공간을 제공함으로써 노인들의 예술 활동을 지원해왔다. 실제로 합창을 함께하고
있는 노인들은 피아노 전공자, 성악 전공자 혹은 음대 교수 등 각자 음악적 재능을 지닌
보배들이다.

이들이 지닌 예술적 기량을 원하는 만큼 펼칠 수 있도록 그들만의 합창단
설립이 시작됐다. 노인복지관에는 다양한 프로그램이 있었지만, 더 전문성
있고 차별화된 합창단을 조직한다면 독자적으로 성장할 수 있을 것이라는
기대와 믿음이 있었다.

2003년 4월 19일, 노인복지관을 이용하시는 어르신들뿐만 아니라
지역의 어르신들까지 포함하여 오디션을 계획했다. 오디션을 통해
30여 명의 성민실버합창단의 단원이 구성되었다. 대부분 신앙을 가진
어르신이었고 군포시 스물세 곳의 각기 다른 교회에서 모인 분들이었다.
성민실버합창단의 창단을 기념하여 어르신들이 즐겨 부르시던 6곡의
성가곡, 독창 등을 준비해 그해 5월 25일 창단연주회를 열었다.

실버 합창, 문화를 만들다

성민실버합창단은 군포지역 최초로 노인들로만 구성한 합창단체다. 나이
60세가 넘어 일터를 넘겨주고 무대 뒤에서 지내던 노인들이 드레스를
차려입고 무대 위에서 노래할 용기를 낸다는 것은 절대 쉬운 일이 아니다.
노인들의 눈부신 용기에 화답하듯 공연이 끝나면 박수갈채로 무대가 뒤덮인다. 또한 그런
당신의 모습에 기뻐하는 자녀들을 보며 단원들은 자신감을 얻는다. 합창단 활동을 통해서
차곡차곡 쌓아 올린 사회에 대한 긍정적인 태도가 그들 삶을 변화시킨다.

성민실버합창단은 매주 토요일 오전 9시 50분부터 12시 30분까지 연습을 한다.
지휘자, 반주자와 함께 2시간 30분가량 연습을 하면 체력적으로 힘들만도 한데 단원들
모두 지친내색 없이 기쁘게 연습에 임한다. 성실한 열정을 쌓아가던 합창단은 개인과
팀의 기량을 뽐낼 수 있는 오아시스 음악회를 정기적으로 개최하면서 노인 여가문화를
이끌어갔다.

성민실버합창단 창단음악회. 2002

오아시스 음악회는 정기 연습 중간에 갖는 별도 프로그램이다. 합창대회를 준비하는
단원들이 연습 중간에 개인적으로 독창과 중창, 하모니카 연주 등 기량을 펼칠 수 있는
시간으로서 10분간의 짧은 시간동안 자유롭게 노래하며 에너지를 발산한다. 다른
단원들은 이때 자리에 앉아 연주를 감상하며 오아시스와 같은 달콤한 휴식을 한다.
군포제일교회 복지센터 6층 전체에 노랫가락이 울려 퍼지면 그 앞을 지나가던 사람들은
발걸음을 멈춘다. 그들에게 음악은 소통의 도구이고 삶의 기쁨이다.
또한 어르신들은 매년 봄, 가을(연 2회)에 야유회를 간다. 아름다운 자연을 보고 느끼면서
동료들과 활력을 되찾는 소중한 시간이다.

정기연주회는 매년 한 번씩 개최된다. 공연 장소는 주로 군포시문화예술회관 소공연장
또는 군포제일교회 예배당, 복지센터의 메인홀을 사용한다. 정기연주회를 위해서 다양한
곡을 준비한다. 동요, 성가곡, 민요, 이태리가곡, 한국가곡, 가요 등 장르를 넘나들며 항상
기대 이상의 무대를 선사한다. 1시간가량 되는 긴 공연 시간 동안 어르신들은 열정적으로
무대를 완성한다. 무대 위에서 발산하는 에너지를 보고 있을 때면 노인이라는 정의가
무색해진다.

성민실버합창단은 외부 공연에도 초청받았다. 2013년과 2014년 가을, 두 번에 걸쳐
서울구치소 여성수용소에서 위문 공연을 했다. 첫 공연 때의 일이다. 성민실버합창단의
찬양 후 뜨겁게 기도하는 시간을 함께 가졌다. 그곳에 모인 사람들은 어르신들의 품에
안겨 자신의 과거를 돌아보고 회개하며 눈물을 흘렸다. 가족을 두고 오듯 쉽게 발길이
떨어지지 않던 공연이었다. 앞으로도 기도로 힘이 되겠노라고 약속했다.

제14회 성민실버합창단정기연주회. 2016

싱투게더. 2019

두 번째 위문공연 때는 다른 분위기에서 시작했다. 실버합창단에서 준비한 간식을 100여
명의 제소자들과 함께 나누며 즐거운 시간을 보냈다. 아름다운 활동을 하는 어르신들을
보며 새로운 다짐을 하는 제소자도 생겨났다. 공연을 다녀온 후 한 통의 편지가 왔다. 1년
형을 선고받고 5개월째 수감생활을 하던 중이었는데, 찬양을 들은 후 예수님을 영접했고
굳건한 믿음을 갖고 싶어서 노력하는 중이라는 내용이었다. 성경책이 없다며 보내줄 수
있느냐는 부탁도 함께였다. 어르신들의 찬양을 통해 예수님의 사랑을 전하고 한 영혼을
구원했다는 소식은 최고의 기쁨이다.

정기 연주회 때나 큰 행사가 있을 때 성민실버합창단과 성민소년소녀합창단 아이들이
함께 무대에 선다. 성민실버합창단은 1.3세대 합창의 선구자적 역할을 했다. 노인과의
관계가 익숙하지 않은 3세대 아이들과 함께 연습하며 음악으로 소통하는 시간을
만들었다. 처음에는 어색해하던 어린아이들도 가랑비에 옷 젖듯 본인도 모르게 들어버린
정 때문에 수시로 어르신들께 관심을 가지고 안부를 묻는다. 음악을 통해 만들어진 세대를
초월한 우정이다.
물방울과 같이 톡톡 튀는 아이들의 소리와 세상의 온갖 풍파를 이긴 어르신들의 여유롭고
중후한 소리의 조화는 어디에서도 표현될 수 없는 멋스러움이 있다. 이 멋진 조화는
성민원의 큰 자랑거리이다.

지치지 않는 찬양의 열기

어르신들로 구성된 실버합창단은 단원들의 나이에도 불구하고 20년의
세월 동안 한결같은 모습을 보여줬다. 그 뒤에는 성민원의 정신과
군포제일교회 성도들의 아낌없는 헌신 그리고 기도가 있었다.

창단 당시 합창단 평균 연령이 71세였으나 지금 어느덧 81세가
되었다. 비록 암기력은 예전 같지 않지만, 연습은 더 열심이다. 연주회
일정이 잡히면 가사를 화장대, 싱크대, 화장실 등 온 집안에 붙여두고
보면서 외운다. 연주회를 마치고 느끼는 성취감은 노인들에게 뭐든지 할 수
있다는 자신감을 갖게 한다. 자녀들을 초청하여 공연을 선보일 때면, 가족들은 꽃다발을
준비해 선사하고 부모님의 자랑스러운 모습에 기뻐한다. 어르신들의 어깨가 으쓱해지는
순간이다.
단원들의 가정에 좋은 일이 있을 때마다 간식이나 식사를 나누고, 우울함이나 노년의
외로움 등 어려움도 함께 해결한다. 단원들의 자녀들도 후원과 협력으로 힘이 되어 준다.
이렇듯 삶을 함께 나누었더니 이제는 어느새 가족이 되었다. 성민실버합창단은 어르신
합창문화의 중심으로 자리매김하고 있다.

성민실버합창단은 코로나19로 인해 2020년부터 사업을 일시 중단하게 되었다.
단원들이 대부분 고위험군에 속하는 75세 이상 어르신들이기 때문에 이들의 건강을
위해 잠시 쉬어가기로 한 것이다. 코로나가 끝나지 않은 3년 동안 돌아가신 단원도 있고,
각종 노인성 질환으로 건강이 약해진 단원도 있지만, 다시 모일 그날을 손꼽아 기다리고
있다. 비록 모여서 연습은 할 수 없어도 각자가 속한 곳에서 취미 생활로 노래하며 단체
채팅방을 통해 추억을 나누고 안부를 전한다.
성민원은 2023년 상반기에 연습실을 활짝 열고 어르신들이 다시 봄을 노래할 수 있도록
준비하고 있다.

FLOW 아름

SENIOR

성민노인상담소

나를 응원해주는 친구가 있다

사랑이 흐르는 물길

성민노인상담소는 2000년 10월 1일 군포시노인복지회관을 이용하는 분들을 상담하면서
특별히 노인을 대상으로 하는 전문상담원이 필요함을 깨닫게 되어 개소했다. 상담 사업을
개시한 '성민노인상담소'는 노인들의 개개인의 욕구에 적합한 의미 있는 정보를 제공하여
성공적인 노후생활에 필요한 자원을 연계했다. 말벗, 일자리 알선, 여가선용, 건강문제,
사회적 관계, 자산관리, 고충상담, 노인관련시설 안내 등 노인문제에 관련된 다양한
내용을 상담했다.

전문상담원이 노인들의 문제를 듣고 조언하여 해결할 수 있도록 도왔다. 또한 노인들의
사회·심리적인 불안감을 해소하기 위해 부양자를 위한 교육을 실시했으며, 피부양자에
대한 심리적 학대 및 방임의 원인이 쌍방 간의 이해 부족과 경제적 능력 부족 때문인 것을
알고 이를 노인복지정책에 제시하여 노인학대예방사업의 필요성을 널리 알리기도 했다.
독거 어르신들은 주로 가정봉사원(현, 유급봉사원)에게 상담을 청했는데 이들을 전문적인
상담원과 전화 연결하는 사업도 있었다. 봉사원과 상담원은 의뢰자의 행동가능여부를
확인하여 봉사원과 함께 외부교육이나 문화행사에 참여하게 했다.

현재 정식 시설명칭은 '노인학대 예방상담센터'이다. 2007년부터 군포시니어클럽에서
확대 발전시켜 운영하고 있다.

FLOW
흐름

SENIOR

성민고령자인재은행

제2의 인생을 설계하다

2003년 3월 1일 시작한 '성민고령자인재은행'은 50세 이상의 재취업을 희망하는
이들에게 재취업교육, 알선사업을 통하여 경제활동을 지속적으로 할 수 있도록 도와주는
사업이다. 2003년 3월 군포시지정 무료 직업소개사업으로 시작하여 같은 달 노동부지정
'성민고령자인재은행'으로 등록했다.

구직자와 기업의 연계를 통해 취업하고 소득을 창출할 수 있게 경제자립을 돕는다.
또한 경륜과 재능을 살려 사회 활동의 기회를 제공하여 노인여가 선용에 큰 발전을
이뤘다. 채용을 희망하는 기업체나 개인사업주에게 전문 인력을 소개해서 사회적인
유휴인력활용과 전문 인력 활용으로 인력난 해소 및 지역경제와 지역노인 복지 발전에도
힘이 되었다.

성민고령자인재은행의 활동은 크게 두 가지이다. 첫째는 고령자 적합 직종의 취업알선을
위해 구인처 개발에 힘쓰고, 둘째는 고령자가 취업할 수 있도록 직업교육을 진행하는
것이다.

2005년 3월에는 근로복지공단 안양지사 '전문 간병인 교육기관'으로 지정되어 간병인,
베이비시터, 주유원 등의 재취업 교육을 중점적으로 했다. 구인처 개발을 위해서 관내
취업기관과 연계하여 정기적이고 적극적인 구인 및 구직을 활성화 했으며, 취업박람회를
통하여 구직자와 기업을 연결했다. 2008년 3월에는 성민원 주관으로 '군포 5060 취업
박람회'를 개최하여 준고령자와 경력단절 여성의 취업을 알선했다.

성민고령자인재은행에서는 취업 후 고충문제를 완화하기 위한 상담 및 구인업체
사후관리를 위한 성민고령자인재은행 상담실을 설치했다. 고령자 인재은행은
안양종합고용지원센터, 군포시니어클럽과 연계하여 효율적으로 진행했고 2007년
1월에는 노동부지정 A등급기관으로 지정되었다.

'성민고령자인재은행'은 국가 시책에 따라 2010년 말에 종료되었고, 현재 노인일자리
사업은 '시니어클럽' 으로 통합하여 취업알선 등의 사업을 이어가고 있다.

SENIOR

성민요양보호사교육원

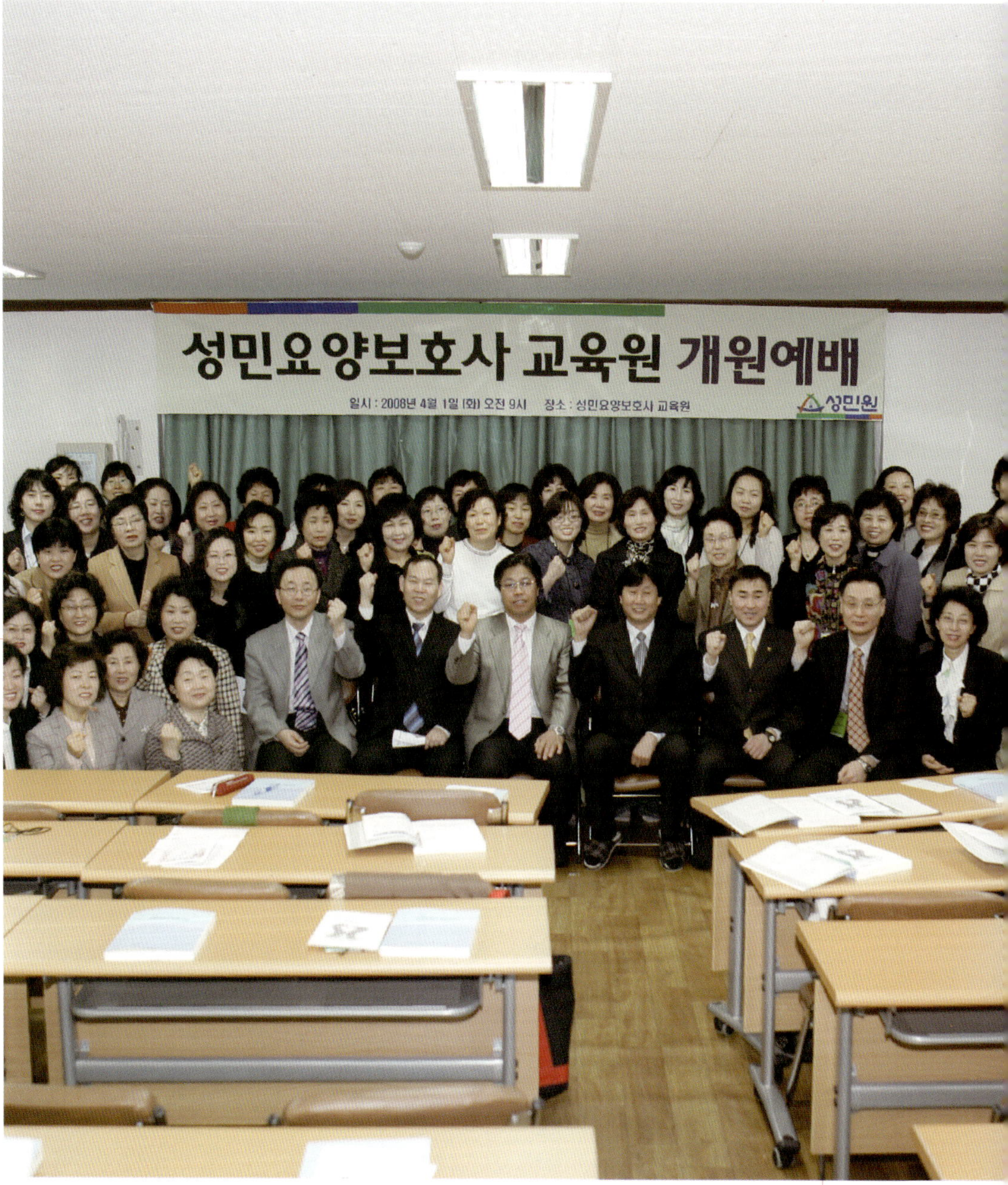

따스한 손과 맘을 지닌 전문가를 양성하다

'요양보호사'는 2008년 7월부터 시행되는 노인장기요양보험제도에서 요양이 필요한
노인 등에게 전문적 간병서비스를 제공하기 위해 만든 새로운 국가자격증 제도이다.
이에 성민원에서는 전문적 간병과 복지서비스를 교육하여 장기 요양기관에 전문 인력을
파견하기 위해 성민요양보호사교육원(당동 785-15번지 소재)을 2008년 4월 1일
개원했다. 노인장기요양보험제도가 시행되기 전부터 인력양성을 시작해야 한다는 이사장
권태진 목사의 판단이었다.

이는 치매 및 노인성 질환으로 가정에서 돌봄으로 오는 어려움을 국가나 사회가
책임지기 위함인데, 우리나라는 독일과 일본에 이어 세계에서 세 번째로 실시하는
노인장기요양관련 사회보험을 갖추게 되었다.

교육원생은 학력이나 연령의 제한 없이 신규 1급 과정과 간호조무사반, 경력자반,
사회복지반으로 나누어 교육했다. 실습기간에는 성민재가노인복지센터와 성민요양원 등
성민원 산하기관과 군포시 노인보건센터, 주간보호센터와 지역의 노인전문요양원 등과
연계하여 실습을 진행 했다.

성민요양보호사교육원에서는 2008년 첫 교육을 시작으로 1기에 33명이 수료했으며
2010년 7월 15기까지, 444명의 수료생을 배출했다. 또한 수료자들이 복지와
나눔에 대한 공감이 높아지면서 자체 봉사단체인 성민울타리를 조직하여 활동하기도
했다. 그러나, 2010년 4월 26일부터 노인복지법(요양보호사관련)에 의거해
노인장기요양보호사 자격증 취득이 시험제도로 바뀌면서 교육수료 후에도 시험에
합격해야 자격증을 발급받을 수 있게 되었다. 성민요양보호사교육원은 400명
이상의 수료생들이 배출되어 현장에 투입될 충분한 인력 수급이 가능해졌다는 점에서
성과와 의미가 있으며, 차후 진행되는 돌봄 사업에
집중하기 위하여 성민원은 2010년 12월 31일
요양보호사교육원 사업을 종료했다.

YOUTH

성민청소년복지학교

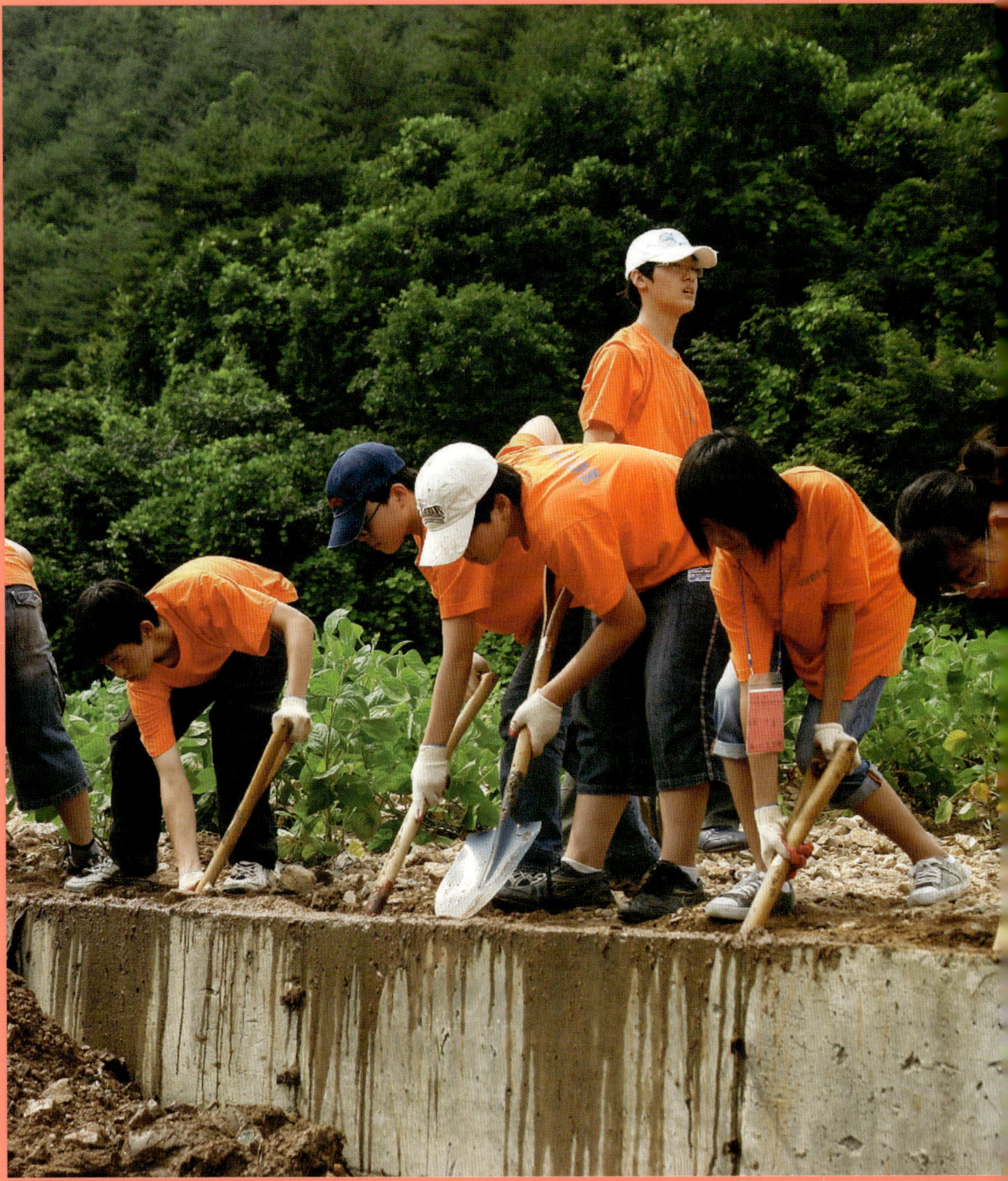

지속가능한 미래를 꿈꾸다

사랑이 흐르는 물길

푸르고 큰 뜻을 품은 젊은이들이 잘 되어야 가정과 나라가 올바르게 성장한다. 청소년이
바로서지 않는다면 그 나라는 바로 설 수 없다. 몸과 마음의 건강을 잃은 이들의 삶을
돌아보고 돌봄을 실천하면서 더불어 사는 법을 청소년 시기에 바르게 학습해야 한다.
인간의 문제를 나와 상관없는 일이 아닌 '나의 일'로 생각하는 사고의 전환만으로도 더 나은
사회로의 변화가 가능하다.

이를 자라나는 청소년들에게 알려주기 위해 2000년 1월, 성민원은 '성민청소년복지학교'를
개교했다. 이 교육을 통해 사람을 행복하게 하는 보람을 느끼고, 감사하며 살아가는 힘이
길러지기를 바랐다. 미래를 준비하려면 노인을 섬기는 일부터 시작해야 한다는 성민원의
정신에 따라 한 두 번씩 군포시노인복지회관에 자원봉사로 참여하던 청소년들을 대상으로
프로그램을 시작했다.

'나눔과 섬김을 체험하고 꿈을 향해 도전하는 복지현장'이라는 슬로건 아래 매 기수마다
복지와 현장실습을 병행토록 했다. 개교 후 초기엔 사회복지 전공 교수들의 강의가 주를
이뤘다. 사회복지와 자원봉사에 대한 이해를 높이기 위한 강의였다.

2007년, 개교한 지 7년 만에 성민원의 직영사업으로 전환하면서 프로그램도 변화했다.
나눔과 섬김을 직접 경험할 수 있는 장을 마련했다. 도시락 배달, 환경미화, 장애인들과의
나들이, 재가 어르신 가정방문, 복지시설 탐방 등의 다양한 봉사와 체험을 실시한다.

FLOW 흐름

자유를 꿈꾸는 너의 새날을 위하여

청소년기에 올바른 가치관과 세계관, 바른 역사의식을 갖는 것은 매우
중요하다. 그래서 복지학교를 설립해서 청소년들에게 공경과 돌봄의
마음을 심어주고, 세대가 바뀌어도 각자의 자리에서 역할을 감당할 수
있도록 했다. 복지학교에서는 '사회복지와 자원봉사가 무엇인지' 이해하고
'자신을 사랑하고 이웃을 사랑하는 법'에 대해 고민한다. 청소년기에는
자아정체성의 혼란을 겪는다. 이 시기에 '건강한 청소년의 정의'에 대해서
배우는 것은 자아를 정립하는 데 큰 도움을 준다. 이론에 대해 학습한 후
봉사에 직접 참여하면서 느끼는 보람과 성취가 청소년의 가치관을 바로
세울 수 있다. 청소년들은 이 시간을 통해 잠자고 있던 마음의 병을 치유하기도 하고
학교와 가정에서의 갈등을 해소할 돌파구를 찾는다.

강의 시간에는 사회복지 강사뿐만 아니라 다양한 분야의 전문가를 초빙한다. 이사장
권태진 목사는 청소년에게 바른 가치관과 분별력을 심어주기 위해 시대를 통찰하는
강사를 직접 추천한다. 개교 때부터 줄곧 이어진 강의는 올바른 가치관과 세계관,

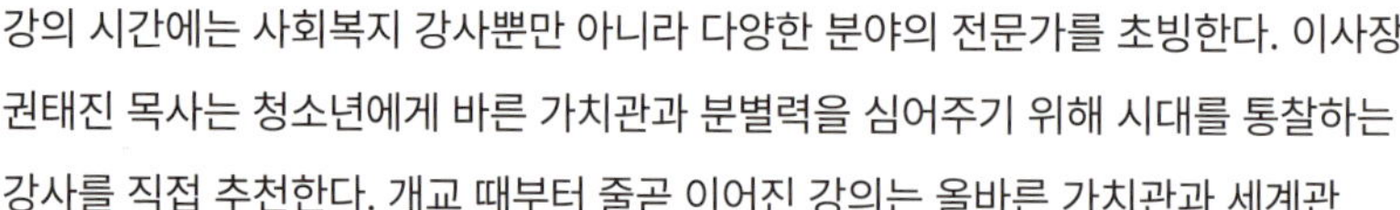

제34기 성민청소년복지학교. 2016

사랑이 흐르는 물길

제46기 성민청소년복지학교 둘째날. 2022

역사관을 심어주는 강의이자, 사람을 행복하게 하는 강의다. 그밖에도 인성, 진로교육
등의 강의로 교육을 통한 복지를 실현하고 있다.

강의를 듣고 난 후에는 조별토론을 진행한다. 담당 교사와 조원들이 서로의 의견을 나누며
생각의 차이를 인정하고 다양성을 배우는 시간이다.

온몸으로 경험하며 깨닫는 배움의 하이라이트는 현장실습이다. 성민원 산하기관과
연계하여 다양한 복지현장을 체험하면서 소외계층을 이해하고, 자원봉사가 왜 필요한지
무엇이 중요한지 깨닫는다.

2006년 7월, 학생들은 강원도 인제 수해 현장에서 피해 주민들과 함께 복구 직업을 했다.
수로를 막았던 흙덩이를 제거하고 물이 다시금 흐르는 것을 보고 여기저기서 탄성이
터졌다. 쓰러진 농작물을 세우며 뿌듯함도 느꼈다. 2008년 1월에는 충남 태안 기름 유출
사고 현장에서 봉사활동을 했다. 재해·손해를 입은 주민들과 얼굴을 마주 대하고, 탄식
소리를 두 귀로 들으며, 함께 돌 사이에 낀 기름을 닦았다. 재해현장은 언론을 통해 보던
모습과는 달랐다. 현장을 직접 두 발로 딛고 두 눈으로 확인한 학생들은 냄새로 머리가
아프고 팔도 아팠지만 갑자기 닥친 재난에 망연자실한 주민들과 자연의 모습에 가장
마음이 아팠다고 한다. 교실에 있었다면 전혀 알 수 없던 감정이었다.

성민청소년복지학교의 봉사활동 중, 독거 어르신 가정방문 실습은 청소년들의 생각을
가장 많이 변화시킨다. 처음 독거 어르신 댁에 방문하는 청소년들은 긴장을 늦추지
못한다. 그러나 어르신들이 반가이 맞아 주시고, 살아온 이야기를 들려주시면 아이들은
친조부모를 뵌듯한 따스한 정을 느끼고 어르신은 학생들의 고사리 손을 통해 생기를
느낀다.

봉사 점수를 채우기 위해 별생각 없이 참여했다가도 진짜 보람을 느끼고 돌아간다. 봉사활동 이후 집안 어르신들을 찾아봬야겠다고 다짐하고, 온종일 홀로 집에 계신 어르신들을 두고 나올 때면 마음 아파하기도 한다. 옛날 앨범을 들추며 자녀들 사진으로 외로움을 달래시는 할머니를 뵌 학생은, 시간이 될 때마다 다시 찾아뵙고 싶다고 말했다. 헤어질 때 따뜻하게 안아주시던 어르신을 다시는 못 볼까 봐 눈물을 흘렸다는 아이도 있다. 나중에 꼭 외로운 어르신을 도와드려야지 다짐했다고 한다. 정말 생생한 참 교육의 현장이다.

강의를 통해서도 새로운 시각, 새로운 가치관을 깨우친다. 이를테면 동성애에 관한 강의를 듣고, 동성애가 왜 잘못된 것인지, 어떻게 동성애를 받아들이고 판단해야 하는지 배운다. 그리고 자유와 인권이 없는 나라의 상황을 듣고 자유대한민국에 살고 있다는 것이 얼마나 감사한 일인지, 나라를 지키기 위해서는 역사를 바로 알아야 한다는 것도 깨닫는다. 무엇보다 소중한 것은, 바른 가치관이 성경에서 시작된 것임을 알게 되어 교회에 대한 시각이 긍정적으로 변화되었다는 고백이다.

시대의 위기를 기회로

2020년도 2월, 경기도 교육청은 '학생 봉사활동 운영 계획'을 발표했다. 그런데 변경된 내용이 청소년복지학교 운영에 큰 위기로 다가왔다. 학교에서 실시하는 봉사활동 소양 교육 외에, 봉사활동과 직접 관련이 없는 교육은 봉사 시간을 인정하지 않겠다는 것이다. 또 봉사활동 시, 교통비, 식비를 내는 경우도 실적 인정이 불가했다. 강사 초빙부터 모든 운영에 제동이 걸렸다.

그러나 청소년 교육은 시기를 놓칠 수 없는 일이었다. 이사장님의 결단으로 프로그램에 필요한 모든 자원을 군포제일교회에서 후원해주기로 했다. 전폭적 지원에 힘입어 성민원은 청소년복지학교를 중단하지 않고, 교육부터 봉사까지 모든 운영비와, 참여한 학생들의 식사와 간식까지 걱정없이 프로그램을 운영할 수 있었다. 봉사 인증 시간이 줄어, 참여 동기부여도 약해졌지만 위기는 곧 기회였다. 봉사 시간 취득과 관계없이 이 프로그램을 통해 유익한 경험을 했던 청소년들의 재등록율이 높아진 것이다. 무엇을 경험하고 얻을 수 있는지 아는 친구들이기에 매시간 적극적으로 프로그램에 임해 수업과 활동 분위기가 더욱 좋아졌다.

또한 2020년에는 뜻하지 않은 코로나19로 인해 청소년복지학교 개최에 제동이 걸렸다. 그러나 프로그램을 지속할 수 있는 대안을 찾아냈다. 학교 수업도 멈춘 시기에는 실시간 온라인 줌 강의를 실시했고, 독거어르신 댁에 비대면 봉사를 다니며 선물을 전달하기도 했다. 봉사하기에 열악한 환경이었지만 닫힌 문 사이로도 학생들의 따뜻한 마음은 전해졌다.

제17기 태안 기름유출 사고현장 현장실습

제29기 연탄배달 현장실습

학생들이 종강 시 써낸 소감문에는 아이들의 코끝 찡한 후기가 가득하다. 코로나19로
어르신과 이야기를 나누지 못한 것이 아쉬워 얼른 코로나가 종식되면 다시 찾아와 덕담도
듣고 행복하게 해드리고 싶다는 학생, 선물을 전해드릴 때 어르신이 정말 기뻐하시며
집에 들어와서 물 한잔이라도 먹고 가라고 하셨지만 거절할 수밖에 없는 현실 때문에
죄송했다는 학생까지, 이들의 깊은 마음이 세상을 더욱 아름답게 물들이고 있었다.
현재 성민청소년복지학교는 위드 코로나 시대를 지나며 이론 강의와 현장 실습 등 모든
프로그램을 정상적으로 운영하고 있다.

거룩한 꿈으로 날아오르다

성민청소년복지학교는 2000년 개교 후 지금까지 꾸준히 수료생을 배출하고 있다.
2023년 1월까지 47회 교육 실시로 5,400여 명이 수료했다. 학생 중에는 우연히 한
번 참여해 2회, 3회, 많게는 중·고등 6년 동안 12회를 참여하는 학생도 있다. 주변
친구들에게 추천해서 함께 참여하는 경우도 많다. 수료생 중에는 복지의 꿈을 키워
사회복지학과에 진학하기도 하고, 대학생이 된 후에 교사로 봉사하기도 한다.

청소년복지학교는 매회 수료생에게 설문조사를 실시한다. 응답률은 항상 99% 이상이다.
각 문항은 바른 역사관·진로관·학습관을 가질 수 있었는지, 나와 이웃에 대해 관심이 더
높아졌는지, 강의 내용이 잘 이해되었는지, 친구들과 원활한 소통을 했는지 등의 질문으로
구성되어 있다. 이전보다 긍정적인 사고를 갖게 되었는지 묻는 질문에 '그렇다'고 대답한
학생들이 80% 이상이다. 조사 결과를 통해 청소년들이 복지학교에 활발하게 참여하여

'봉사와 이타적 삶에 대한 인식 개선', '타인에 대한 배려 실천', '타인에게
무관심했던 태도를 긍정적으로 개선'했다는 사실을 확인할 수 있다. 이는
청소년복지학교의 목표가 실현되어 청소년들에게 긍정적인 영향을
미치고, 복지에 대한 인식을 개선하고 있음을 증명하며 결과는 늘
희망적이다.

2013년 7월에는 행정안전부가 운영하는 '1365 자원봉사포털' 에
자원봉사 수요처로 등록하고, 학교와의 연계도 안정적으로 자리 잡았다.
2015년에는 경기도자원봉사센터, 군포시자원봉사센터로부터 자원봉사 우수
수요처(경기 제2015-021호)로 지정되었다.
복지란 사람에게 관심을 두는 것이다. 자신이 가진 재능을 기부하는 것도 복지다. 북한에
있는 또래의 학생들을 생각하는 것도 이들에겐 복지다. 자신의 장점을 발견하는 것도
복지다. 희생과 박애정신을 가진 지도자가 되겠다고 결심하는 것도 청소년들에겐 복지의
시작이다. 이 세상을 더 나은 세상으로 만들겠다고 다짐하는 것도 복지다. 이러한 복지는
모두 '교육'에서 시작된다.

FLOW 플로우

제 39기 싱민청소년복지학교. 2019

Y.2

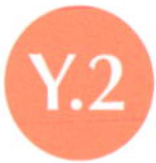

YOUTH

성민청소년축구대회

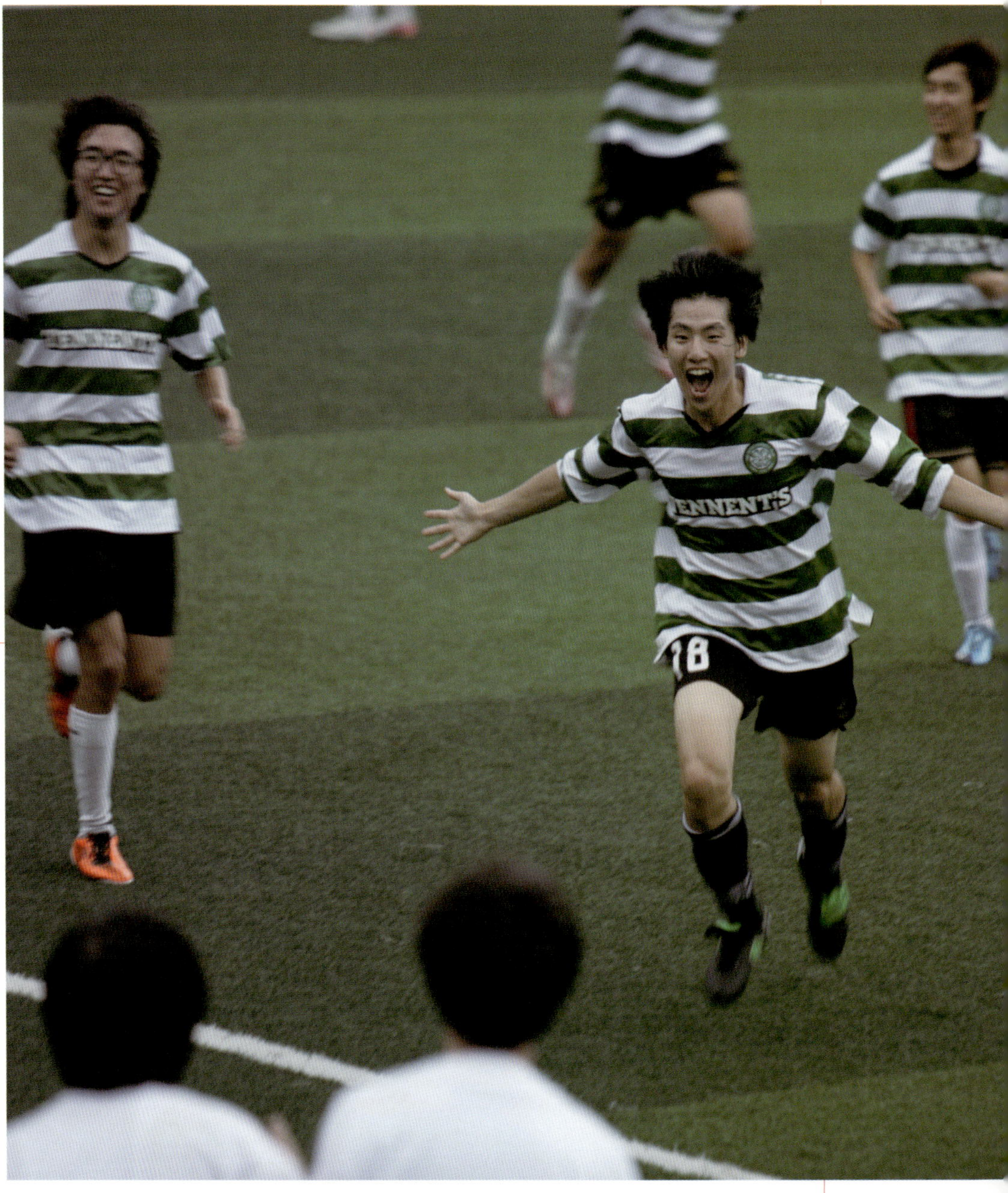

우리 같이 자유롭게 뛰자

"잘 뛰어 놀게 하라"는 자라나는 아이들을 향한 성민원 이사장 권태진 목사의
한결같은 말이다. 아이들은 몸도 마음도 건강해야 한다. 자유롭게 뛰놀고 움직일수록
밝고 건강해진다. 운동은 몸뿐만 아니라 정신까지 건강하게 하는 힘이 있다.
성민청소년축구대회는 지역 내 청소년들이 팀을 만들어 열심히 축구하는 모습을 보고
열정적으로 경기를 뛸 수 있는 기회를 제공해 주고자 시작하게 되었다.
2007년 9월 8일, 제1회 성민청소년축구대회를 군포시민체육광장, 금정중학교,
군포중학교, 군포고등학교 등에서 개최했다. 학교 밖 청소년까지도 지역교회가 품고
건전한 문화생활을 즐기며 선의의 경쟁을 할 수 있도록 지원하게 되었다.

오늘만큼은 내가 최고의 축구선수

중학교 12곳, 고등학교 8곳을 보유한 군포시는 많은 중·고등학생 시민을 포함하지만
정식축구대회는 군포시장배, 군포시의장배 유소년(초등학생) 축구대회뿐이었다.
그래서 성민원에서 축구대회를 개최하여 더 많은 유소년들이 축구를 즐길 수 있는
기회를 만들었다. 대회를 통해 결승진출이라는 목적의식을 자극하고 축구팀에 활력을
불어넣었다. 그래서 성민청소년축구대회가 개최된다는 소식에 첫 회부터 많은 팀이
문의를 하고 참가접수를 했다.

성민청소년축구대회는 연 1회 하절기에 토너먼트 방식으로 진행된다. 참가 특전으로
모든 선수들에게 유니폼과 점심식사를 제공하며, 우승과 준우승팀 및 최우수 선수에게는
트로피와 부상을 시상해 지역 내 청소년들이 건전한 체육동아리 활동을 할 수 있도록
지원한다. 특전으로 제공한 점심식사는 성민원의 모체인 군포제일교회 여전도회원들의
봉사로 이루어졌다. 남전도회에서는 축구대회의 심판(주심, 부심) 외에도 경기에 차질이
없도록 지원하는 일도 함께 했다.

제3회 성민청소년축구대회. 2009

사랑이 흐르는 물길

성민청소년축구대회는 타 대회와 달리 경기를 시작할 때와 끝날 때 꼭 기도를 드린다.
청소년들은 반칙, 과격한 언어사용을 주의하고, 배려의 마음을 가지며 승리와 도전정신을
기른다. 유니폼을 입고 정정당당한 경기를 함으로써 바른 사회적 관계를 형성한다.
축구대회는 매년 여름 개최한다. 더운 날씨에도 그라운드 위에서 구슬땀을 흘리며 즐겁게
경기에 임하는 아이들 모습에 보는 사람들까지 힘이 난다. 스마트폰, 게임, 학업스트레스
등 각종 문제로 지쳐있는 청소년들에게, 하나님의 사랑으로 지역 내 청소년들을 품으며
그들이 건전한 문화생활로 몸과 마음 모두 건강하게 자라도록 돕는 것이 성민원이
청소년축구대회를 개최하는 이유이다.

제2회 성민청소년축구대회. 2008

Y.3

YOUTH

성민에듀투게더

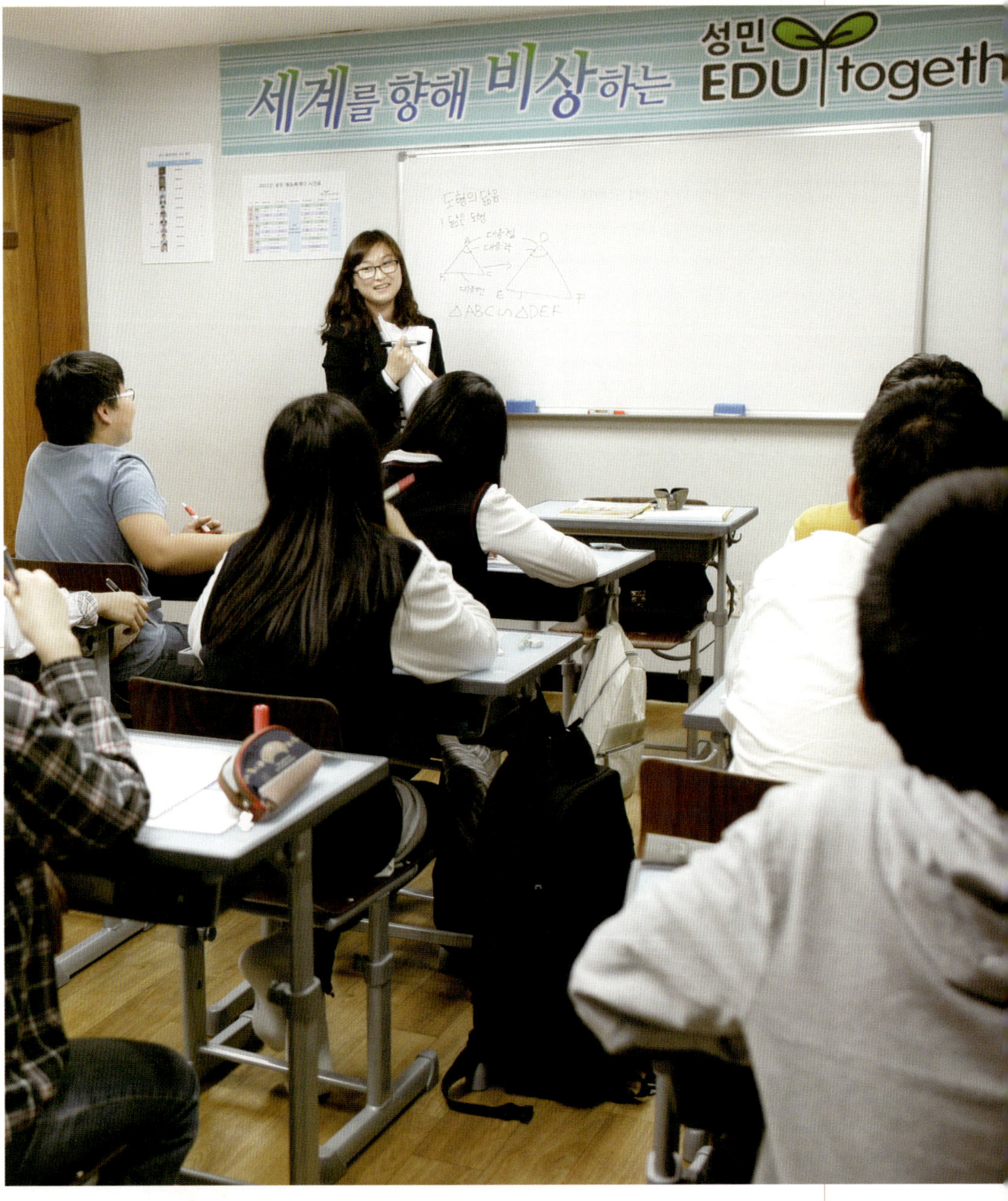

놀라운 성장을 가능케 하다

우리나라 맞벌이 가구의 비율은 46.3%*로 전국적으로 늘어나는 추세이다. 그만큼
아이들은 방치되는 시간이 늘어나고 하교 후 아이들 앞에는 학원 뺑뺑이라 불리는 사교육
릴레이가 펼쳐진다. 아이들은 학업과 경쟁 이외의 자기계발의 기회를 갖기 어렵다.
그런데 그보다 안타까운 것은 한부모 가정, 조손 가정의 아이들은 이 흔한 사교육 조차
받기 어렵다는 사실이다. 군포시는 특정 지역에 저소득가정이 밀집해 있고 부모의 이혼과
가출로 인해 조손 가정들도 많다. 지금도 누군가는 가정 형편 때문에 배움의 기회, 꿈이
자랄 기회를 박탈당하고 있다는 뜻이다.

11년 전인 2010년 4월 12일, 성민원은 청소년을 위한 햇살공부방을 열었다. 야간에
방황하는 초·중·고학생들을 보호하고 교육하기 위해서였다. 햇살공부방의 첫 학생은
군포중학교의 '오바마 교실'의 아이들 9명이었다. 교사는 모두 자원봉사자였다.
햇살 공부방의 운영비와 교육비 마련을 위해 2010년에 사랑 나눔 자선 골프대회를
열었다. 그리고 수익금 전액을 공부방에 후원했다. 아이들은 공부방에 와서 수업을 받고,
자율학습을 하고, 취미활동을 했다. 방황하던 중고생들이 공부방에 와서 댄스와 요가
수업을 들으며 적응했다. 그러다 보니 군포중학교 내에는 댄스나 요가를 배우는 곳으로
알려졌고, 어느새 공부하는 시간보다 음악을 틀고 춤을 연습하는 시간이 점점 늘어났다.
햇살공부방이 거리의 아이들을 안전히 보호하기 위한 첫 단계였다면 이제는 학업 적응과
심화학습을 위해 2단계 전략이 필요했다.

경기복지재단과 성민에듀투게더 협약식. 2011

* 통계청(2021),
KOSIS 100대 지표
중 '맞벌이가구비율'

마음껏 공부하고 꿈꿀 수 있는 기회

2011년 10월, 성민원은 경기복지재단과 협약을 맺고 '빈곤 대물림방지 교육복지사업'인 에듀투게더를 중학교 1, 2년생 총 20명과 함께 시작했다. 초기엔 저소득층 청소년에게 먼저 지원 자격이 주어졌다. 그리고 학생 면접 및 학부모 상담을 통해 학생을 선정했다. 주요 과목은 영어, 수학이었고 교사는 전직 교사, 교장, 대학교 재학생들로 이루어진 자원봉사자들이었다.

2012년 4월 1일, 성민에듀투게더는 경기공동모금회 복권기금사업 '청소년 야간 보호 사업대상기관'으로 선정되었고 그 후 저소득층에 한정하지 않고 학습 의욕이 높은 학생을 선발했다. 가정 형편이 어렵고 학습 의욕이 없는 학생들도 선발했는데 이들에게는 더욱 집중과 관심이 필요했다. 학생들에게 학습자세와 기초공부법부터 가르치며 공부의 습관을 들이도록 도왔다. 또한, 하교 이후 갈 곳이 없어 헤매는 아이들을 위해서 진로지원, 체험 및 탐방, 문화체험 등의 프로그램을 진행했다. 학습 기간 중 수요일에는 수요예배를 드렸다. 예배와 기도를 통해서 위기 가정에 속했더라도 흔들림 없이 어려움을 극복하고 굳건히 일어설 수 있게 도왔다. 이런 노력으로 인해 6년 동안의 사업 기간 참여자 중 중도 포기하거나 일탈한 청소년이 한 명도 없었다.

성민에듀투게더 제1기 수료 및 입학식. 2013

올바른 가치관과 인성 함양을 위한 프로그램도
준비되어 있다. 심리·사회지원 프로그램은 전문
상담사가 일대일 면담을 통해 각자에게 내재한
특기, 적성 및 가능성을 함께 탐색하고, 학습
목표를 세우고, 삶에서 희망을 찾을 수 있도록
돕는다.
매월 1회씩 진행되는 토요 역사현장 탐방
프로그램은 역사 전문가의 해설로 개괄적인
내용을 미리 파악한다. 이후 현장을 답사하는 과정은
불분명하게 갖고 있던 역사관을 더욱 정확하게 인식하고
국민으로서의 자존감을 높여 올바른 국가관을 심어준다.
진로지원프로그램은 연 4회 진행되며 현역 진로 전문 강사를 초빙해 현장감 있는 교육을
실시한다. 자발적으로 학교생활에 참여하고 교사·친구들과의 관계, 동아리 활동 등
다양한 영역에서 적극적으로 참여하는 좋은 열매를 맺고 있다.
방학 기간에 진행되는 프로그램은 학업으로 지친 학생들의 몸과 마음을 회복하는
시간이다. 연극관람, 과학관 관람, 미술관 관람, 놀이공원체험, 독서콘테스트,
청소년복지학교 등 친구들과 함께 다양한 문화체험활동과 교육프로그램에 참여해 학업
스트레스를 해소하고 비대면 학습과 문화로 중요한 정서안정과 건강한 자아 정체성
형성에 도움을 준다.

FLOW 흐름

성민에듀투게더 수업. 2021

성민에듀투게더 여름나들이. 2018

사랑을 딛고 일어서다

교육프로그램뿐 아니라 사례관리를 통해서 아이들 삶에 통합적으로 접근한다. 특히 학교 담임교사와 긴밀한 네트워크를 통해 아이들의 학교생활을 파악하고, 진로 교육과 상담, 긴급 의료비 지원, 교복 지원, 학습 교재 지원 등 필요에 따라 외부 지원 프로그램과 연결하며 적극적으로 아이들을 돌본다. 다문화 가정의 학생, 장애를 가진 학생도 에듀투게더 안에서는 동등한 교육의 기회를 갖는다. 그들의 눈높이에 맞춰 소통할 수 있는 교사를 연결한다. 교사는 언어치료, 미술치료, 음악치료 등 다양한 프로그램을 진행해 재활을 돕고, 약한 기능을 향상하는 데 도움을 준다. 또한 학생들 중에는 맞벌이 가정의 자녀가 많아 저녁 식사를 거르는 학생이 대부분이다. 그래서 석식과 간식을 제공하는 것 또한 중요한 부분을 차지한다. 담당 교사는 학생들의 성장과 영양 균형을 고려해 매일 아이들이 좋아할 만한 메뉴를 구성한다.

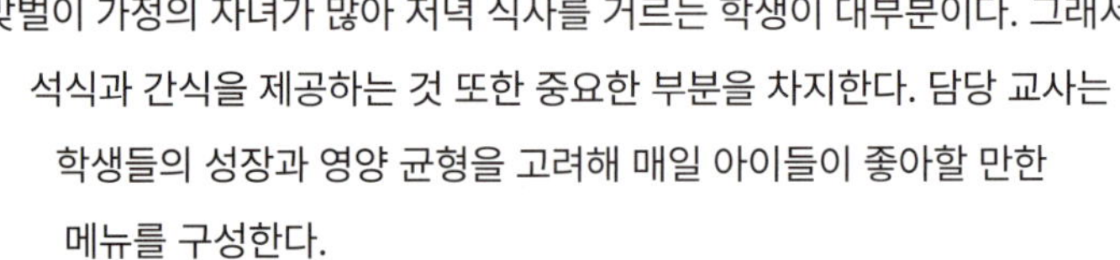

성민에듀투게더의 강점은 꾸준히 헌신한 교육봉사자들의 사랑의 힘이다. 학생들을 진심으로 아끼고 그들의 미래를 응원하는 교육봉사자들이 있었기에 과목별·학년별로 촘촘하게 아이들의 수준과

환경에 따라 지도할 수 있었다. 짧게는 3년, 길게는 5년 이상 근속하며 학생 개개인의
성향과 수준을 잘 아는 자원봉사 교사들이 있었기에 학생들은 성적이 향상되었고,
자신감과 희망을 찾았다.

길거리 아이들을 지켜주던 햇살공부방에서 시작하여 이제는 스스로 미래를 그릴 줄
아는 아이들로 성장하도록 돕는 성민에듀투게더는 2012년 11월 17일 경기복지재단의
'비전업' 행사에서 우수기관 표창을 받았다.
성민에듀투게더에서 교육을 받은 학생들이 이제 당당한 사회 구성원이 되었다. 그리고
자신이 받은 혜택을 후배들에게 베푸는 선순환이 일어나고 있다.

성민에듀투게더에는 단칸방에 가족 여럿이 살면서 꿈을 접을 뻔 했다가 공부에 열중해서
희망을 찾고 꿈을 이룬 학생이 있다. 자신의 꿈을 이루는 것도 중요하지만, 졸업 후 돈을
벌어서 먼저 가족들을 돕고 가정을 일으켜야겠다고 생각하는 대견한 친구도 있다. 이러한
친구들이 두 가지 꿈을 다 이룰 수 있도록 사랑으로 응원하고 디딤돌이 되어주는 것이
성민에듀투게더이며, 에듀투게더의 선생님들이다.

FLOW 흐름

졸업생 전혜영

"...변화의 시작점은 성민에듀투게더를 다니고 나서부터이다. 항상 응원하고,
칭찬해주시는 담당 사회복지사선생님께 감사하고, 다양하고 건전한 활동과
좋은 친구를 만들게 해준 군포제일교회에 감사하다. 앞으로도 나는 노력할
것이고 변화할 것이다. 그리고 그것은 바로 오늘부터 시작된다. 또한 내가
성민에듀투게더를 통해 받은 사랑을 보답하고 싶다. 나도 넉넉하지 않지만 더욱
어렵고 외로운 어르신들에게 하루 한 끼 식사를 드리고자 작은 후원을 시작했다.
뿌듯하면서도 기분이 묘하다."

YOUTH

성민소년소녀합창단

관련 영상
바로가기

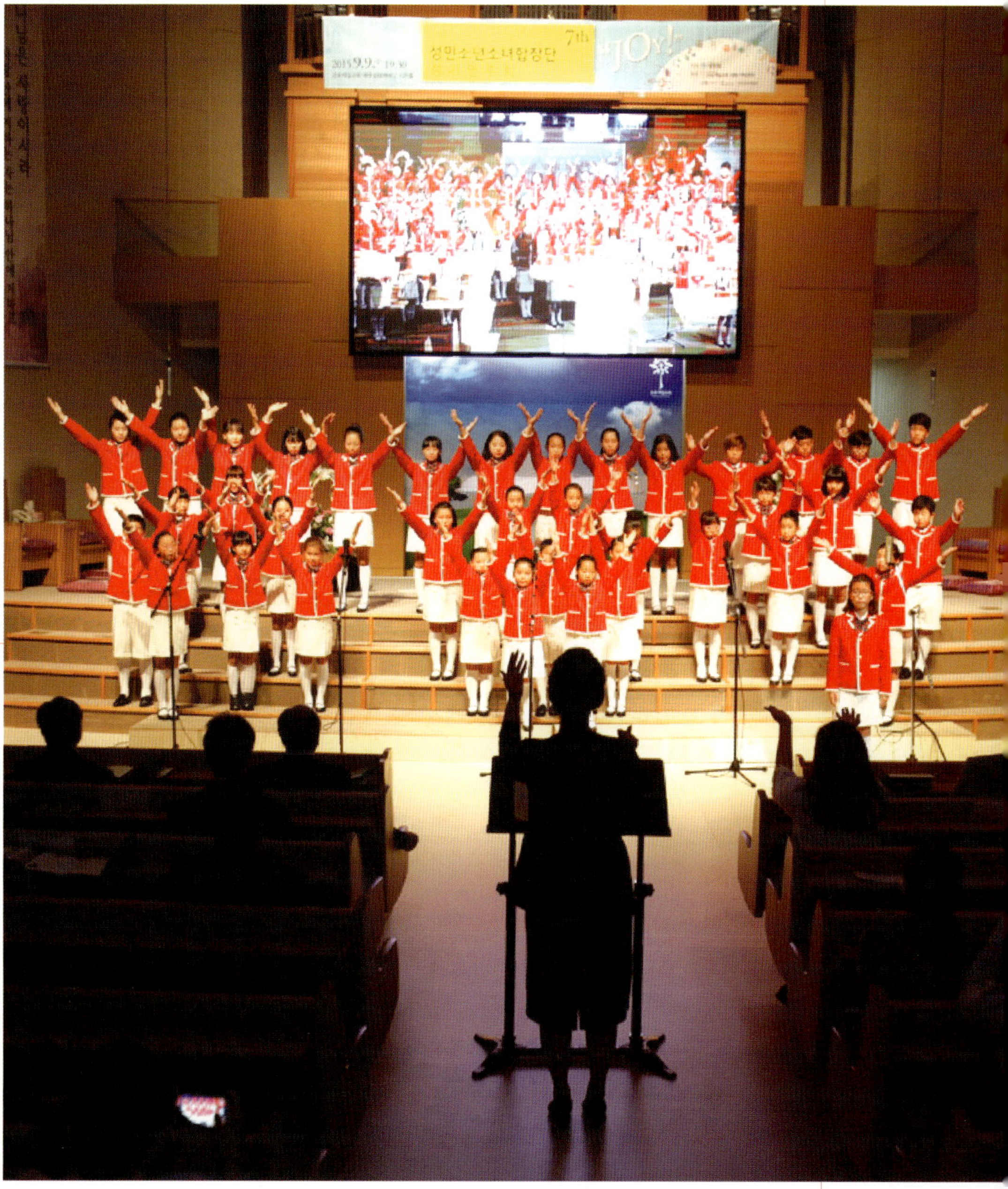

화음 위에 꿈을 쌓아가다

소년·소녀의 목소리는 세상을 맑게 하는 힘이 있다. 2007년 3월 2일, 성민원은 순수한
목소리와 음악적 재능을 가진 아이들을 모아 성민소년소녀합창단을 창단했다. 하나님
사랑을 노래하는 세계적인 인재로 성장하는 발판을 마련하기 위함이었다. 지역 내
오디션을 거쳐 초등학교 3학년부터 중학교 2학년까지 24명의 창단 단원이 선발되었다.
창단 후 첫 연주회는 2008년 5월, 군포제일교회 복지센터에서 열렸다. 첫 지휘는
군포제일교회 찬양대의 지휘자가 맡았다. 2년 후부터는 유능하고 명망있는 해외파
성악가를 지휘자로 모셨다. 이후 단원들의 연습수준과 곡의 완성도가 높아져 사랑과
희망의 메시지를 전하는 세계적인 소년·소녀 전문합창단으로 성장하고 있다.
2008년부터 시작된 성민실버합창단과 성민소년소녀합창단이 함께하는 1·3세대 합동
무대 또한 성민원의 자랑이다. 매년 9월 정기연주회가 되면 두 합창단의 하모니를 들을
수 있다. 두 합창단은 세대 간의 차이를 극복하고 조화롭고 아름다운 선율을 만들어낸다.
이들의 아름다운 합창은 세대를 초월한 깊은 감동을 주고 있다.

성민소년소녀합창단 정기연주회. 2019

FLOW 아르

노래로 세상을 아름답게

요즘 아이들은 자율과 창의성을 맘껏 뽐낼 수 있는 환경에서 자란다. 규율 안에서
행동하고, 단체의 규칙을 준수하는 데 익숙치 않다.
합창은 여러 사람과 음정·박자를 맞춰나가는 예술이다. 최소 한 곡이 끝날 때까지는
개인행동이 허락되지 않는다. 초기에는 이런 합창 연습이 힘겨웠는지 아이들은 잠시도
가만히 있지 못하고 움직이며 장난치곤 했다. 하지만 연습시간마다 함께 기도하고, 성경을
읽은 후 연습을 시작했다. 양보와 조화, 인내에 대한 말씀을 통해 아이들은 어느 순간부터
연습에 임하는 태도가 변화했다. 매년 새로운 단원이 들어오지만, 1개월 정도 지나면 매주
목요일 꼬박 두 시간의 연습 시간을 지루해하지 않고 즐겁게 합창에 참여한다.
아이들은 먼저 발성 연습으로 목소리 사용법과 바른 자세에 대해 지도받는다. 음악가들의

연주를 동영상이나 음원으로 들어보고 곡의 느낌을 엿본 후, 반주에 맞춰 전체를 연주해
본 다음 3파트(소프라노, 메조소프라노, 알토)로 나누어 연습을 한다. 세밀한 곡의 표현은
지휘자의 손끝을 따라 본인의 성량과 발성에 맞게 표현하도록 지도를 받는다. 시간이
지나면서 체계적인 발성법으로 점점 자신의 소리가 좋아지는 것을 느낀 아이들은 더욱
신이 난다. 또한 서로의 소리에 귀 기울이며 조화로운 화음을 내는 데 성공하며 성취감도
느낀다. 해가 거듭될수록 기량이 향상되어 이제는 어떤 무대를 서더라도 수준 높은
공연으로 많은 사람에게 희망과 사랑을 전한다. 아이들은 아름다운 가사와 멋진 선율로
스스로의 마음에 양식을 쌓는다.

여름캠프는 그동안 갈고 닦은 기량을 맘껏 펼치는 시간이다. 연주회를 앞두고 캠프를
진행하기 때문에 강도 높은 프로그램이 진행된다. 곡에 관련된 명화와 음악을 감상하고
발성법을 심도 있게 배운다. 또한, 안무가를 초청하여 합창과 안무를 함께 배워
연주회를 준비한다. 어려운 곡도 캠프를 통해 집중적으로 연습해 완벽히
소화한다. 캠프를 통해 호흡을 맞추면서 단원들 간의 결속력도 높아진다.
매년 9월 정기연주회에서 합창단은 다양한 장르의 곡을 선보인다.
정기연주회는 자모들이 의상부터 무대 세트 제작까지 참여하여
더욱 완성도 있는 공연을 올린다. 잘 준비된 무대를 통해 매 공연을
성공적으로 마치고 나면 아이들의 음악적 기량이 눈부시게 발전했음을
알 수 있다. 스스로 본인의 성장을 느끼는 아이들이 가지는 자신감은
합창단이 아닌 곳에서도 빛이 난다.

사랑이 흐르는 물길

인도 바나나합창단과의 사랑의 하모니

2019년 11월 23일 성민소년소녀합창단은 멋진 콜라보 공연을 선보였다. 인도 뿌네시의
슬럼가 어린이들로 구성된 바나나합창단이 내한했을 때, 롯데타워 공연에 이어 두 번째
공연을 군포제일교회 예루살렘예배당에서 개최하고 성민소년소녀합창단과 함께 무대에
섰다.

 바나나합창단은 '기적은 음악을 타고'라는 주제로 성탄의 기쁨, 인도와 한국의 전통을
잘 담은 민요 등 8곡을 선보였으며, 성민소년소녀합창단은 Furaha(Joy!) 등 두 곡을
연주했다.

인도와 한국 두 나라의 아이들이 함께 선보인 무대는 관중의 이목을 집중시켰다.
바나나합창단과 성민소년소녀합창단은 '주의 자비가 내려와, 당신은 사랑받기 위해
태어난 사람' 두 곡을 한국어로 합창했다. 아이들은 서로를 향해 축복의 메시지를
들려주며 인종과 문화를 뛰어넘는 깊은 감동을 선사했다.

성민소년소녀합창단 인도바나나합창단. 2019

성민소년소녀합창단 10th 정기연주회. 2018

제6회 정기연주회. 2013

세계한글문화축제 합창. 2018

사랑이 흐르는 물길

10th 정기연주회. 2018

배려하는 합창, 14년의 열매

오랜 시간을 함께 해온 단원들은 타인의 소리에 귀 기울인다. 파트마다 음정을 잘 잡는 친구들이 소리의 중심을 잡아주고 새로 단원이 들어오면 적응하고 소리가 잘 어우러질 수 있드록 맞추며 배려한다.

너무 아파서 학교는 결석해도 합창 연습에는 꼭 가야 한다며 책임감과 열의를 보이는 아이들. 최선의 노력을 다하고 값진 열매를 알알이 맺어간다. 합창단으로서의 경험과 열정이 아이들의 협동심과 책임감을 키워가고 있다. 소년소녀합창단의 숨은 공신은 단연 부모님이다. 합창단의 학부모들은 기도로 세워가는 성민원의 원칙을 믿고 적극 지원한다. 간혹 아이들이 학업이나 환경에 의해 흔들릴 때 학부모들이 권면과 믿음으로 함께 할 수 있도록 기도하고, 그렇게 기도하는 가정의 자녀들은 슬럼프가 와도 쉽게 흔들리지 않는다.이러한 소중한 마음들이 모여 14년간 성민소년소녀합창단이 성장해왔다. 아이들은 중·고등부 찬양대에서도 가장 헌신적이다. 아이들은 자신의 무대를 세계로 넓히는 꿈을 꾸며 오늘도 전심으로 노래하며 실력을 키워간다.

YOUTH

군포시청소년노동인권센터

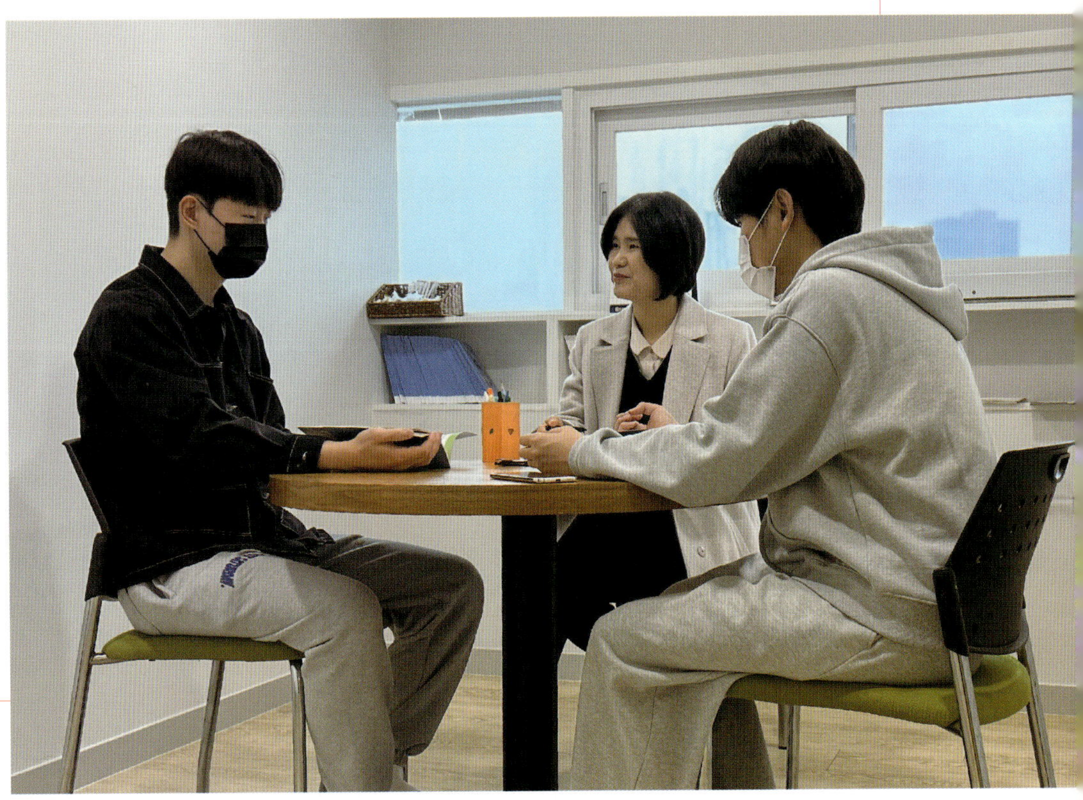

사회로 가는 문을 함께 열다

성민원은 설립 초기부터 지금까지 노인의 인권 보호를 위해 끊임없이 사역을 확대해왔다.
또한 자라나는 청소년들의 인권에 관해서도 관심을 가지고 이들이 장애물 없이 마음껏
꿈을 펼칠 수 있도록 도왔다.

다양한 청소년 사업을 진행하면서 청소년기에 일을 하는 학생들이 사업주와의 갈등으로
상처받는 것을 종종 보게 됐다. 이 상황에서 어른들이 가진 문제는 청소년들에 대한 이해
부족이었고, 청소년들은 자신의 의무를 다하지 않고 권리만 주장하는 문제가 있었다.

갈등 상황을 해결하기 위한 가장 좋은 방법은 '사전 교육'이라 생각했다. 청소년들에겐
'자유'와 '인권'에 대한 올바른 인식을 심어주고, 사업주에겐 청소년들의 생각과 문화를
이해하고 안전한 노동 환경을 조성하는 것이 필요했다.

성민원은 2023년 1월 1일부터 사업주와 취업 청소년들을 교육하고 소통의 징검다리가
되어주기 위해 군포시로부터 군포시청소년노동인권센터를 수탁받아 운영을 시작했다.
현재 일하는 청소년들의 안전한 노동 환경 조성을 위해 크게 6가지 사업을 추진하고 있다.

1. 청소년 노동인권 활동가 양성사업

2. 청소년 노동인권 상담·교육 사업

3. 청소년 고용 사업장 대상 청소년 노동인권 교육사업

4. 청소년 노동인권 홍보사업

5. 군포시 청소년 노동인권 실태조사 사업

6. 청소년 직업능력개발 및 직업체험 지원사업

일하는 청소년과 사업주의 징검다리

청소년노동인권센터를 독립 운영 중인 지자체는 전국에 5개다. 광주광역시, 전라남도,
충청남도, 목포시에 있으며, 군포시는 경기도 내 유일한 청소년노동인권센터를 운영하고
있다.

대부분의 센터가 청소년의 '노동'에 초점이 맞춰져 있다면, 성민원은 청소년들이 '꿈'을
가지고 살도록 도와주는 것에 숭점을 둔다. 자유대한민국의 자랑스러운 인재로서
화합하고, 자유 통일의 주인공이 되도록 아가페의 조건 없는 사랑을 실천한다. 또한
성민청소년복지학교와 연계하여 노인을 통해 역사를 배우고, 바른 지식과 가치관을
가지고 건강한 사회의 구성원으로 성장할 수 있도록 지원한다.

성민원에는 서울지방법원 북부지원 부장판사 출신의 법률 고문과 산하기관의 5명의
노무사가 있다. 이들을 통해 분쟁과 갈등을 전문적이고 원만하게 해결할 수
있다는 것 또한 강점이다.

뿐만 아니라 지금까지 성민청소년복지학교 강사로 모신 교계, 정계,
교육계, 법조계, 재계, 노동계 등 사회 전반에서 선한 영향력을 끼치는
전문가들과 언제든 연계가 가능하다. 또한 이들을 초빙해 전문적인
교육을 진행할 예정이다.

성민원이 가진 다양한 인적 인프라를 활용하여 청소년들이
아르바이트를 넘어 자신이 하고 싶은 일을 직업으로 가질 수 있도록
지원하고, 노동에 대한 긍정적인 경험을 할 수 있도록 돕는다.

COMMUNITY

군포기초푸드뱅크

자원의 건강한 흐름을 만들다

허기를 채우는 희망의 연결고리

1997년 말, IMF 위기 이후 저소득층의 결식문제가 사회적으로 대두됐다. 푸드뱅크는
결식아동,독거노인, 재가 장애인을 포함한 소외계층에게 기부식품과 생활용품을
공급하기 위해 1998년 1월, 서울·부산·대구·과천 지역에 시범 사업으로 시작된 국가적인
사업이다. 당시 경기도 군포시에서는 음식의 공급이 절실한 가정이 많았음에도 불구하고
푸드뱅크가 운영되지 않았다. 이사장 권태진 목사는 직접 시청에 찾아가 푸드뱅크를
운영할 차량, 인력 등 모든 것을 지원할 테니 사업 운영을 맡겨달라 요청했다.
그렇게 성민원은 2000년 10월 10일, 군포시로부터 푸드뱅크사업을 위탁받았다.
식품의 생산·유통·판매·소비의 각 단계에서 발생하는 여분의 먹거리를 식품 제조업체나
개인 등의 기탁자들로부터 제공받아 이를 필요로 하는 개인이나 복지시설에게
무상으로 제공하는 새로운 형태의 복지 서비스는 이내 지역 사회의 높은 관심을 받았다.
2005년에는 위탁 사업자에서 벗어나 시로부터 정식 운영자로 지정받았고, 현재까지 그
규모가 점점 확대되고 있다.

신선한 나눔, 자원의 선순환

군포기초푸드뱅크는 학교 급식이나 회사 구내식당, 한식뷔페, 제과점 등의 기탁처에서
받은 깨끗한 잉여음식을 연간 300명 이상의 긴급지원대상자, 차상위계층,
기초생활수급자 및 사각지대 저소득 가정에게 전달한다. 또한 지역아동센터,
장애인복지시설, 노인복지시설과 같은 30여 곳의 사회복지시설 및 기관에 주 1회씩
음식을 전달하고 있다. 2017년부터는 푸드뱅크 사업에서 취급할 수 있는 품목이
식품에서 생활용품까지로 확대됨에 따라
기탁에 참여할 수 있는 기업체가
증가했고 수혜의 폭 또한 넓어졌으며
자원이 선순환 되는 긍정적인
효과를 가져왔다.
기탁된 음식은 독거노인과
저소득층 주민들이 주로
거주하는 아파트 단지에서
급식으로도 제공되었으며
3곳의 장소에서 급식을 실시해
연간 약 3000명 이상의 결식
노인과 아동·청소년이 음식을
지원받았다. 코로나19가 발생한

군포기초푸드뱅크현판 전달식(요요연연). 2022

사랑이 흐르는 물길

이후에는 급식을 수령하기 위해 모이는 것이 어려워졌지만 사랑의 손길은 멈추지 않았다.
군포기초푸드뱅크는 2020년 하반기부터 '카카오 같이가치'를 통해 모금을 시작했고
모인 후원금으로 도시락 용기와 배달에 필요한 용품들을 구매해 기탁된 음식을 도시락에
담아 현재까지 상반기와 하반기에 각각 10주씩 총 100가정에 배달하고 있다.

섬세한 배려로 행복은 두 배

군포기초푸드뱅크는 배고픈 이웃의 끼니가 해결되는 것에 만족하지
않았다. 수혜자들의 수요를 조사해 가장 필요하고 선호하는 물품이
무엇인지 파악했다. 조리된 반찬이나 음식을 주로 기탁받던
수혜자들은 추가적으로 필요한 물품으로 신선한 야채나 제철과일을
꼽았다. 군포기초푸드뱅크는 공동모금회를 통해 지정기부 받은
금액으로 2022년부터 상반기와 하반기에 총 200가정에 신선한
야채와 과일을 구매해 전달해 주었다. 수혜자를 위한 세심한 배려는 큰
호응을 받아 후원채널을 늘려 정규 사업으로 편성될 예정이다.

안전한 밑반찬 전달사업: 2022

필요한 식품과 물품을 적기에 지원해 소외계층이 배고픔을 해소하고 안정적으로 생활할
수 있도록 지원하는 군포기초푸드뱅크는 앞으로도 수혜자의 욕구와 필요를 파악해
다양한 사회복지 서비스를 연계해 제공할 예정이다.

FLOW
흐름

자원봉사자 남순기

"푸드뱅크에서 제공되는 여러 반찬들을 보면서 반찬을 준비하고 조리한 분들의 땀과 수고
그리고 어르신들께 배달되는 모든 과정을 맡은 분들의 수고가 느껴졌습니다. 반찬을 포장하는
작업을 하면서 이 음식을 잡수시고 균형 있는 한 끼 식사를 하실 수 있겠다라는 기대와 기쁨으로
즐겁게 참여하게 되었습니다. 저도 매일 세끼를 준비하는 가정주부입니다. 음식을 준비하고
먹는 과정이 참 중요한 부분이거든요. 봉사의 모든 손길이 귀하지만 특히 푸드뱅크는 삶의 가장
기본이 되는 부분을 필요한 곳에 전달하는 중요한 일을 맡고 있다고 생각합니다."

C.2

COMMUNITY

성민무료급식센터

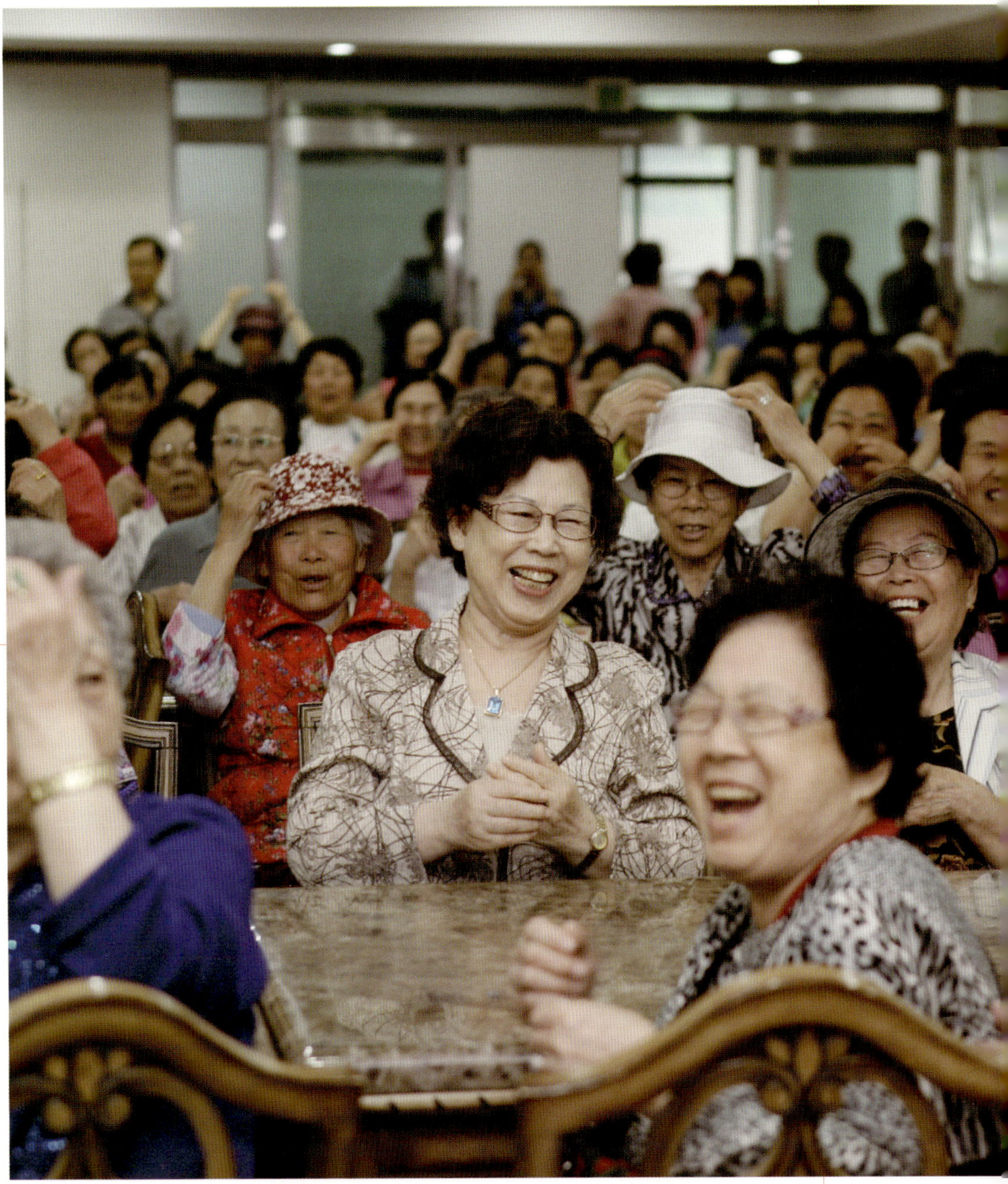

삶을 지키는 힘을 주는 충전소

군포시노인복지회관을 운영할 때부터 성민원은 무료급식에 비중을 두었다. 어르신들은
제때 식사를 하는 것만으로도 건강을 보호받을 수 있기 때문이다.
노인복지회관 사업 종료 후에도 성민원 이사장 권태진 목사는 노인복지관을 통해
제공받는 점심 한 끼가 전부인 지역의 독거 어르신들의 끼니를 염려했다. 그래서
어르신들이 저녁도 거르지 않고 드실 수 있도록 성민무료급식센터를 시작했다. 2010년
4월 12일, LH한국토지주택공사와 무상임대협약을 맺고 군포시 금정동 859번지 지하
1층에 성민무료급식센터를 개소했다.

금정동 무료급식센터는 최대 60명 정도가 식사할 수 있었고, 입소문이 나서 많을 때는
앉을 자리가 없을 정도로 꽉 찼다. 이에 최대 120명까지 수용할 수 있는 군포제일교회
복지센터로 장소를 옮겼다.
성민무료급식센터는 보조금 없이 만 12년여 동안 평균 80여 명의 어르신과 50여 명의
청소년에게 매일 따듯한 저녁밥을 제공하고 있다. 1년 평균 15,000끼니를 제공하며
지금까지 총 약 120,000여 끼니를 지역의 청소년과 어르신들에게 제공했다. 모든 운영은
100% 후원금으로 이루어진다. 따뜻한 밥상으로 하나님의 사랑을 실천하기 위한 센터의
사명을 이해하는 개인과 기업에서 보낸 후원금이 십시일반 모여 영양가 높은 저녁을
제공한다.

FLOW 흐름

2010년부터는 군포중학교 청소년들의 '오바마 교실'(야간보호교실)에 저녁밥을
제공했다. 오바마 교실은 교과부의 교육복지우선지원사업의 목적으로 시작되었다.
청소년들은 저녁을 먹은 후 문화 프로그램, 학습 프로그램 지도를 받는다. 이들 청소년이
저녁 지원 프로그램을 통해 더 안정적으로 공부할 수 있게 되었다.
오바마 교실 운영 초기에는 학교에서 특별히 케어해야 하는 학생들이 주로 왔다. 그러나
시간이 갈수록 일반 학생들도 많이 참여하고 있다. 오바마 교실이 선한 영향을 미친다는
인정을 받았기 때문이다. 특히 자기주도 학습을 할 수 있다는 이유로 참여 학생들이
늘었다. 교장 선생님과 선생님들은 성민원에 이렇다 할 득이 있는 것도 아닌데, 본인들도
할 수 없는 일을 대신 해주는 것에 항상 감사를 표한다.

손과 발이 되어주는 자원봉사자

밥을 제공하기 위해서는 배식 및 설거지, 뒷정리와 같은 일을 할 봉사자들이 필요하다.
성민무료급식센터에는 장기 근속 자원봉사 자들이 있다. 봉사자들은 한 시간 만에
부엌일도 상당한 체력을 요함을 온몸으로 깨닫는다. 그러나 단란하게 식사를 하시는
어르신들의 웃음을 보고, 가신 빈 자리의 테이블을 닦으면서 얻는 보람과 기쁨으로 봉사를
지속한다.

현대케피코 밥퍼봉사단은 매년 세 번씩(어버이날, 추석, 송년) 큰 잔치를 연다. 어르신들을
위한 특별보양식을 제공하고, 밥퍼봉사단이 직접 어르신들께 식사를 가져다드리며

자원봉사자와 함께하는 무료급식센터. 2019

현대케피코 밥퍼봉사단 어버이날 행사. 2022

도시락사업.2022

봉사를 하다. 식사를 마친 후에는 정성을 담아 준비한 선물을 한 분 한 분께 전달한다. 이런 행사가 진행되면 평소보다 훨씬 많은 어르신이 찾아오는데, 케피코 밥퍼봉사단은 더 많은 어르신에게 식사를 제공할 수 있음에 오히려 감사하게 생각한다. 2010년부터 올해로 14년째 함께 해오고 있다. 밥퍼봉사단은 코로나19에도 이전처럼 어버이날, 추석, 성탄절 선물꾸러미를 준비하여 성민무료급식센터에 전달했다.

삼천리 도시가스 봉사단은 2006년 6월부터 성민재가노인복지센터와 연결하여 독거어르신 100명에게 매년 4회(분기별) 도시락을 배달하고 있다. 삼천리 도시가스 직원의 가족들도 함께하는 봉사단이다. 주말도 반납하고 자녀들과 함께 봉사하는 시간이다. 아이부터 어른 가족 모두가 모여 도시락을 싸며 이야기도 나누고 도시락 배달을 한다. 송골송골 이마에 구슬땀이 맺히지만, 보람과 행복이라는 선물을 갖고 간다.

CJ한국복합물류 봉사단은 2011년 금정동 무료급식센터가 시작할 때부터 함께 활동을 해오다가 2016년부터 매년 42명의 직원이 조를 나누어 8주 동안 봉사활동을 진행한다. 봉사활동을 하러 오신 분 중에는 금정동

성민무료급식 도시락사업. 2022

무료급식센터가 시작한 때부터 지금까지 쭉 함께해온 봉사자들도 있다. 적지 않은 시간
동안 변함없이 함께했다는 사실만으로도 감사한데 어르신들께 식사를 대접하는 이
사업이 지속되도록 끝까지 함께 하겠다는 말에 따뜻한 마음이 전해진다.

KB국민은행 금정동지점은 2011~2016년 동안 매년 2회 독거어르신 가정에 밑반찬
배달을 했다. IBK기업은행 군포지점은 2018년부터 지금까지 특식 제공을 위한 후원금을
전달하고, 직원들이 직접 자원봉사에도 참여하고 있다. 한국도로공사 군포지사는
2019년부터 지금까지 매년 설과 추석에 2회 후원금을 전달하고 있다. 2019년 9월에는
직원들이 직접 봉사활동에 참하기도 했다.

코로나19도 막을 수 없는 사랑

2020년 2월, 국내에서도 코로나19가 본격적으로 확산하였다. 이때 사회적 거리 두기의
여파로 많은 무료급식소의 운영이 중단됐다. 밀접 접촉이 이뤄지는 급식도 집합금지 명령
대상이 되었기 때문이다.

사랑이 흐르는 물길

성민무료급식센터도 고위험군에 속하는 75세 이상 노인들이 주로 방문하기 때문에
어르신들의 건강을 위해 많은 고민 끝에 운영을 중단하게 되었다. 성민무료급식센터는
2020년 3월부터 2022년 10월까지 현장 운영을 중단하고, 어르신들께 각종 키트를
제공했다. 식료품부터 마스크, 손소독제 등 다양한 물품을 지원하며 어르신들의 안부를
확인하고 위로를 전했다.

2022년 11월부터는 무료급식 사업을 '도시락 사업'으로 변경해 진행하고 있다.
어르신들이 제대로 된 식사를 하실 수 있도록 주 3회 도시락과 밑반찬을 제공한다. 또한
과일, 빵 등의 간식도 다양하게 제공하여 어르신들의 만족도를 높이고 있다.

함께 나눌 때 더 행복한 식사

성민무료급식센터는 늘 식사 전에 함께 기도한다. 어르신들의 건강을 위해서, 그리고
자원봉사자와 후원자를 축복하며 마음을 모아 기도를 드린다.
성민무료급식센터는 어르신들이 식사만 하는 곳이 아니라 친교의 장이 되기도 한다.
그래서 경제적으로 어렵지 않은 어르신들도 이야기 벗을 찾아 방문한다. 무료 식사에 대한
답례로 쌀을 기증하기도, 후원금을 내기도 한다. 급식소를 찾던 어르신이 돌아가신 후에는
그 유족이 대신 상당량의 쌀로 어르신의 뜻을 전한 적도 있다. 또 병이 나서 밥맛을 잃은
어르신이 무료급식이 입에 맞아 드신 후 힘을 얻고, 성민원 밥이 나를 살렸다는 감사의
마음을 전하기도 했다.

COMMUNITY

사랑의 이동급식·이동세탁

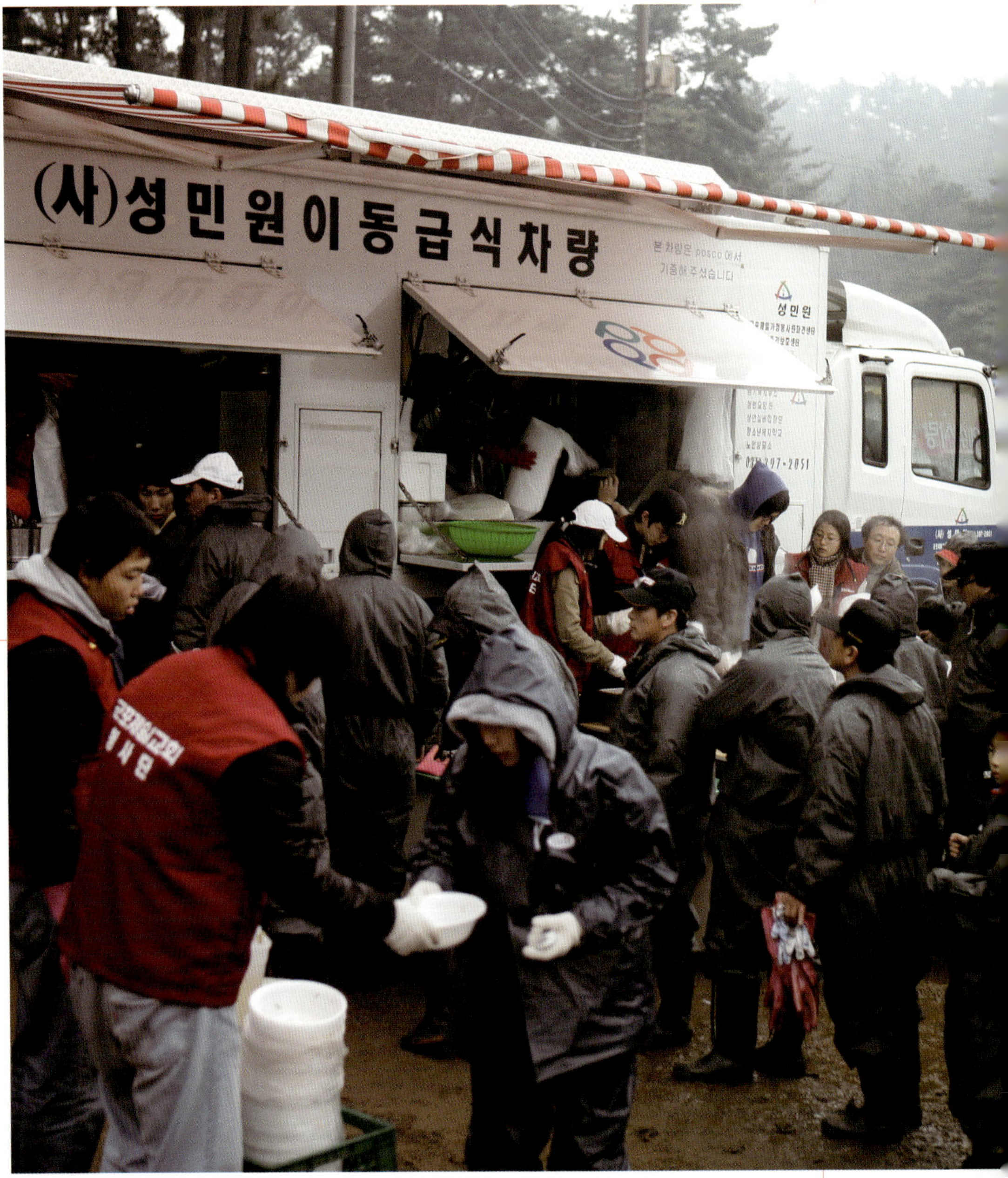

재난·재해 현장에 바퀴정신으로 달려가다

FLOW 흐름

부르는 곳에 부릉부릉 달려가다

사랑의 이동급식(사랑의 밥차)은 식사 해결이 어려운 노인, 결식아동, 장애인, 각종
재난재해를 입어 희망을 잃은 이웃들에게 이동급식차량을 이용해 급식을 지원하는
사업이다. 2006년 2월, 사회복지공동모금회를 통해 포스코로부터 5톤 차량을
기증받았다. 사랑의 밥차는 지역을 넘어 전국 어디든 달려가 천재나 인재로 어려움을 겪는
곳에 따뜻한 식사로 삶의 희망을 준다.

초기에는 군포시 관내 저소득층 지역의 청소년 및 독거 어르신을 대상으로 서비스를
시작했다. 군포지역 임대아파트 5단지 가야경로당, 10단지 주몽경로당 그리고 산본
1동 동사무소 앞에서 매주 1회씩 석식을 제공했다. 그뿐 아니라 독거어르신, 장애인,
소년·소녀 가장이 있는 가정에 매달 1회씩 도시락을 배달하며 사랑을 전했다. 이 사업은
2010년까지 이어졌다.

> "우리학교에는 성민원 이동급식차량이 항상 주차되어 있다. 등·하교 때마다
> 만나는 친구이다. … 지난 1년 동안 나의 허기진 배와 꿈을 함께 채울 수
> 있어서 너무너무 감사한 마음으로 복지를 배워가고 있다."
>
> 군포중학교 2학년 윤사랑

2006년 7월, 강원도 인제 수해 현장으로 달려갔다. 지역주민들과 자원봉사자들에게 1차
복구가 완료될 때까지 열흘 동안 8천여 끼의 밥을 제공했다. 그리고 무주택자에게 집을

지어주는 수원 해비타트 집짓기 현장에 나가 음식을 제공하고 집 짓는 일도 도왔다.

2008년 5월 17일, 군포시 주최로 열린 청소년수련관 야간 아웃리치 청소년 행사에서
사랑의 이동밥차를 지원하여 300여 명에게 음식을 제공했다.

2015년 4월 15~16일, 진도 팽목항에서 열린 세월호 참사 1주기 행사 참가자와
봉사자들에게 사랑의 밥차로 식사를 지원하며 위로했다.

2020년 8월 14일과 9월 5일, 충북 제천 수해지역 및 강원도 양양지역에 복구 작업을
하는 911 S&RT(Search&Rescue Team) 수색구조단에 밥차를 파견하여 쌀, 컵라면 천여
개 등의 식료품을 지원했다.

지금도 사랑의 밥차가 필요한 곳이라면 그곳이 어디든 달려가, 따뜻한 밥과 위로를 전할
준비가 되어있다.

기름으로 덮인 태안 앞바다를 위로하다

2007년 12월, 충남 태안 서해에 기름유출 사고가 발생했다. 바다가 온통 기름으로
뒤덮인 현장에 밥차가 투입되었다. 벽에 붙은 자원봉사 지원표에는 늘 봉사자의 이름이
빼곡히 채워졌다. 대부분이 군포제일교회 성도였다.
태안으로 함께 갈 수 없는 봉사단원들은 매일 이른 새벽 조를 나누어 장을 보고 재료를
손질했다. 현장 봉사단은 매일 아침 7시면 어김없이 태안으로 출발했다. 당시 태안의

해비타트 사랑의 밥차. 2006

사랑의 이동급식 경로당 무료급식지원. 2007

FLOW 흐름

상황은 매우 심각했다. 피해복구 시일이 지연되자 이사장 권태진 목사는 모든 피해복구가 완료될 때까지 봉사 일정에 기한을 두지 말고 끝까지 함께하자고 권면했다. 봉사단은 45일간 태안에 머물며 주민들의 마음을 위로하고 힘을 북돋아 주었다. 당시 사랑의 밥차는 자원봉사자와 피해 주민들에게 45일 동안 2만여 끼의 음식을 제공했다.

2022년 11월 26일, 한국교회의 연합과 섬김의 정신이 녹아있는 '태안유류피해극복기록물'이 유네스코 세계기록유산 아시아태평양 지역목록으로 최종 등재됐다. 한국교회봉사단은 이 기쁨을 기념하고 축하하기 위해 2023년 1월 29일 감사예배를 개최했다. 이 예배에서 이사장 권태진 목사는 태안유류피해극복에 참여한 1만 교회, 25개 교단 대표로 섬김 봉사상을 받았다.

찾아가는 세탁서비스로 마음까지 뽀송하게

사랑의 이동 세탁차는 천재나 인재로 어려움을 당한 지역주민, 거동이 불편한 독거어르신 등 세탁이 필요한 가정에 세탁차량이 직접 방문 또는 세탁물을 수거하여 세탁 및 건조 서비스를 제공하는 사업이다.

FLOW
아 미

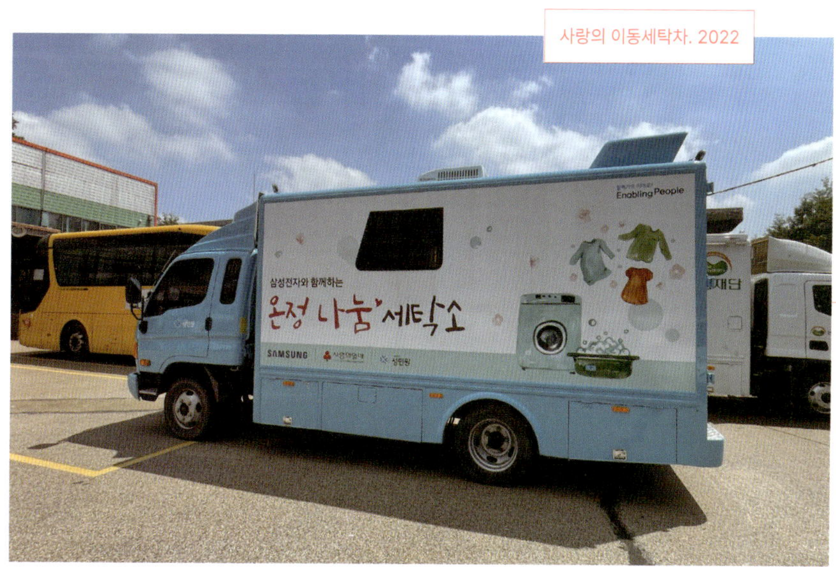

사랑의 이동세탁차. 2022

C.3

사랑의 이동세탁 수해현장. 2022

성민원은 2022년 2월 경기사회복지공동모금회를 통해 지원을 받아 2.5톤의
세탁차량을' 사랑의 이동 세탁차'라 이름 짓고 그해 8월 본격적인 활동을 시작했다.
처음 이 차량은 삼성전자가 1억 5천만원 가량을 기증해 만들어졌다. 2015년
9월부터 강원화천지역자활센터 이동세탁사업단에서 활동하다가 운영이 중단돼 다시
사회복지공동모금회로 돌아온 차량이다. 성민원은 사랑의 이동 밥차와 함께 긴급구호
사업을 확장할 기회라 여겨 공모사업에 지원해 차량을 기증받았다.
이동 세탁차가 처음 도착했을 때 상태는 장기간 산간지방에서 동파가
반복되는 등의 문제로 노후되어 부품의 전면 교체와 도색, 수리가
필요한 상황이었다. 성민원은 사회복지공동모금회에 문을 두드렸고,
기능보강사업비 2280만 원을 추가로 지원받아 전체 도색 및 랩핑,
발전기와 급배수 배관라인 등을 수리했다. 또한 차량 내부에 설치된
세탁기 2대(24kg)와 건조기 2대(17kg)를 최신형으로 교체하여 질
좋은 서비스를 제공할 수 있는 시설을 구축했다.

사랑의 이동세탁 차량 내부

첫 시동을 걸다

사랑의 이동 세탁차 수리를 끝내자마자, 전국에 폭우 경보가 발령됐다. 군포시에도
2022년 8월 8일부터 10일까지 누계 431.5mm의 기록적인 폭우가 쏟아졌다. 도로
곳곳이 침수됐고, 산본1동 주택가 162세대를 포함해 총 360세대가 침수 피해를 입었다.
산본1동 주택가는 반지하 가구가 많고 저지대에 위치해 더욱 피해가 막심했다. 그러나
생활이 어려운 가정, 거동이 불편한 독거노인 가정이 밀집해 있어 복구할 엄두를 내지
못하는 상황이었다. 이에 공무원, 군 장병, 자원봉사자 등이 투입돼 복구 지원에 힘을
보탰다.

8월 13일 사랑의 이동 세탁차는 현장에 투입돼 집중 호우로 큰 피해를 입은 사업장과
개인에게 16일까지 세탁 및 건조 서비스를 제공했다. 이사장 권태진 목사는
군포제일교회와 성민원의 봉사자들과 함께 직접 현장을 찾아 복구현장을 돕고, 수해복구
봉사자들을 위한 아이스커피와 빵 등 간식 250여 개를 지원했다.

사랑의 이동 세탁차 사업은 청소년, 청년으로 이루어진 봉사단을 조직하여 세탁이 필요한
지역에 찾아가 서비스를 제공할 계획이다.

사랑의 이동세탁 수해현장 2022

마미박 예술단 박종예 단장

"지하에 위치한 연습장이 완전히 잠겨 공연복을 다 버려야 할지 눈앞이
깜깜했는데, 이동 세탁 차량이 있다는 소식을 듣고 도움을 청했습니다. 가장
필요했던 세탁 서비스를 제공해 주신 성민원에 감사드립니다"

COMMUNITY

천국사다리호스피스

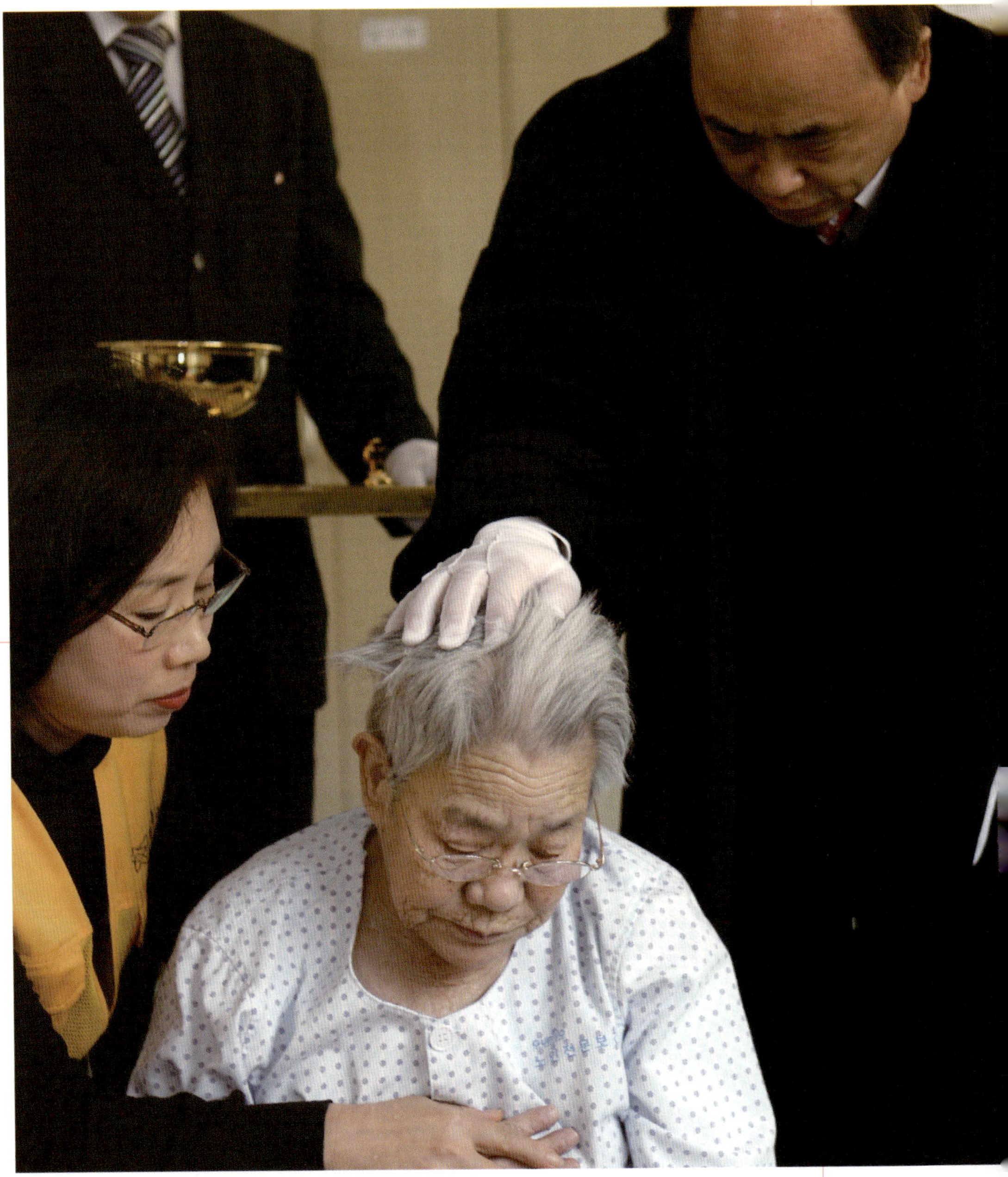

우리 모두 웰다잉을 소망한다

사랑이 흐르는 물길

호스피스 운동은 과학의 발달로 인한 인간존엄경시와 노인소외, 임종자에 대한 소홀
그리고 윤리관 및 가치관의 혼란에 대처하기 위해 생겼다. 우리나라에서 호스피스제도는
1965년 강원도 강릉의 '마리아의 작은 자매회' 수녀들에 의해 임종환자를 간호한 것을
시점으로 1990년대 이후 본격적으로 소개되어 전국적으로 퍼져나가게 되었다.
'천국사다리 호스피스'는 2001년 12월 말기 암환자들이 정신적, 사회적, 신체적,
영적으로 보살핌을 받으며 삶을 정돈하고, 예수님을 영접하여 영원한 천국을 기대하며
편안한 죽음을 준비할 수 있도록 돕기 위해 설립된 단체이다. 천국사다리 호스피스가
성민원과의 인연을 맺은 것은 2005년 12월 창립4주년 기념식 때 이사장 권태진 목사가
천국사다리 호스피스의 이사장으로 취임하면서부터였다. 이후 천국사다리 호스피스는
성민원의 기도와 후원을 받아 성장했으며, 2007년 1월 사무실이 성민원 안으로
이전하면서 성민원 산하기관들과 연계하여 더 활발하게 운영되었다.
서비스는 주 1회 이상, 2시간 이상 규칙적으로 운영됐으며, 군포시 노인전문보건센터에서
자원봉사와 프로그램을 지원했다. 매주 금요일 오후에는 고정적인 종교 활동으로
천국사다리 호스피스 주관의 금요예배를 드렸다.
천국사다리 호스피스에서는 환우 병상비 지원 사업과 호스피스 전문자원 봉사자 교육도
실시했다. 또한 2008년 1월에는 말기 암환자를 돕기 위한 '사랑 나눔 걷기대회'를
개최하여 군포시민들의 관심을 유도 했다. 2008년 10월부터는 행복한 반찬배달사업을
시행하여 환자들의 영양공급에도 힘썼다. 그 후 재가 호스피스 가정방문 서비스를 새롭게
신설해 성민재가노인복지센터와 연계하여 가정봉사원과 함께 협력한 바 있다.
천국사다리 호스피스 사업은 2013년까지 진행했으며, '호스피스' 전문병원이 설립되어
성민원에서는 사업을 종료했다.

FLOW
흐름

천국사다리호스피스 주관 제1회 사랑나눔걷기대회. 2008

DIVERSITY

안양시관악장애인종합복지관

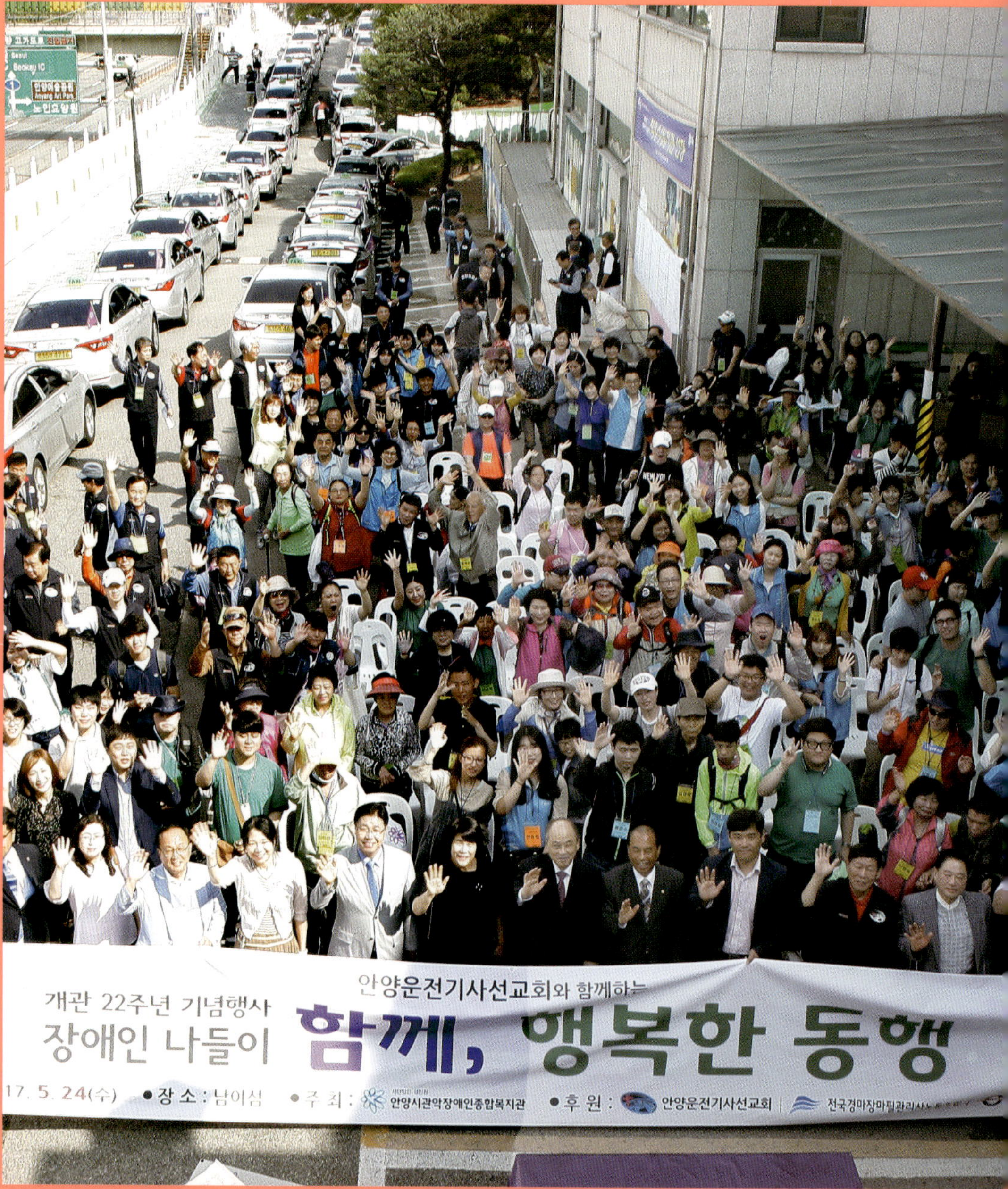

삶을 변화시키는 사랑의 힘

굳은일을 마다하지 않고 그저 사랑이 필요한 곳이라면 어디든지 달려가던 성민원은
2012년 7월 안양시관악장애인종합복지관을 수탁하면서 장애인복지로 그 사랑의 영역을
넓혀갔다. 여타의 다른 복지분야와는 달리 장애인 복지는 연령별, 장애별, 특성별로
이용자의 다양한 욕구를 고려해야 한다는 큰 도전과제가 있었다. 하지만 아동에서부터
노인에 이르기까지 전 세대에서 다양한 사업을 성공시켜 온 성민원의 강점을 백분
활용했다. 특히 한 사람의 영혼을 최우선으로 여기는 성민원의 정신은 장애인과 그 가족,
기관종사자 그리고 지역주민에게 큰 감동과 울림을 주었다. 이것은 복지관의 이용자
수로 알 수 있는데, 2022년 6월 기준으로 안양시의 등록장애인 2만천여 명 중 35%에
달하는 7천4백여 명이 본 복지관을 이용하고 있다. 다양한 환경적 요인으로 기관이 아닌
재가서비스를 이용하는 장애인의 수가 많고 지역 내 여러 장애인 재활시설이 있다는 점을
고려했을 때 안양시에서 본 복지관을 이용하고 있는 장애인의 비율은 매우 높은 편이다.
장애인 한 명 한 명을 하나님의 형상을 본받아 창조된 귀한 존재로 여기고 한결같이
사랑을 베푸는 성민원의 진심이 지역사회에 고스란히 전달되었음을 알 수 있는 대목이다.

최근에는 디지털 대전환과 4차 산업혁명에 따른 융합복지를 지향하고 있다.
로봇재활시스템, 스마트 보조기기와 같이 장애를 극복하는데 유용한 획기적인 기술이
개발되는 때, 변화를 이끌어갈 수 있도록 새로운 기술을 도입하기 위해 공공기관 및
민간자원과 연계하여 적용방법을 모색하고 있다.
장애인 복지분야의 정책이 개인 맞춤형, 자립형으로 변화함에 따라
안양시관악장애인종합복지관은 새로운 복지서비스 개발과 운영방식의 변화를 통해
장애인을 위한 맞춤형 통합지원체계를 구축하고 있다.

한마음체육대회. 2012

코로나19 극복을 위한 헌혈캠페인. 2020

보통의 일상을 선물하다

모든 프로그램은 장애유형을 기본으로 나뉘며 장애인의 사회통합과 생애주기별
프로그램으로 이루어져 있다. 안양시 2만 1천여 명의 장애인 인권 및 이용자 맞춤형
서비스를 지원하고 있다. 장애인들을 위한 주요 프로그램은 다음과 같다.

육군제51보병사단과 함께 하는 '제주 모두 여기 함께 행복'

Dv

사회성기술교육. 2021

안양운전기사선교회와 함께 하는 나들이. 2019

FLOW 흐름

안양시관악장애인종합복지관 주요프로그램 개요

사업명	사업내용	주요 프로그램
기능강화사업	운동능력 향상을 위한 신체적, 교육적, 언어적, 심리적 서비스 지원	사회성기술교육, 인지교육, 언어치료, 심리치료, 물리치료, 작업치료, 감각통합치료, 수치료, 특수체육
상담·가족지원사업	이용자 및 가족의 상담 지원 및 서비스 제공	상담지원, 사례관리, 진단·판정, 가족지원서비스, Able art center, 문화기획행사, 한마음축제, 계절학교,재가복지사업
지역통합지원사업	지역사회와의 연대와 협력프로그램 지원	자원봉사 개발·관리, 후원개발·관리, 장애인 문화·체험여행 해피버스, 지역사회통합행사, 지역연계사업
평생·인권지원사업	권익옹호와 자립 지원	라온누리, 하랑스쿨, 컴퓨터 교실, 정보화교육,장애인식개선, 권익옹호, 장애이해교육·캠페인
직업지원사업	경제·사회적 자립 지원	직업능력강화훈련, 전환기직무훈련, 직업지도, 직업적응훈련, 지원고용, 장애인일자리사업, 서비스직무훈련, 취업후 적응지원, 취업(고용),발달장애인생활일자리사업
관악아동발달센터	아동·청소년에게 교육적·언어적·심리적·신체적 재활서비스 지원	장애아동가족지원사업, 기능향상서비스, 지역사회서비스투자사업
활동지원사업	활동지원급여 제공	신체활동지원, 가사활동지원, 사회활동지원
공동생활가정	성인여성장애인의 자립 및 지역사회 적응 프로그램 지원	자립생활지원, 지역사회재활, 가족지원, 입주자교육, 여가생활지원
주간보호센터	장애인 주간 보호	자립지원, 교육지원, 권익옹호, 이동지원, 일반재활프로그램

똑똑해지는 재활치료 – 기능강화사업

시대가 변화함에 따라 재활치료분야에서도 다양한 변화가 나타나고 있다. 그 변화 속에서 특히 로봇 및 스마트기기의 활용은 다양한 형태로 우리의 삶에 녹아져 있다. 재활치료 및 복지분야에서도 점차 로봇 및 스마트기기가 도입이 되어 다양한 장애유형에 광범위하게 적용하고 있다.

2021년부터 스마트재활기기를 도입해 재활치료를 시작했다. 현재는 균형능력 향상 및 진단을 위한 스마트밸런스, 소근육 운동 및 인지향상을 위한 스마트패그보드, 전산화

유아특수체육. 2018

인지재활을 위한 베러코그, 근력측정 및 근활성화를 측정하기 위한 근전도기기 등을 보유하고 있다. 이러한 스마트 재활기기는 사람만이 할 수 있는 치료적 기술과 사람이 하기 어려운 분야를 적절하게 활용하여 치료의 효과를 극대화했으며 장애인의 재활 분야의 만족도를 높인다.

재활의 궁극적인 목표는 사회적 환경 내에서 독립적인 삶을 추구하는 것이다. 그동안 주로 신체적인 재활을 향상시키기 위한 스마트 재활기기를 도입하였다면 2023년에는 인지재활 및 일상생활과 관련된 기능향상을 위한 스마트 테이블을 도입하여 인지재활 영역까지 치료에 적용할 계획이다.

인식의 거리, 마음의 거리를 좁히다 - 장애인식개선사업

장애인과 비장애인이 함께 만드는 지역통합을 위해 힘써온 안양시관악장애인종합복지관은
다양한 통합활동과 지역의 인적·물적자원 연계를 통해 함께 행복한 어울림을 만들고자
했다. 먼저 지역사회 통합을 위해 인근 어린이집, 유치원, 초·중·고등학교, 대학교, 관공서
등을 대상으로 장애의 기본적인 개념설명 및 체험활동을 통한 장애이해교육을 실시하고
지역 내 다양한 행사 진행 시 장애인과 비장애인이 더불어 살아가는 분위기 조성 및 건강한
인권 실천 문화 확산을 목적으로 장애인식개선 캠페인을 시행했다.
또한 장애·비장애 통합 프로그램으로 함께걷기, 함박미소, 너는 나 나는 너 등의
프로그램을 진행하여 영유아, 청소년 등 지역주민들의 인식개선 및 장애인의
사회성 발달을 위해 힘썼다. 장애·비장애청소년 통합활동인 '함께걷기'는
안양시동안청소년수련관과의 MOU를 통해 진행됐으며, 장애청소년과 비장애청소년이
함께 요리활동, 공동작품 만들기, 체험학습 등 다양한 공동체 활동을 했다. '함박미소'는
안양시만안청소년수련관과 연계하여 안양시관악장애인종합복지관 이용자 중 미디어
활동에 관심이 있는 장애청소년과 안양시만안청소년관에서 활동하는 비장애청소년을
대상으로 유튜브, 영화, 음반 및 웹툰 같은 미디어 콘텐츠를 기획하고 제작하는 활동이다.
'나는너, 너는나'는 안양시 관내 장애통합어린이집 3곳과의 협약을 통해 장애인식개선의
기회를 마련하여 영유아사회교육, 미니운동회 등 비장애영유아동의 장애 이해를
도모하였고, 장애아동 가정을 대상으로 가족 등반, 부모간담회를 열어 가족의 장애에 대한
올바른 접근방법을 모색하며 가족의 기능을 강화시켰다.

FLOW
흐름

주간보호 현장학습. 2021

제3회 장애인나들이. 2017

FLOW 흐름

IT경진본선대회. 2015

문화예술교육지원사업 국악공연. 2020

장애인도 함께 일하는 세상을 꿈꾸며- 직업재활사업

안양시관악장애인종합복지관은 중증장애인의 일자리 참여기회를 확대하고 안정적인 직업생활을 위해 중증장애인지원고용사업을 진행한다. 중증장애인이 일할 수 있는 직무를 발굴하고 직무수행에 필요한 기술과 직장 적응에 필요한 부분을 지도해 취업으로 연계한다. 2019년 한국장애인고용공단으로부터 위탁받아 진행하고 있으며 2019년부터 2022년까지 안양시관악장애인종합복지관을 통해 취업한 396명의 장애인 중 43명이 중증장애인지원고용사업을 통해 취업을 했다. 이 사업을 통해 많은 장애인에게 취업의 기회가 주어졌고 경쟁 고용이 어려운 중증장애인도 취업할 수 있도록 네트워크를 형성했다.

중증장애인이 현장훈련을 통해 실제 작업현장에서 다양한 직무, 대인관계, 본인의 역할을 배울 수 있었고 이러한 경험을 축적하여 추후 취업으로 연계될 수 있도록 징검다리가 만들어졌다. 중증장애인도 직장에서의 성공적인 경험으로 자신감을 가지고, 업무에 따른 건설적인 태도를 고취하여 개인의 삶 전반에 긍정적인 영향을 끼칠 수 있도록 환경을 조성한 것이다. 이를 통해 2020년 한국장애인고용공단 경기지역본부 우수기관, 2022년 한국장애인고용공단 경기서부지사 우수기관으로 선정되었으며 앞으로도 중증장애인이 수행할 수 있는 직무를 개발하고 현장훈련을 통해 취업으로 연계될 수 있도록 지원할 계획이다. 안양시관악장애인종합복지관은 최근 보건복지부 및 경기도 평가에서 4회 연속 최우수기관으로 선정되었다.

기능강화지원2팀 작업치료사 고현미

"꽤 오랜 시간 복지관의 다양한 프로그램을 이용하고, 또 작업치료 수업을 받던 이용자가 타지역으로 이사를 가게 되어 복지관 이용이 종료가 되던 날 보호자께서는 "OO이는 복지관에서 키워 주셨어요. 어릴 때부터" 그 말을 듣는데 벌써 내 키만큼 큰 아이를 보며, 나도 맘이 뭉클해졌다. 그 OO이는 요즘도 나에게 가끔 전화를 한다. "선생님 보고 싶어요" 라고. 나도 보고싶다. 직접 보러 갈 수도, 찾아 갈수도 없지만 서로 응원하고 있으리라 생각한다."

올바른 정보로 세상을 깨우다

'GBN뉴스'는 문화·사회·복지·종교 등 분야를 막론하여 일어나는 기쁜 일들, 희망찬
소식을 전하여 시대의 알 권리를 충족시키고 삶의 질을 향상시키기 위해 만들어졌다.
TV로 쉽게 전하는 뉴스들은 사람들의 이목을 끌기 위해 자극적인 이야기만을 전한다.
사실 그런 어두운 일보다 몇 배 더 많은 곳에서 벌어지고 있는 선한 일을 전달하는 언론의
필요성을 느꼈다. 이 시대에 희망이 없다고 입버릇처럼 읊조리는 사회인들에게 사실
세상에는 아름다운 소식이 넘쳐나고 희망이 당신의 코앞에 있음을 상기시켜주어야
사회가 회복할 수 있다. 안타깝게 지나치는 선한 소식들이 없도록 성민원에서 2005년
1월 9일 월간 정기간행물을 등록(등록번호 경기 라00356)하여 2월에 '군포복지뉴스'라는
이름으로 창간호를 발행했다. 복음을 바탕으로 지역사회의 다양하고 풍성한 복지 소식을
전하여 건강한 의식을 심기 위함이었다.
2006년 3월 제14호부터는 '경기복지뉴스'로 이름을 바꾸어 경기도를 대상으로 영역을
확대했다. 원고 집필은 복지로 사회를 이끌어가는 주역들과 각계각층의 전문가가 담당해
1회 발행 6,000부(초기 20,000부)로 약 100만 부를 발행하여 국내외 독자들과 경기도내
복지기관, 관공서 등에 배포했다. 2005년 9월부터 타블로이드판 16면으로 증면했고,
발행 주기도 격주로 늘어났다. 2006년 6월에는 웹사이트(www.ggwn.co.kr)를
개설했다.
디지털 대전환 시대를 맞아 언론의 주요 매개체가 온라인으로 이동하면서
경기복지뉴스는 2018년 5월 인터넷신문(등록번호 경기 아 51857)으로 전환했다.
2019년 12월에는 제호를 GBN뉴스로 변경하여 복지현장, 복지 정책, 아동, 여성, 노인,
장애인, 청소년 등의 복지소식과 문화, 공연, 발행인칼럼, 고정 칼럼란을 통해 시대정신과
창조적인 복지정신을 담은 뉴스를 꾸준히 발행하고 있다.

선한 소식을 알 권리

복지 정책과 사회 복지에 관한 세부 정보를 독자에게 제공함으로써 다양한 혜택을
받을 수 있도록 한다. 다양한 복지 기관의 뉴스를 제공하여 개인뿐 아니라 기업들에게
자원봉사와 후원 참여의 동기를 부여하고 다함께 복지를 실천할 수 있도록 하고 있다.
또한 궁극적으로는 바른 정책, 생명 존중과 사랑 나눔의 긍정적 가치관을 가진 선별된
기사를 제공함으로써 생각과 가치관이 건강한 사회를 만들고자 한다.

종이신문으로 발행되던 경기복지뉴스의 배포지역은 군포시와 안양권, 경기도 내
공공기관 및 전국 사회복지기관이었다. 정기 구독자들에게는 우편으로 발송하고
전철역사와 시내 중심가의 시민들에게는 직접 배포했다. 군포제일교회의 성도들이
초기부터 든든한 후원자가 되어주었으며 개인, 기업 자격으로 복지뉴스 제작 운영비를

후원(복지뉴스연보)했다. 또한 봉사자로서 발송, 배포 및 기타 봉사에 협력했다. 또한 넘쳐나는 정보와 부정적인 뉴스 속에서 바른 정책과 가치 중심으로 선별된 기사, 생명과 사랑의 가치관이 담긴 복지 뉴스로 건강하고 행복한 사회로의 견인을 추구한다.

제62호부터는 '건강한 기업을 찾아서'라는 코너가 신설되어 이름도 없이 빛도 없이 섬김을 실천하며 모범이 되는 기업을 선정하여 인터뷰 형식으로 실었다. 이 코너에 참여했던 기업들은 경기복지뉴스의 후원자로 연결되어 복지 사업에 동참하기도 했다. 제75호부터 신설된 칭찬릴레이는 섬기고 베풀며 살아가는 사람들을 격려하고 위로하는 코너로 많은 사랑을 받았다. 또한 다양한 사회 현상과 시급한 정책 현황을 희망의 눈으로 바라보는 기획 특집을 마련하기도 했으며 '입양'을 주제로 다룬 기사, '소아백혈병-조혈모세포기증'을 주제로 다룬 기사 등 다양한 토픽 기사들을 통해 어렵고 절박했던 상황에 희망이 되어주고 이웃이 되어주었다. 매호마다 복지하는 기업과 복지하는 사람을 인터뷰하면서 함께 울고 웃으며 공감할 수 있는 따뜻한 글을 담을 수 있었다.

기독일보와 MOU를 맺다

2020년 3월, GBN뉴스의 영역과 구독자가 확장되는 기회가 찾아왔다. 기독일보와 업무협약을 맺게 된 것이다. 기독일보는 전국 종합일간지(월~금)로, 주요 기독 교단, 기독 기관 및 단체, 크리스천 기업, 크리스천 가정에 매일 새벽 직접 배포하는 일간신문이다. 양 기관은 기독교 관점으로 세상을 바라보고, 나아가 예수 그리스도와 하나님 나라의 기쁜 소식을 널리 전하기 위해 신문을 발행하고 건강한 사회의 토양을 만들어 가자는 내용의 협약을 체결했다. 이 업무협약을 시작으로 GBN뉴스의 지경이 경기를 벗어나 전국으로, 전 세계로 확장되었다.

현재 GBN뉴스는 기독일보 지면 중 16면에 복지·사회사업·선교 분야의 전반적인 소식을 취재·보도하고 있다. 특히 '우리 사회의 빛이 되는 복지시설 탐방' 기사, 후원기업 취재, 선한 사역을 감당하는 사람들의 인터뷰 등으로 독자들에게 많은 감동을 주고 있으며, 사회 곳곳에 섬김과 나눔, 사랑의 사역을 알리고 있다.

OUR RESPONSE

코로나19, 희망을 전하다

키워드로 보는 성민원의 코로나19 지원사업

세계적인 코로나19 펜데믹이 3년간 지속되었다. 코로나19는 감염병 자체로서의
위험성을 넘어 사회경제적으로 막대한 피해를 안겼다. 모든 이들의 삶이
위협받았고 그 영향은 기존 취약계층에 더 심각하게 나타났다. 이동의 제약으로
보건의료 서비스 접근성이 감소했고 다른 질병이나 영양부족으로 인한 사례들이
발생했다. 온라인 비대면 서비스의 기회마저 제한적이었다. 성민원은 신속히
도움이 필요한 곳을 찾아 쉬지 않고 코로나19 지원사업을 이어나갔다.

모두가 힘겨웠던 시간
코로나19 예방지원

올바른 위생 습관으로 개별적 감염을 예방하는 것이 최우선이었다. 손 씻기, 마스크 착용과 같은 검증된 예방법을 통해 코로나19 감염을 차단할 수 있도록 복지사각지대에 있는 노인, 장애인, 아동 및 지역사회의 취약계층에게 마스크, 손 세정제, 가정용 소독제 등의 개인 방역 물품을 지원했다. 또한 지역단체 네트워크와 협력하여 공공·교육기관 ·다중이용시설에 친환경 방역 소독활동을 진행했다. 이 외에도 사람들이 많이 이용하는 시설을 중심으로 손세정제를 비치하는 등 감염 확산 방지 활동에 집중했다.

코로나19 예방지원
(취약계층 대상 위생 및 방역물품지원)

마스크
165,579 건

소독방역물품
12,794 건

온라인으로 공백없이 마음껏
ON-TACT

ON-TACT (온라인 교육/ 기부 참여자)
33,345 명

이용자들은 한순간 가족과 이웃 관계가 단절되고, 서비스마저 제공받지 못하는 상황에서 우울과 고립감이 심화되어갔다. 대면 접촉을 최소화하면서도 교육공백을 해소하기 위한 온라인, 미디어를 활용한 사업은 필수적이었다. 청소년들은 코로나19로 등교뿐 아니라 집 안팎의 모든 활동이 크게 제한되자 우울감을 호소하는 학생들이 많아졌다. 성민청소년복지학교는 실시간 온라인 줌 강의를 통하여 방학 기간을 활용한 교육프로그램을 지속했다. 현장실습도 비대면 물품 배달로 대체하여 진행했다. 또한 산하기관에서는 SNS를 활용하여 교육 및 학습 동영상 지원을 확대하여 제공하였다. 성민원에서는 긴급재난지원금을 더 어려운 이웃에게 나누기 위해 "기쁜 마음으로 참여하겠습니다" 온라인 기부릴레이 캠페인을 펼쳤다.

FLOW
아
미

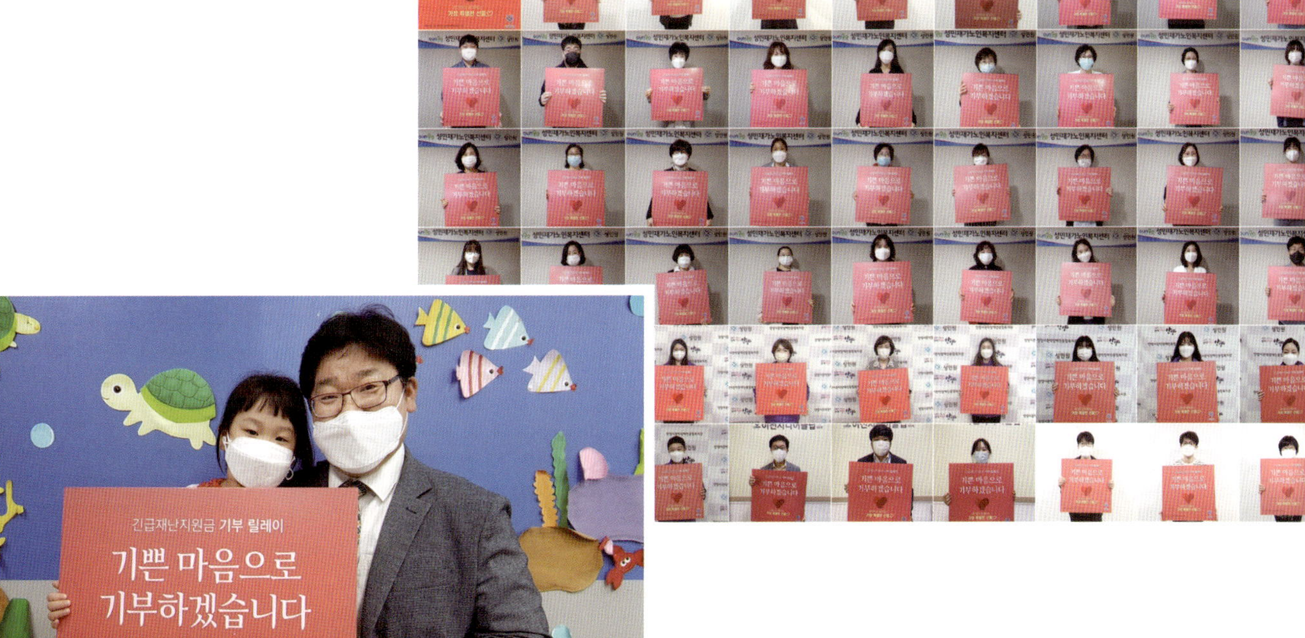

중단할 수 없는
1:1 돌봄 서비스

1:1 돌봄 프로그램 지원
(2020년~2022년 재가서비스 제공 기준)

30,474 건

사회복지시설 코로나 대응 지침에 따라 모든 대면 서비스가 중단되었다. 복지시설이 다 문을 닫았지만 성민원은 재가서비스의 제공방식을 활용하여 1:1 돌봄 서비스를 실시했다. 생활지원사가 안전수칙을 지켜 방문 서비스를 제공했는데 외부에서 진행되던 프로그램을 가정에서 진행할 수 있도록 재구성하여 평생교육, 인지활동교육, 신체건강교육, 우울예방교육 등의 다양한 사업을 펼쳤다. 그 때 노인들은 스스로 자신을 돌보고 가정에서 삶을 영위할 수 있는 힘을 길렀다.

"복지관에서 한글을 배우다가 가지 못해서 너무 아쉬웠는데 복지관에서 배운 내용을 복습하게 되어서 너무 좋다. 잊어버리지 않고 읽고 쓰는 재미가 있고 어려운 글씨도 알아가니 뿌듯하다."

꼭 필요한 도움을 전해요
식량키트, 물품 지원

코로나19 발생 이전에 이용자들은 복지관 등의
경로식당을 이용하고 개별적으로 자유롭게
생필품과 식료품을 구입할 수 있었다. 그러나
고위험군으로 분류된 취약계층은 이 모든
것들이 중단되어 질병이나 영양부족에 노출되는
사례들이 발생했다. 적절한 영양섭취와 건강
유지는 복지의 필수적인 서비스이기 때문에 그
대안으로 비대면 식료품과 물품 지원 사업을
전개했다.

식량키트
32,925 건

구호물품
6,248 건

3 사랑을 전파하는 원리

CYCLE

순환

복지를 시작하다
다, 뛰다, 날아오르다
성민원과 함께 꾸는 지역사회복지의 꿈
HISTORY
SENIOR 노인
손 잡는 것만으로도 위안이 되던 시절
청년과 지역
가난함이 있던 그들과 함께
CHIL
젖먹이

사랑의 가치를 공유하다

빛을 전하는 손

성민자원봉사자·후원자와 함께하는 빛사랑모임

이사장 권태진 목사는 항상 '복지가 행복이니 사람을 아끼는 것에서 시작하라'고 말한다.
함께하는 사람의 수고와 아픔을 알아주어야 건강하게 복지를 지속할 수 있다는 것이다.
그래서 성민원이 세워진 첫 해 1998년 12월, 권태진 목사는 '제1회 후원자·봉사자를
위한 빛사랑모임'을 개최하여 후원자들과 봉사자들을 위로하고 격려했다. 이날은 그동안
열심히 봉사한 사람들로 복지관이 가득찼다. 복지의 필요성을 모두가 절감하고 그것이
사랑으로 채워지고 있었다. 감사장 전달이 끝나고 조손결연장이 주어지는 시간, 참석한
노인들이 증서를 받고 한없이 눈물을 흘리기도 했다. 저녁 만찬에는 마음을 주고 받으며
서로에게 감사하는 시간을 가졌다.

복지의 현장에는 보이지 않는 곳에서 섬기고 돌보는 이들로 가득하다. 돕는 기쁨을 알기에
해가 바뀌어도 자리를 지키는 봉사자와 후원자들이 있다. 또 헌신을 다하는 도움의 자세를
삶 자체로 삼은 직원들도 있다. 권태진 목사는 그들의 수고를 알아주고 공고히 하여
그들이 복지의 보람과 기쁨으로 충만하게 되기를 바랐다. 한 해 동안 봉사자, 후원자들이
베푼 것들이 얼마나 많은 사람을 살리고, 힘이 되었는지 알리는 시간을 가지면서 나눔의
영향력을 키울 수 있도록 했다. 그 놀라운 힘을 깨달은 이들은 나눌 수 있음에 기뻐하고
감사하며, 그 에너지로 다시 이웃을 섬기는 선한 사랑의 굴레를 만들었다.

첫해의 송년 모임 이후로도 매년 함께 모여서 감사와 희망을 주고받았다. 이런 시간을
통해 지치지 않고 함께 봉사할 힘을 얻었다. 송년 모임은 차츰 성민원 및 산하기관을 통해

CYCLE 순환

제19회 빛사랑 모임. 2018

이웃을 섬긴 모든 직원과 자원봉사자, 후원자들이 함께 모이는 자리가 되었다. 이들은
빛의 손을 가진 봉사자·후원자들이 함께한다는 뜻으로 '빛사랑모임' 이라는 이름을
지었다.

지금까지 매년 빛사랑모임에서는 자원봉사자와 후원자들의 이름이 적힌 명찰을 준비해,
한 분 한 분 달아드렸다. 단 한 사람의 영혼도 귀히 여기는 정신에서다. 늘 가정을 위해
수고해도 누군가의 엄마, 아빠로만 불렸을 봉사자들의 이름을 찾아 불러주어, 자신이 하고
있는 일이 귀하고 값진 일임을 알게 했다.

빛사랑모임은 1부 감사의 시간을 통해 한 해를 지켜주신 하나님께 감사하며 예배로
시작한다. 이 시간엔 자원봉사자, 후원자를 비롯해 지역의 인사들과 교계를 대표하는
목사님들을 초청한다. 2부 기념식에는 모범 봉사자와 후원자에게 표창 및 감사패를
수여한다. 또한 한 해 동안의 운영을 보고하여 자원봉사자, 후원자들이 보람을 느끼고
향후 봉사 및 후원을 지속할 수 있도록 한다. 이때 지역의 어려운 중·고등학생을 선발해
장학금을 전달하기도 한다.

빛사랑모임에 빠지지 않는 다양한 외부 초청공연 및 오찬은 자원봉사자, 후원자들의
그동안의 노고를 위로하고, 위로를 전하는 시간이다. 또한 외부와의 협력과
교류의 장이 열리는 시간이기도 하다. 2014년 '제15회 자원봉사자·후원자와
함께하는 빛사랑모임'에서는 명예이사장으로 김삼환 목사, 법률고문으로 손평업

CYCLE 순환

제16회 빛사랑모임 장학금 전달. 2015

제17회 빛사랑모임 초청공연. 2016

변호사를 추대했다. 제16회 빛사랑모임에는 당시 군포경찰서 오문교 서장이 군포
관내 북한이탈주민을 섬기는 것에 감사해 성민원에 감사패를 전달했고, 제18회
빛사랑모임에는 군포중학교 류봉현 교장이 군포중학교 오바마교실 저녁지원에 감사해
감사장을 전달했다. 빛사랑모임은 서로 사랑하고, 감사를 전하며 모두가 기뻐하는 축제의
시간으로 자리 잡았다.

섬김의 리더, 사회복지전문가 양성

전체 직원 교육

이사장 권태진 목사는 성민원의 직원 모두가 리더로 성장하길 기대하며,
미래에 대한 투자를 아끼지 않는다. 시대가 원하는 인재상은 모두
다르다. 하지만 성민원은 직원이 먼저 행복해야 대상자를 행복하게
할 수 있다는 이사장 권태진 목사의 철학대로 직원 스스로가 행복하기
위한 교육을 진행한다. 이를 위해 권태진 목사가 직접 직원들을 위해
상담과 강의를 진행하기도 하고, 저명한 강사를 초청하기도 한다.
2015년 7월에는 '성민원 직원을 위한 직무향상 및 소양 교육'을 열어
하나님이 기뻐하시는 목적대로 온유하고 겸손한 리더로 성장하기 위한 교육을
진행했다. 2022년 6월에는 정소영 변호사(세인트폴 세계관 아카데미 대표), 조영길
변호사(법무법인 아이앤애스 대표)를 초청해 교육을 실시했다.
성민원이 전체 직원을 대상으로 진행하는 교육은 복지 현장에서 어떠한 가치관을 가지고
일하고 있는지를 점검해보는 계기가 되고, 인권에 가장 기본이 되는 '자유'의 가치가
얼마나 중요한지 인식하는 시간이 되기도 한다.

성민원 전체직원교육 2022

전 직원 워크숍 및 해외연수

성민원의 전 직원 워크숍은 군포시노인복지회관을 처음 수탁해 운영할 때부터 시작됐다.
직원 워크숍의 메인 프로그램은 '이사장님과의 대화시간'이다. 성민원이 성장하면서
직원 수가 많이 늘어났지만, 권태진 목사는 직원 한 사람 한 사람의 이야기에 집중한다.
직원들은 대화시간을 통해 군포제일교회와 성민원의 복지철학과 정신, 직원으로서
가져야 할 사명감 등에 대해 자연스럽게 알게 되고, 성민원에 소속되어 있음에 자부심을
느끼게 된다.
성민원의 워크숍은 교육과 토론 등 다소 딱딱한 프로그램에서 벗어나 다양한 분야의
전문가를 모셔 특강을 진행하고, 레크리에이션·체육대회를 통해 화합하는 시간을 보낸다.
자유로운 분위기 속에서 단합하면서 직원들의 역량 강화를 도모한다. 또한 해외연수를
통해 전문적 식견을 넓히고 다양한 경험과 쉼을 제공하는 기회로 삼는다.

신입직원 교육

기존 성민원의 신입직원 교육은 시설별로 자유롭게 진행이 되었으나,
성민원의 사업이 확대되면서 신입직원 교육의 중요성이 제기됐다.
이에 따라 성민원은 2014년부터 신입직원 교육을 통합하여
실시한다. 하나님을 사랑하고, 사람을 사랑하는 성민원의 기본
가치가 가장 중요하기기에, 이 비전과 함께 성민원의 역사를
교육한다. 그리고 사업과 각 산하기관의 업무 전반에 대한 교육,
직원으로서 갖춰야 할 자세와 덕목, 직장 내 예절 등을 교육하고 있다.

중간관리자·시설장, 회계 실무 교육

성민원은 효율적인 업무수행을 위해 2014년부터 대리 이상급 직원을 대상으로 한 중간관리자·시설장 교육과정을 도입했다. 중간관리자·시설장으로서 직무에 필요한 특강과 발전방향에 대해 의논하는 내용으로 진행된다. 2015년 7월 7일에는 이사장 권태진 목사가 직접 교회 복지의 역사와 설립정신에 대해 강의했다. 2017년도에는 제주도에서, 2018년도에는 베트남에서, 2022년에는 강원도 고성에서 이사장님과 함께 중간관리자·시설장 워크숍을 진행하며 복지 현장에서 섬김의 본을 보이는 리더로 성장하기 위한 시간을 가졌다.

또한, 필요시에 법인 및 각 기관 회계 실무자가 모여 애로사항 및 신규 세법 등을 공유하는 회계 실무 교육도 진행하고 있다.

2023년에는 시설장·중간관리자를 대상으로 새로운 교육, '인권지도사 1급 양성교육'이 시작되었다. 좌 편향된 인권 교육이 난무하는 시대에, 성민원은 올바른 인권 의식 향상과 인권 존중, 평등의 가치에 대한 교육의 필요성을 느꼈다. 이에 한국정직운동본부가 주관하는 인권지도사 1급 양성교육에 시설장, 중간관리자가 함께 도전해 복지 현장에서의 바른 가치관 확립을 위한 일에 앞장서고 있다.

CYCLE 순환

인권지도사1급 양성과정. 2023

한국교회와 함께 걷다

성민원은 2019년 3월 29일, 한국교회연합(한교연)의 회원단체로
가입함으로써 지역을 넘어 한국교회의 대사회 사역으로 섬김의 지경을
넓혔다.

성민원은 2019년 한교연 임직원과 함께 백사마을에 연탄 3만장을
나누는 행사에 참여했다. 코로나가 확산한 2020년에도 봉사를
중단하지 않고 백사마을에 찾아가 연탄 2만6천여 장을 나르고 전달했다.

매해 11월에 진행하는 '사랑의 김장 나눔 대축제'에도 자원봉사자로 직접
참여했다. 노숙인 무료급식센터 (사)참좋은친구들에 모여 5시간 동안 총
6,000kg의 김장을 했으며, 10kg씩 600박스로 포장해 빈곤층 지원 사회복지시설에
전달했다.

성민원은 앞선 2010년 1월 16일, 한국교회희망봉사단이 주최한 '노숙인을 위한
설날희망 큰잔치'에서 군포제일교회와 점심식사 1,000인분과 방한복 100벌을 준비해
전달했다

성민원은 이 외에도 한국교회봉사단을 비롯한 교계 연합 기구와 함께 재난, 재해현장
복구 등에 앞장서며 대사회적인 사역에 자원하여 섬김을 실천하고 있다.

사랑이 흐르는 물길

한국교회연합과 함께 하는 사랑의 연탄나누기. 2019

사랑의 방법론

교회 지도자를 위한 워크숍과 네트워크 구축

성민원은 교회가 지역사회와 함께 할 수 있는 복지에 대해 이웃교회에 전파하여
이웃사랑을 함께 실천하고자 했다.

많은 사람들이 성민원의 복지사역이 유지되고 확장되는 이유에 관심을 기울이기
시작하고 그 노하우가 어디에 있는지 궁금해 하는 사람들이 늘어났다. 이사장 권태진
목사는 모든 사랑의 근원이 예수님으로부터 오며, 한 사람 한 사람을 내 가족이라
생각하면 무엇이든 시작하는 것이 두렵지 않았던 사랑의 원리를 많은 사람들과 나누고
싶었다. 그것이 한국교회의 사명임을 알았다.

이것이 동기가 되어 2005년 5월 '제1기 교회사회복지지도자 워크숍', 7월 '제2기
교회사회복지지도자 워크숍'을 개최하여, 그동안 성민원이 해 온 사회봉사와 복지 모델을
여러 교회들에 소개했다. 전국 12개 교회 목회자들이 군포제일교회와 성민원에서 행하는
복지사역을 배우고 각 교회에 접목할 수 있도록 연구하고 실습하는 시간을 가졌다.

뿐만 아니라 복지를 실천할 수 있는 기초 단계인 영성 훈련도 함께 했다. 워크숍을 통해 복지를 꿈꾸는 목회자들에게 실질적인 도움과 비전을 주고 교회 간 네트워크를 구축하는 계기가 되었다.

또한 한국직업교육원 주최로 열린 케어복지 1급 자격자를 위한 케어복지 지도자과정 세미나 1회(2004년 3월 29일~31일), 2회(2005년 9월 6일)를 성민원이 주관하기도 했다. 세미나에서 성민원 이사장 권태진 목사가 주강사로 기독교 사회복지와 관련된 강의를 했으며, 성민원의 산하기관인 군포시노인복지회관, 군포제일주간보호센터(현 성민노인복지센터), 군포제일가정봉사원파견센터(현 성민재가노인복지센터), 군포푸드뱅크(현 군포기초푸드뱅크) 등에 방문해 기관 라운딩 및 현장실습을 진행했다.

인권지도자 양성을 위한 MOU

성민원은 2023년 2월, 한국정직운동본부와 인권지도사 양성 과정 MOU를 체결하고 경기 제1기 인권지도사 1급 양성과정을 개설했다. 전국민에게 바른 인권의 내용과 바른 인권교육의 중요성을 알리기 위한 전문 인권지도사 배출을 목적으로 하며 인권지도사는 향후 학교 등 기관 및 단체에 강사로 출강하며 전국민과 취약계층의 인권과 권익 보호, 인식 개선을 위해 활동한다.

출판·강의·연구

성민원의 다양한 복지사역은 한국교회가 모델로 삼을 수 있도록 체계적이고, 안정적으로 자리 잡았다. 많은 목회자들이 성민원 운영과 사업에 대해 알고 싶어 하고 조언을 구하기도 한다. 성민원의 활동과 발전은 한국교회의 목회자들에게 비상한 관심을 받았다. 이사장 권태진 목사는 개척교회 시절부터 시작한 복지사역을 칼럼집과 논문집을 통해

성민행복학교1기. 2018

성민행복학교 설립예배. 2018

구체적으로 기록했다. 2002년 6월 15일 칼럼집 《목회 속에 피어나는 복지》를 출판했고, 2002년 12월 박사학위논문집 《교회성장과 사회복지사역의 연관성 연구》를 출간했다. 이사장 권태진 목사는 교회의 복지사역에 대해 소개하고 한국교회에 비전을 제시하는 일을 시작했다. 2002년 6월 10일 연세대 백주년기념관에서 '교회와 사회복지'를 강의했고, 2003년 4월 22일 한국기독교 100주년 기념관에서 특별강의를, 2005년 3월 11일 한국복음주의협의회 월례주제발표회에서 '목회와 복지' 강의를 했다. 또한 세계한인목회자세미나에서도 수차례 복지목회에 관해 강의를 진행했다.

성민원의 사역을 체계적으로 정리하려는 노력도 활발해졌다. 기독교 연합회에서는 복지와 관련된 심포지엄, 포럼을 개최하며 성민원의 복지사역을 한국교회에 소개할 수 있도록 사례발표를 요청하기도 하고, 성민원의 복지사역을 연구하여 학술 논문으로 발표하기도 했다.

2013년 7월 5일에 열린 한국장로교총연합회 복지학술 심포지엄에서 성민원 사무국장인 박용구 장로가 성민원의 복지사역의 사례를 발표했고, 2015년 10월 22일 국회도서관에서 '한국교회 사회 참여의 오늘과 내일'이라는 주제로 열린 포럼에서는 미국 고든 콘웰 신학교(Gordon Conwell Theological Seminary) 교수 고세진 박사가 군포제일교회의 성민원 사례를 연구하여 발표했다.

2018년 9월에는 성민원 20년의 사역이 빼곡히 담긴 사사집 '성민원의 20년 사랑이 흐르는 물길'을 출간했다. 20년사에는 성민원의 대표 사업과 산하기관사업, 모금, 조직 경영의 역사를 담아냈다. 또한 성민원이 한국 사회에 기여한 바를 객관적으로 분석해 사회복지 분야와 한국교회 사회사업에 중요한 기록 자산으로서 보존

CYCLE 순환

EXPO
이웃을 품에 안고
희망을 여는 한국 교회
기독교사회복지엑스포2005
기독교사회복지 엑스포2005
Christian Social Welfare Expo 2005
2005. 8. 24 (수)
영혼이 복지 한국

가치와 활용도를 높이고자 했다. 성민원의 20년 사사집은 전국의 교계, 정계, 정부 기관, 복지기관 등에 전해져 앞으로 정부와 교회가 해야 할 역할에 대한 목적과 기준을 일깨우는 이정표가 되고 있다.

사랑의 외침 – 사회복지 엑스포

성민원은 복지사역을 학문적으로 고찰할 뿐 아니라 적극적인 외부 행사 참여를 통해 뜻을 모으는 데 힘썼다. 한국교회봉사단 주최로 5년에 한 번 열리는 기독교사회복지엑스포는 기독교가 행하고 있는 사회복지의 현장을 한자리에 모아 좋은 사례를 공유하고, 더 많은 이들이 선한 일에 동참할 수 있도록 알리는 행사이다. 기독교에서 파생된 복지는 세상이 줄 수 없는 것을 전한다. 육체의 빈곤뿐 아니라 영적 빈곤까지 책임지고 회복시키며, 현실을 극복하고 영원을 바라보게 한다.

성민원이 복지를 지속하는 힘은 하나님 사랑과 사람 사랑이었다. 이 사랑은 돈이 있고, 계획이 있다고 해서 실천할 수 있는 것은 아니다. 가진 것이 없어도 사랑이 있으면 방법은 나오고 길은 열린다.

성민원은 1회부터 회마다 참가하여 성민원의 선한 사역들을 알렸다. 복지의 원리와 방법을 전하고, 기독교 사회복지가 유지되고 성장하도록 좋은 아이디어를 제공했다. 특히 2016년도에 열린 제3회 기독교사회복지엑스포(2016 디아코니아코리아)에 군포제일교회가 아동·청소년영역 주관교회로 참가하여 '미래세대 역량강화를 위한 한국교회의 사회적 역할'을 주제로 세미나를 진행했고, 성민원이 아동·청소년영역, 지역사회영역 부스에 참가했다. 성민원 이사장 권태진 목사는 집행위원장을 맡아 행사 준비부터 폐막에 이르기까지 전 과정에서 숭주적 역할을 감당했다.

또한 2009년에는 성민원 주최로 박람회를 열었다. 5월 26일을 시작으로 6월·9월·10월까지 네 차례에 걸쳐 '2009 행복up 드림up' 박람회를 산본 중심상가에서 개최했다. 성민재가노인복지센터, 성민고령자인재은행, 성민요양보호사교육원에서 주관하여 1가정 1독거어르신 결연 맺기, 5060 일자리 찾기, 후원모금행사 등의 부스를 운영했다. 그 외에 페이스페인팅, 풍선아트, 즉석사진 촬영 등의 이벤트를 통해 지역주민들에게 친근하게 성민원을 알릴 수 있었다.

군포제일교회와 성민원은 한국교회가 연합하여 진행하는 행사에 항상 힘써 섬기고 있어 타 교회의 본이 되고 있다. 2022년에는 사단법인 나눔과 기쁨이 주최한 '나눔과 사랑 복지 엑스포'에 성민원 법인과 산하기관이 홍보 부스를 설치하고 선한 사역을 소개했다.

넘치는 감사

성민원은 창립된 이후 계속 복지활동영역을 넓혀왔다. 그 공로를 인정받아 지역사회와 국가로부터 긍정적인 평가를 얻게 되었고, 각종 수상의 영예를 안았다.

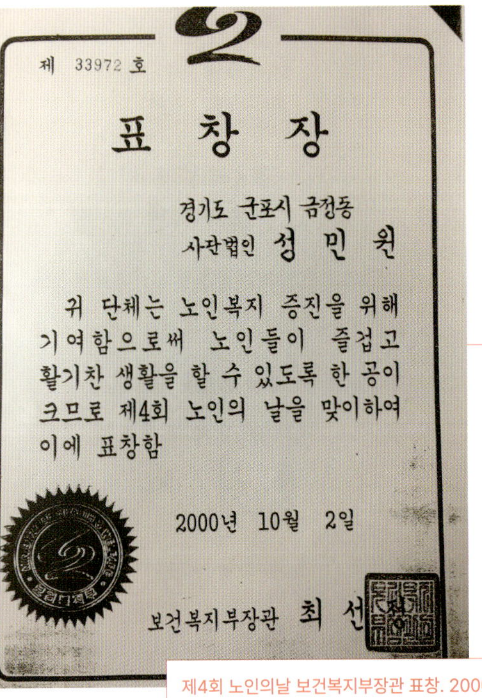

제4회 노인의날 보건복지부장관 표창. 2000

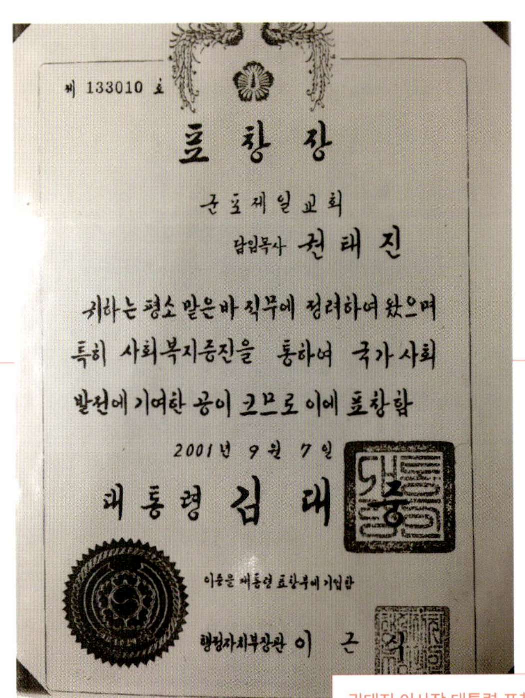

권태진 이사장 대통령 표창. 2001

2000년 10월 2일 '제4회 노인의 날 기념식'에서 보건복지부장관 표창장을 받았다. 성민원 권태진 이사장이 복지관련 부문의 공로를 인정받아 수여한 이 상은 성민원 창립 불과 2년 7개월 만에 이룬 쾌거이다. 그동안 권태진 목사의 성민원에 대한 헌신적 노력이 위대했음을 증명하는 상이었다.

2001년 9월 7일에는 권태진 목사가 성민원의 이사장 자격으로 '제2회 사회복지의 날' 행사에서 대통령 표창을 받았고, 같은 해 10월 6일에는 '군포시민의 날'에 군포시로부터 '군포시민대상'을 수상했다. 2004년 12월 9일 제1회 CBS 크리스천 자원봉사대상에서 지역의 소외되고 어려운 사람을 돌보는 등 지역을 행복하게 한 점을 인정받아 우수상을 수상했다.

태안의 역사가 기억하는, 군포제일교회와 성민원

15년 전인 2007년 12월, 태안 앞바다에서 발생한 기름 유출 사고로 서해안 167km가 기름으로 뒤덮였다. 이때 태안 유류피해 극복을 위해 1만 교회·80만 명의 기독교인이 봉사에 참여했고, 6개월여 만에 바다 생태계가 회복하기 시작했다.

군포제일교회와 성민원은 기름 유출 현장에 '사랑의 이동 밥차'를 급히 파견해
자원봉사자와 피해 주민들에게 45일 동안 2만여 끼의 식사를 제공했다. 당시 성도들은
매일 조를 나눠 식사 준비를 위한 장을 보고 재료를 손질해 아침 7시면 현장으로
출발했다. 그리고 밥퍼 봉사를 실시했다. 또한 청소년, 청년, 장년 등의 봉사팀을 구성해
방제사역에도 동참했다.

이런 공로를 인정받아 2008년 6월 27일, 충남도지사 감사패를 수상했고, 2008년 12월
10일, 허베이스프리트호 유류 오염 사고 방제유공포상 전수식에서 국토해양부 장관상
표창을 수상했다. 또한 2011년 12월 5일 한국교회희망봉사단 주최로 열린 '한국교회
서해안 살리기 자원봉사 기념비 제막 및 전시관 개관식'에서 공로패를 받았다.

권태진 이사장 대통령 훈장. 2001

2022년 11월, 당시 처참했던 모습과 123만 자원봉사자의 사투가 담긴 기록물
22만2천여 건이 유네스코 세계기록유산 아시아태평양 지역 목록에 등재됐다.
한국교회봉사단은 이 기록물이 세계인의 공감을 얻어 유네스코에 등재된 것을 감사하며
2023년 1월 29일 명성교회에서 감사예배를 드렸다. 이 뜻깊은 날에 권태진 목사는 태안
유류피해 극복 참여 25개 교단·1만 교회를 대표해 섬김 봉사상을 수상했다.
권태진 목사는 "한국교회가 하나 되어 착한 행실을 한 것이 역사 속에 기록되어 많은
사람이 하나님께 영광을 돌리게 되어 정말 감사드린다"라며 "15년 전 봉사에 함께한
성도들과 기쁨을 나누고 싶다. 앞으로도 군포제일교회와 성민원을 필요로 하는 곳이면
어디든 달려가 도울 것"이라고 소감을 밝혔다.

태안유류피해 극복 공로 '섬김 봉사상' 수상. 2023

나눔은 또 다른 에너지를 만든다

바자회

군포제일교회 여전도회원은 성민원 설립 전부터 해마다 바자회나 일일찻집을 열어 그
수익금을 불우이웃, 소년소녀가장 등 어려운 이웃을 위해 사용했다.

성민원 설립 이후에는 복지사업 재원 마련을 위한 모금활동으로 바자회를 개최했다.
성도들은 평소 입지 않는 의류나 사용하지 않게 된 중고 물품 등을 기부해 자원순환에
동참했고, 여전도회원들은 건강한 먹거리를 직접 만들어 판매하여 수익금을 마련했다.
2009년에는 성민원 주최로 후원 행사를 개최했다. 2009년 5월 26일을 시작으로
6월·9월·10월에 후원 행사 '2009 행복up 드림up'을 산본 중심상가에서 개최했다.
성민원이 지역을 넘어 다양한 복지사업을 이어 나가며 성장할 때, 바자회의 모습도
변화했다. (주)다우, (주)카이로스에프씨에이, (주)엠에이치코퍼레이션 등 의류 유통
기업의 통 큰 후원으로 질 좋은 의류를 판매해 많은 수익금을 창출하고 있다. 바자회의
규모가 커지며 참여대상도 군포제일교회 성도뿐 아니라 지역사회 전체와 교계까지로
확장되었다.

복지사업 재원 마련을 위해 때마다 개최하는 바자회는 후원과 봉사의 불씨를 살리고
마음을 모으는 계기가 되고 있다. 성민원의 산하기관도 자체적으로 바자회를 기획하여
복지 사업을 위한 모금활동에 힘쓰고 있다.

CYCLE 순환

성민원 후원을 위한 바자회. 2003

1999년 12월 10일	독거노인 돕기 바자회 및 일일찻집 개최
2000년 11월 17일	생활보호 독거노인 돕기를 위한 일일찻집 및 바자회 개최
2002년 10월 27일	군포제일교회 여전도회 주최, 성민원 후원을 위한 바자회 개최
2003년 10월 27일	군포제일교회 여전도회 주최, 성민원 후원을 위한 바자회 개최
2004년 11월 30일	복지후원을 위한 돌샘바자회 개최
2007년 5월 7일~11일	성민원과 루치아노최, 결식노인 및 카렌족난민을 위한 사랑의 바자회 개최
	(롯데백화점 안양점, 수익금의 5%를 성민원에 전달)
2009년 12월 17일	성민요양보호사교육원 주관으로 사랑나눔바자회 개최
2014년 4월 3일~4일	(주)다우의 후원으로 성민희망바자회 개최
2015년 4월 24일	(주)다우의 후원으로 성민행복바자회 개최
2016년 6월 24일	(주)다우, (주)카이로스에프씨에이의 후원으로 성민나눔바자회 개최
2022년 4월 27일~29일	(주)엠에이치코퍼레이션의 후원으로 군포시기독교연합회와 함께하는
	성민희망나눔바자회 개최

성민행복바자회. 2018

복지후원을 위한 돌샘 바자회. 2004

음악회

성민원이 처음으로 자선음악회를 통한 자원 개발에 나선 것은 2005년 10월 25일이다.

서울대 음대 동문이 주축이 되어 '성민원 후원을 위한 자선음악회'를 개최했다.

군포문화예술회관 대공연장에서 열린 자선음악회는 박치원, 서계령, 서계숙, 김정란,

박은경, 이승경, 이소영, 김혜란, 양윤정, 유수현, 이정수 총 11명의 성악가가 함께했다.

2007년 3월 15일에는 성악가 박인수, 김요한, 김현주, 오미선, 길한나를 초청해 성민원

설립 9주년 음악회를 개최했다.

2012년 10월 23일에는 안양시관악장애인종합복지관 수탁을 기해 사람들의

관심과 기도를 모으고자 '장애인 후원을 위한 힐링콘서트'를 개최했다.

안양시관악장애인종합복지관의 '플라잉 밴드'의 오프닝 연주가 있었고, 한국 음악계의

거목 테너 박인수와 그의 제자들 7명, 소프라노 오미선과 테너 박요한이 다채롭고도

웅장한 무대를 들려주었다. 새로운 사업의 시작에 힘을 더하기 위해 함께해준 사람들로

객석이 가득 찼다. 이날 음악회의 수익금 전액을 장애인 복지와 지역주민을 위해

사용했다.

성민원의 모체인 군포제일교회가 세계적인 교회로 부흥하면서 음악회 수준도 한층

높아졌다.

2013년 3월 15일 성민원이 주최하고 안양샘병원이 후원하여 세계적인 오르간

거장 도널드 서덜랜드 초청 파이프오르간 연주회를 개최했고, 수익금은 성민원 산하

성민원 설립17주년 KBS교향악단과 함께 하는 후원음악회. 2016

장애인 후원을 위한 힐링콘서트. 2012

안양시관악장애인종합복지관의 장애인복지사역과 안양샘병원의 아프리카미래재단을
통해 에이즈로 부모를 잃고 고아가 된 아프리카의 아이들을 살리는 데 쓰였다.
또한 2015년, 2016년에는 KBS교향악단을 군포로 초청하여 음악회를 개최했다. 이때
정기연주회 프로그램을 섭외하여 풀 오케스트라의 공연을 진행했다. 격조 높은 클래식은
지역사회의 문화여가복지 증진에 크게 기여했다.
성민원이 개최하는 음악회는 자원봉사자·후원자를 초청해 감사하는 자리가 되기도 하고,
소외된 이웃들을 초청해 지친 영혼을 살리고 치유하는 시간이 되기도 한다.

사랑의 김장

군포제일교회와 성민원은 김장철이 되면 지역의 어려운 이웃에게 김장 김치를 전달하기
위해 이틀에 걸쳐 '사랑의 김장 담그기'를 개최한다. 이는 성민원이 설립되기 전부터
여전도회가 시작한 나눔 활동이다.
해마다 열리는 김장 담그기에 군포제일교회 여전도회와 성민원 각 산하기관 직원이
모여 1,000포기가 넘는 김치를 담근다. 법인 설립 전 20년간 교회의 복지사역이 모태가
되었기에 교회 성도들은 자발적인 봉사와 후원에 기꺼이 동참한다.
추운 날씨에도 불구하고 정성껏 준비한 김장 김치는 지역의 독거어르신과 소년소녀가장,
장애인 가정, 한부모 가정 등에 전달하고 있다.

무더위 쉼터

2018년 여름, 기록적인 폭염이 지속되었다. 폭염으로 인한 온열질환자가 매주 수백
명씩 발생했고 사망자는 48명을 넘어서면서 사상 최대치를 기록했다. 이사장 권태진

목사는 숨 막히는 폭염 속에서 냉방시설 없이 지낼 성도들과 지역의 소외된 어르신들을 위해 오전 10시부터 오후 4시까지 군포제일교회 예배당을 무더위 쉼터로 운영하기로 했다. 이미 이전부터 여름이 되면 무더위 쉼터를 개방한 터였지만 2018년에는 단순히 시원한 장소만 제공한 것이 아니라, 봉사자들이 돌아가며 점심을 준비하여 대접하고 예랑 하모니카 봉사단(군포시 어르신봉사단)의 공연을 열어 하루를 편안하고 부담 없이 보낼 수 있게 했다.

무더위 쉼터를 이용하는 지역의 한 어르신은 집안이 너무 뜨거워서 숨쉬기조차 힘들 정도였는데, 지역 누구나 무더위 쉼터를 이용할 수 있어서 해가 가장 뜨거운 시간에 더위를 피할 수 있었다며 올여름을 무사히 보낼 수 있게 해준 무더위 쉼터에 거듭하여 감사를 전했다.

2018년 7월 24일~8월 17일까지 237명이 무더위 쉼터를 이용했고, 44명의 봉사자가 함께했다. 전 세계에 폭염의 파도가 몰아친 2022년에는 8월 8일~31일까지 163명이 무더위 쉼터를 이용했고, 빵과 음료를 제공했다.

사랑의 김장나누기. 2006

북한이탈주민을 위한 나눔 활동

군포제일교회와 성민원은 군포경찰서와 협력하여 2015년부터 북한이탈주민을 위한 나눔 행사를 연 2~3회 실시하고 있다.

이사장 권태진 목사는 국내에 북한이탈주민이 빠르게 증가함에 따라 군포에도 그 수가 많이 증가했다는 사실을 알게 되었다. 그들의 외로움을 조금이나마 달래주고자 설, 추석, 성탄절에 선물과 함께 이사장 권태진 목사의 서적을 전달했다. 군포경찰서의 협력으로 보안에 문제없이 선물이 잘 전달되고 있으며, 북한이탈주민이 실질적으로 고민하는 취업, 가족에 대한 그리움 등을 함께 해결할 수 있는 일들을 돕고자 노력하고 있다.

북한이탈주민을 위한 설 선물 전달식. 2018

북한이탈주민 설 희망 나눔. 2017

① 2015년 2월 17일(설) 관내 북한이탈주민 325명, 240세대

② 2015년 9월 25일(추석) 관내 북한이탈주민 240세대

③ 2015년 12월 28일(성탄)

④ 2016년 1월 29일(설)

⑤ 2016년 9월 2일(추석) 관내 북한이탈주민 100여 세대

⑥ 2017년 1월 20일(설) 관내 북한이탈주민 260여 세대

⑦ 2017년 9월 22일(추석) 관내 북한이탈주민 130여 세대

⑧ 2017년 12월 22일(성탄) 관내 북한이탈주민 300여 세대

⑨ 2018년 2월 2일(설) 관내 북한이탈주민 150세대

성민힐링클리닉 개소식. 2014

다문화가족·외국인 지원 활동

성민힐링클리닉

이사장 권태진 목사는 멀리 모국 고향을 떠나 우리나라에서 힘겹게
일하고, 진료비나 여러 가지 여건으로 진료를 받기 힘든 지역의
외국인들에게 무료로 의료서비스를 제공함으로써 그리스도의 사랑을
전하고 희망을 나누는 행복한 지역사회를 이루고자 했다.
성민원은 2013년 9월 1일 개소예배를 갖고 의료서비스가 필요한
외국인 거주자, 근로자를 위한 성민힐링클리닉 사업을 시작했다.
진료과목으로는 내과, 치과, 정형외과, 신경외과, 소아과, 산부인과, 피부과,
비뇨기과가 있었다. 협력병원으로는 인천적십자병원과 안양샘병원이 있었고,
군포제일교회와 현대케피코기술연구소에서 후원했다. 경제적 어려움 때문에 진료를 받지
못하는 외국인들의 건강을 보살피고 소통의 어려움으로 불이익을 받는 외국인을 상담하고
연계기관과 연결했다. 또한 외국인들간의 소통의 문화 활동 공간을 지원하고 건강 상담 및
의료 정보를 제공했으며, 매 주일 2~5시 군포제일교회 예루살렘예배당 1층에서 진료했다.
또한 '건강한 척추관리법'(박경수 평촌자생한의원 대표원장)과 '건강한 척추와
관절관리'(서중근 고려대학교 신경외과 명예교수) 등 총 2회에 걸쳐 성민힐링클리닉
건강세미나를 진행하기도 했다.

외국인 한글학교

이사장 권태진 목사는 국제결혼이나 일자리를 찾아서 한국에 온 외국인들이 늘어남에 따라 이주노동자들에게 사랑을 전하는 것도 중요하다는 인식하에 외국인들에게 특별히 관심을 가졌다.

2004년 1월부터 군포제일교회에서 외국인을 위한 예배가 영어로 드려졌고, 6월부터는 주일 3부 예배를 영어로 동시통역을 하여 외국인들이 예배드리는 데 불편이 없도록 했다. 2004년 6월, 성민원에서는 한국인과 결혼해 이주해오는 외국인들을 위해 '한글반'을 개설하여 일본인 4명, 필리핀인 2명, 인도인 1명 등 총 7명을 대상으로 우리나라 생활과 언어와 문화를 가르쳤다.

매주 목요일 10시 30분~12시 30분까지 두 시간에 걸친 수업은 1교시에는 영어와 한국어가 동시에 들어있는 영어 성경동화를 통해 자연스럽게 한국어를 배울 수 있도록 했고, 2교시에는 찬양과 율동을 통해 한국어를 가르쳤다. 학습 시간이 마치면 군포제일교회에서 제공하는 점심을 나누며 친교의 시간과 함께 한국의 맛을 느끼고 익혔다.

2004년 6월에 시작해 2008년 3월까지 진행한 한국어반은 김미경, 김재호, 김한숙, 노희경, 손경남, 안광만, 오미선, 이성희, 이형자, 최옥경 총 10명의 선생님과 일본인 35명, 중국인 6명, 필리핀인 7명, 인도인 1명 등 총 50명의 수료생을 배출했다. 한국인과 결혼했지만, 의사소통이 어려워 한국 생활에 적응하지 못했던 한 주부는 한국어반에 들어와 한국어를 배우며 선생님의 따스한 보살핌과 교회의 사랑 속에 안정을 찾고 남편이 사랑을 받으며 자녀와 함께 행복한 삶을 살고 있는 사례도 있다.

외국인을 위한 한국어반 나들이. 2006

미래로 나아가는
성민원을 기대합니다

1998년부터 2018년까지
4선 군포시장을 지낸 김윤주 전 시장을 만나,
성민원의 과거, 현재 그리고 기대하는 미래에 대해
이야기를 나누어보았다.

Q. 시장님이 처음 성민원과 인연을 맺게 된 때는 언제인가요?

A. 성민원 이전에 군포제일교회를 먼저 알게 되었습니다. 저는 1973년도에 군포시에 왔는데
몇 년 뒤 1978년에 권태진 목사님이 천막을 치고 개척하시던 모습을 기억합니다. 저는
기독교인이 아니라 사실 처음에는 왜 저렇게 고생하면서 할까, 다 이해하지는 못했습니다. 교회
규모가 크지 않던 초창기부터 지역의 어려운 사람들, 어르신들, 소외된 이웃들을 돕는 모습을 봐
왔기 때문이죠. 점차 교회가 자리를 잡아 가면서 사역의 범위가 넓어지고 섬김의 본이 되는 걸
보니 내심 굉장히 존경스러웠습니다. 그런데 1998년에 성민원이 설립되고 같은 해 7월에 제가
시장이 되면서 본격적으로 성민원과 인연이 시작됐습니다.

Q. 그 당시 시정 운영에 성민원이 어떤 역할을 했나요?

A. 시장으로 당선된 1998년은 지금처럼 복지라는 개념이나 인식이 일반적이지 않을
때였습니다. 저는 조그만 도시에 건물이 우뚝 서고 외형적으로만 발전하는 것보다 시민들이
내면적으로도 서로 마음을 열고 평안하게 살아가는 도시가 되었으면 했어요. 어떻게 해야하나
고민하던 중, 권태진 목사님과 성민원이 가장 낮은곳에서부터 온몸으로 시민들을 섬기고 있는
모습을 보고 감동을 받았습니다. 그래서 공무원들에게 '성민원이 이런 일을 하고 있다는데

가서 보고 배우도록 하십시오' 권하곤 했습니다. 복지분야에 있어서 시가 무엇을 해야 하는지
고민할 때 성민원이 바람직한 모델이 되어주었습니다. 그래서 성민원의 복지 모델을 본보기삼아
군포시 전 지역에 복지서비스를 확산시켰습니다. 군포 시민이라면 누구나 군포시에 사는 자체를
행복하게 느끼도록 함으로서 군포가 살기 좋은 도시로 가치가 올라간 것입니다.

Q. 그렇다면 성민원의 강점은 무엇이라 생각하시나요?
A. 저는 성민원이 시장이었던 저와 군포 시민들에게 굉장히 큰 후원자라고 생각합니다.
성민원이 금전적 후원을 한 것은 아니지만 복지서비스를 통해 돈으로 환산할 수 없는 더 큰
가치를 지원했습니다. 군포시의 복지 발전을 위해 무엇을 해야 할지 고민할 때 성민원은
기존에 가지고 있던 복지 지식이나, 경험, 인프라들을 활용해 다양하고 창의적인 시범 사업을
보여주었습니다. 성민원이 먼저 일궈놓은 일들이 좋은 성과를 나타내자 여기저기서 사업을
벤치마킹해 확산시킨 경우도 많았습니다. 누구나 처음 도전하는 것에는 두려움을 느끼기
마련인데 성민원은 다양한 복지분야에서 선도적인 역할을 했습니다.

Q. 시장님이 보시기에 성민원은 군포시에서 어떤 평가를 받고 있나요?
A. 성민원은 군포시 사회복지의 중심이었다고 평가합니다. 성민원이 군포시 복지의
중추적인 역할을 했다는 것에는 종교, 정치, 남녀를 무론하고 이견이 없을 거라 생각합니다.
특별히 성민원이 군포시 내에서 모두에게 호평을 받는 이유는 성민원이 설립되기 전부터
군포제일교회가 복지의 사역을 해왔기 때문이라고 생각합니다. 현재는 민관 협치라는 개념이
있지만 그러한 개념이 없었던 40년 전부터 군포제일교회가 선도적으로 민관 협력의 미래지향적
모델을 제시한 것이죠.

Q. 성민원이 좋은 복지사역을 지속할 수 있는 비결이 무엇이라고 보십니까?
A. 저는 성민원의 리더, 이사장 권태진 목사님의 중심과 성품이 그 비결이라고 생각합니다.
천막에서부터 교회가 성장하는 매 순간 복지를 했던 그 성품이 제일 중요합니다. 어떠한 조직도
리더나 책임자의 성품을 따라갑니다. 그 조직에서 만드는 분위기와 따뜻한 기운이 찾아오는
모든 사람을 행복하게 하고, 사역을 유지시키는 힘이 됩니다. 내 개인의 이익을 위해서가 아니라
모두의 행복을 위해 복지사역을 지속해 오신 이사장 권태진 목사님을 보며 저 또한 마음 깊이
존경하지 않을 수 없습니다.

Q. 마지막으로 앞으로 성민원에 바라는 점이 있으신가요?
A. 언제나 중심을 가지고 지역의 소외계층을 위해서 헌신적으로 복지사역을 하는 성민원이
군포에만 국한되는 것이 아니라 전국적으로 좋은 복지의 모델이 되었으면 하는 바람이
있습니다. 성민원의 사랑의 복지가 더 많은 이들에게 행복을 가져다 주기를 기원합니다.

4 별과 같이 빛나는 미래

CHALLENGE

도전

성민원의 미래와 혁신을 위한 대화

2023.02.03.

권태진 이사장

박용구 관장(안양시관악장애인종합복지관)

김정호 관장(군포시니어클럽)

최용석 관장(이천시니어클럽)

김남규 센터장(성민노인복지센터)

홍미숙 센터장(성민재가노인복지센터)

이진희 센터장(군포시청소년노동인권센터)

서다은 홍보팀장(성민원)

권태진 이사장

오늘 우리의 이야기가 성민원 25년사의 마지막 장이자, 미래의 시작 페이지가 될 것입니다. 성민원의 지난 25년 역사를 책으로 엮어내는 이유는 교회 뿐 아니라 한국교회의 복지 정책, 정부 정책에도 방향을 제시하고 더불어 미래를 설계할 수 있는 역사적 사료가 되기 위함입니다. 이스라엘 백성들도 요단강을 건널 때 강바닥에 있던 돌을 가져와서 흔적을 남겼습니다. 나중에 후손들이 돌에 대해 물을 때 강을 갈라 건너게 하신 증표를 남겨 하나님의 은혜를 기억하게 했던 것입니다.

우리도 마찬가지입니다. 교회와 성민원의 역사에서 복지 사역은 끊임없이 흘러가고 있지만 지금 우리는 그 사역을 세상을 향하여 볼 수 있도록 꺼내놓는 작업을 하고 있습니다. 이제 지금까지의 25년 역사에 이어 미래로 도약할 새로운 걸음을 시작해 봅시다.

CHALLENGE 도전

가까운 미래를 위한 중장기 전략

박용구 관장
(안양관악장애인
종합복지관)

우리 관악장애인종합복지관은 성민원이 2012년도부터 운영해왔고 사회복지영역,
직업재활영역, 치료영역으로 나누어져 있습니다. 지난 3년간 코로나 펜데믹이
장기화되어 운영이 어려웠고 중단되었던 프로그램도 많았는데 이제는 정상화되었습니다.
따라서 올해 중점을 둔 부분은 자원봉사자, 후원자, 지역사회와 연계하여 이용자에게
맞춤형 서비스를 제공하는 것입니다.
중장기 계획의 핵심은 융합복지입니다. 서로 다른 영역의 것들이 만나서 시너지를 낼 수
있음에 착안해 본 복지관은 로봇과 AI기술의 접목을 계획하고 있습니다.
 과학기술이 발전함에 따라 로봇이 장애인을 치료하고, 스마트 보조기기를 통하여
장애인이 겪는 일상생활의 불편들을 해소하고 사회 참여가 확대될 것을 예견하고
있습니다.
그러나 최근 의료기관에서 시행하는 로봇재활시스템은 주로 급성기, 회복기 장애인에게
한정적으로 주어집니다. 만성기에 속한 장애인을 위해서도 재활연계시스템이 갖추어져야
합니다. 이를 위해 관악장애인종합복지관에서도 새로운 재활 영역 트렌드에 관심을
기울여야 하며 도전해야 합니다. 따라서 우리는 공공기관에 대한 지속적인 지원 요청
및 사업 신청을 진행함과 동시에 민간자원에 대한 적극적인 연계 시도를 통해 본 기관의
융합복지를 현실화해 나가고자 노력하고 있습니다.

CHALLENGE 도전

뿐만 아니라 팬데믹 이후의 경제위기, 분배위기 등 복합적 위기에 관한 관심과 공감대 형성을 위해 장애인 일자리 확대와 인식개선에 앞장서고자 합니다. 장애인이 일할 수 있는 영역을 확대해 많은 일자리를 창출해야 합니다. 또한 사회통합을 위해서는 비장애인의 인식개선을 위한 장애인식개선사업 매뉴얼을 개발하고 찾아가는 인식개선사업을 수행할 계획입니다. 장애인이 지역사회에서 선택의 다양성과 권리를 보장받을 수 있도록 서비스 지원체계를 강화하고자 합니다.

2026년은 복지관 개관 30주년이 되는 해입니다. 전 직원들이 하나님의 사랑을 받고, 전하고 기도하면서 기쁘게 일하고 있습니다. 직원들과 함께 코로나로 닥친 위기를 기회 삼아 다시 일어나 활기차고 행복한 안양시관악장애인종합복지관으로 거듭나겠습니다.

권태진 이사장　　이제 기술이 엄청난 발전을 이뤄 기계가 사람의 영역을 대체할 수 있는 때가 오고 있습니다. 그때를 대비해 우리는 신앙 복지를 더욱 중심에 두어야 합니다. 아가페 사랑으로만 실현할 수 있는 복지는 우리만이 할 수 있습니다. 늘 염두에 두고 현장에서 실천하기를 바랍니다.

김남규 센터장
(성민노인복지센터)

성민노인복지센터는 처음 개소할 때는 군포시에서 유일한 노인복지센터였습니다. 그런데 지금은 군포시에 노인복지센터가 20개로 늘어났습니다.

사회가 고령화되면서 노인복지센터의 대상자도 늘어나고 있습니다. 이제는 노인성 질환이 있는 어르신들을 관리하는 '케어'의 차원을 넘어선 '재활'과 '활력' 으로의 차별화 전략이 필요합니다. 어르신들의 교육 수준도 높아지고, 경제적으로도 안정이 돼서 지금은 단순한 돌봄의 차원 이상으로 개인별 맞춤화된 서비스를 제공해야 하는 때입니다.

그러나 현재 인건비상승률 대비 현실적이지 않는 장기요양수가, 까다로운 규제 등이 노인복지센터의 외부 위협요인이 되고 있습니다. 또한 센터가 20년 정도 되니, 이제 보수할 부분도 늘어나고 있습니다.

그러나 성민노인복지센터만의 경쟁력이 있습니다.

어르신들께 최적의 케어를 제공함으로 최근 2년 연속 장기요양기관평가에서 A등급을 받고 인센티브도 받았습니다. 장기근속직원을 보유하고 있으며 정원대비 직원 수가 타 기관보다 월등히 많으므로 실시간 맞춤 서비스를 제공할 수 있습니다.

어르신들이 성민원과 복음을 보고 상담을 오시는 분들이 많습니다. 이런 분들이 시설 프로그램 신앙 등 모든 면에서 신뢰할 수 있도록 상담 매뉴얼을 개발해 체계적인 상담으로 계약 성과를 도출할 계획입니다. 또한 어르신들께 필요한 운동 프로그램을 개발해서 몸의 변화를 직접 느끼고 활력을 찾으실 수 있도록 지원하려고 합니다.

후원처 발굴을 통해 시설을 보완하고 홍보 채널을 개설해 나갈 예정입니다. 장기적으로는 정원을 늘리고, 직원도 더 보강해서 어르신들께 최상의 서비스를 드리고, 몸과 마음이 평안하게 저희 센터에서 활력을 얻어가실 수 있도록 하고 싶습니다. 또한 전문 자원봉사자와도 연계하여 미술, 음악 치료 프로그램 등 어르신들의 눈높이에 맞춰 체계적으로 서비스를 제공하려고 계획하고 있습니다.

권태진 이사장

성민노인복지센터를 잘 운영하느라 고생이 많습니다. 관장과 직원들이 헌신적으로 일하며 노인들을 사랑하는 마음을 갖고 있는 걸 보니 너무 고맙습니다. 이제 이천시니어클럽의 계획을 들어보겠습니다.

최용석 관장
(이천시니어클럽)

이천시의 인구는 2021년 말 기준 22만 명 정도입니다. 그중 60세 이상 인구가 21.5%, 65세 이상 노인 인구는 14.3%에 3만 1천명 이고 노령화는 계속 진행되고 있습니다. 저희 이천시니어클럽은 이제 4년차입니다. 강점은 시장형사업입니다. 카페하이, 카페꼬꼬동은 로봇 바리스타와 치킨로봇을 도입해 기존 카페들과는 차별화된 경쟁력으로 주목을 받았습니다. 기존의 노하우를 활용해 이번에 새롭게 준비하는 시장형 사업으로 카페와 푸드트럭입니다. 경기도에서 초기투자비를 지원받았습니다.

이천시니어클럽 중장기 전략의 핵심은 교육훈련입니다. 먼저 사업단 내 단계별 교육체계를 마련해서 노인이 직접 현장관리를 하는 전문가가 될 수 있도록 시니어 슈퍼바이저를 양성할 계획입니다. 노인이 사업의 주체가 되는 역할체계를 구성하는 것입니다.
이러한 시니어 전문가가 양성되고, 자발성을 확보한 노인들이 늘어나면 정부보조금에만 의존하는 기존 사업과는 차별화된 노인친화적 시장형 사업들을 꾸려갈 수 있을 것이라 예상됩니다.

CHALLENGE 도전

또한 AI 로봇 기술을 활용한 사업단의 확장은 노인에 대한 사회적 인식을 재고하는 지역사회의 세대 간 플랫폼으로서의 역할을 감당하리라 사료됩니다.

또한 직원의 역량강화와 교육훈련에도 심혈을 기울이고자 합니다. 무엇보다 직원들이 안정적인 상태에서 역량을 발휘할 수 있기 때문에 현재 계약직 직원들을 정규직으로 전환해가도록 내외부적인 계획을 세우고 있습니다. 이에 따라 사업단별 적정 업무량을 설정하고 다양한 보상체계를 마련해 직원들의 업무 역량을 최대한 발휘할 수 있도록 지원할 계획입니다. 직원들의 직장 안정성이 확보되어야 각자의 사업분야에서도 전문성을 발휘할 수 있으므로 모든 직원이 전문가가 되자는 슬로건을 가지고 함께 준비하고 있습니다. 또한 1차 년도에는 후원자 100명을 확보하고, 기관 후원자, 후원기업을 2배 성장시켜 재정 자립도를 확보하고자 합니다.

또한 아가페 정신으로 모든 복지 사업과 활동을 감당하고, 기도하는 직원들이 함께 전직원의 보호망을 만들어가도록 5개년 전략을 세웠습니다.

김정호 관장
(군포시니어클럽)

군포시니어클럽의 중장기 계획을 말씀드리겠습니다. 통계청('22.6월말 기준)에 따르면, 군포시 전체 인구가 약 26만 7천 명이고, 군포시의 노인인구는 약 3만 8천 명(14.5%)로 고령사회에 진입했습니다. 그래도 군포시니어클럽이 있어 군포시는 고령자 친화도시라 불립니다. 올해 들어 긍정적인 변화는 윤석열 정부가 들어서면서 축소됐던 노인일자리 사업이 원상복구되어 일자리사업 규모가 개선되었습니다.

현재 군포시니어클럽의 노인일자리에 참여하는 노인들은 2천 명입니다. 아직도 군포시에 3만 6천 명의 노인들이 존재한다는 겁니다. 축소되었던 일자리 규모가 회복된 만큼 앞으로 더욱 시니어클럽의 문턱을 낮추어가려고 합니다. 노인들이 삶을 다시 활기차고 더 많은 분들에게 다가가 시니어클럽의 역량을 좀 드러내는 것이 키 포인트입니다.

또한 현재 일자리는 공익활동 위주의 양적 성과에 치우친 부분이 있습니다. 일자리 수는 증가해도 노인의 능력과 적성을 검토해 반영하는 데는 한계가 있었던 것이 사실입니다. 이제는 질적 성과에 관심을 갖고 변화를 위해 노력해야 할 때라 생각합니다. 또한 건강하고 근로의욕을 가진 노인의 수가 증가하여 경제적 여건을 충족하는 일자리를 요구하는 때입니다.

이러한 당면 현안을 개선하기 위해 군포시니어클럽이 앞으로 5년 후를 바라보며 나아갈 방향은 자립형 일자리의 단계별 추진입니다. 지금은 정부 지원 일자리에 치중되어 있어 자율성과 수익성에서는 한계가 있고, 정부정책에 따라 수동적일 수 밖에 없습니다. 따라서 현재 계획하고 있는 자립형 일자리는 다양한 시니어 클럽의 일자리들을 예비 사회적 기업으로 전환하고, 2~3년 훈련받은 기업을 사회적 기업으로 전환하는 전략입니다. 사회적 기업 3년차 이후에는 완전히 자율성과 창의성을 가지고 사업을 확장시켜나갈 수 있습니다. 현재 우량 사업단을 예비 사회적 기업으로 전환시키고, 또 성공적으로 자리 잡은 한두 개 기업을 사회적 기업으로 전환해서 노인 자립형 일자리로 가는 것이 가장 자율적이고 지속가능한 일자리를 만들 수 있다고 생각합니다.

소득 보충적 일자리에서 벗어나 우리 어르신들에게 지금보다 나은 급여를 제공하고 자율성이 보장되는 일자리 전환을 준비하고자 합니다.

또한 지역사회 네트워크를 확대해 민간기업 연계형 일자리를 발굴하고 전문 컨설팅을 도입해 노인에게 적합한 근로환경, 노인고용을 위한 지역사회와 기업의 욕구 분석 등으로 차별화된 일자리를 창출해나갈 계획입니다.

권태진 이사장

이제는 노인들이 가진 경륜과 기술, 은사를 어떻게 활용할 것이냐가 관건입니다. 은퇴 후 공백이 없도록 시니어클럽이 역할을 잘 해주리라 기대합니다. 앞으로는 자녀가 없는 세대가 늘어나, 독거노인 가정도 증가할 것이라 예상됩니다. 그들이 초고령이 되어 거동마저 불편할 때 어떻게 관리할지 예상하고 대비해야 합니다. 지금껏 노인일자리는 일자리 개수 늘리는데 급급했는데 이제는 생산적인 일자리를 연구해 지속가능한 복지 모델을 제안할 수 있어야 합니다. 지역사회와 시민들의 필요가 뭔지를 먼저 파악해 개발하고 입법과 제도로 이어지게 하는 것까지 성민원의 역할이라 생각해야 합니다.

홍미숙 센터장
(성민재가
노인복지센터)

성민재가노인복지센터는 발로 뛰는 노인 돌봄 사업을 하고 있습니다. 어르신 댁에 직접 찾아가 맞춤 서비스를 제공하는 것이 주된 사업 내용입니다.
우리 센터의 중장기계획은 크게 세 가지로 함축해볼 수 있습니다. 첫째, 사각지대가 없도록 더욱 촘촘하고 세밀하게 돌봄 사업을 강화하기, 둘째, 아이디어와 기획력으로 기업의 사회공헌 프로그램을 적극 활용해 노인맞춤 특화사업을 확장하기, 대상자 발굴 시스템을 다각화해 대상자를 확대하기입니다.
먼저, 현재 주된 돌봄 사업을 강화하기 위한 계획입니다. 실례로, 올해부터 돌봄 매니저 사업이 시작됩니다. 경기도 5개 시에서 시범적으로 시행되는데 성민재가노인복지센터가 선정됐습니다. 이 사업은 지역 내 복지기관 및 주민센터의 사례관리와 연계해서 미처 발굴하지 못한 사각지대에 있는 어르신을 찾아내 돌봄 매니저가 가서 상담을 진행합니다. 이후 노인복지관, 정신보건센터, 치매안심센터 등 개인에게 맞는 맞춤 서비스를 제공할 수 있도록 합니다. 이 사업이 정규 프로그램으로 자리잡으면 경기도 재가노인복지센터 중에서 유일한 통합복지모델을 갖출 수 있습니다.

두 번째, 민관협력 사업의 확장입니다. 정부 예산에만 의존하면 노인맞춤 특화서비스 제공에 한계가 있으므로 기업의 사회공헌 프로그램을 적극 활용하고자 합니다. 현재 진행중인 당뇨 어르신 관리 사업도 케피코의 후원을 받아 시작됐습니다. 기업과 MOU를 맺으면 현재 기본 서비스를 받고 있는 어르신에게도 특화된 서비스를 제공할 수 있습니다. 창의적인 아이디어로 노인들의 삶의 질과 정신건강을 향상시키는 서비스를 개발해 다각도로 지원할 계획입니다.

세 번째 서비스 대상의 확대입니다. 현재 응급안전안심서비스는 노인에 국한하지 않고 중증장애인에게도 서비스하고 있습니다. 이처럼 성민재가노인복지센터는 응급안전안심서비스 대상의 영역을 확대하고자 합니다. 또한 올해 노인맞춤돌봄서비스의

CHALLENGE 도전

대상은 400명인데 우리의 목표는 1000명입니다. 앞으로 시와 협의하여 모집방법을 다각화하고, 홍보채널을 확장함으로 어르신들이 몰라서 서비스를 받지 못하는 경우가 없도록 관리영역을 확장시킬 예정입니다.

살아있는 교육이 미래를 세워간다

이진희 센터장
(군포시청소년
노동인권센터)

올해 군포시청소년노동인권센터를 수탁하여 하나님의 은혜로 활동을 시작할 수 있어 감사합니다. 성민원의 청소년에 대한 남다른 관심과 사랑이 빛을 발하는 사업이라 생각됩니다. 사랑 섬김 나눔의 정신으로 청소년들이 건강하게 성장하고 발전할 수 있도록 함께 나아가고자 합니다.

군포시청소년노동인권센터는 청소년들이 아르바이트를 하며 처음 접하는 근로환경에서의 어려움과 차별을 사전에 예방하고 노동의 가치를 깨달아갈 수 있도록 교육, 상담, 활동이 이루어지는 곳입니다. 청소년 노동 상담, 그리고 청소년과 기업주를 대상으로 노동과 인권에 대해 교육이 이루어지며 청소년 노동 인권을 위해 활동하는 전문 활동가를 양성합니다.

올해 처음 시작된 사업인만큼 그동안 성민원의 청소년복지학교 등 20년 교육의 경험과 강점을 잘 활용해서 센터를 성장시키려 합니다. 군포시 전역의 청소년과 소상공인을 대상으로 널리 알리기 위해 홍보활동을 펼칠 예정입니다. 그 시작으로 올해는 활동가 양성에 초점을 두도록 하겠습니다.

권태진 이사장 네, 어려서부터 형성된 가치관이 세상을 살아가는데 큰 힘이 됩니다. 청소년들이
일찍 근로 현장으로 나갈 때, 먼저 땀 흘림의 보람을 알게 하고, 정당한 댓가를
받을 수 있도록 도와주면서, 감사함을 느끼고 경험과 꿈을 쌓아갈 수 있도록
해주어야 합니다.
인권의 연장선에서 또 시작한 사업이 있습니다.

서다은 홍보팀장 네, 경기도 인권지도사 1급 양성과정입니다. 성민원이 2월에 한국정직운동본부와
MOU를 맺고 1급 인권지도사 교육 과정을 시작합니다. 첫 수강생은 50명입니다.
2월부터 6월까지 약 4개월 간 교육이 진행됩니다. 이후 심화과정을 이수하면
슈퍼바이저로서 인권지도사를 양성할 수 있는 자격이 주어집니다. 이를 통해 전문가
집단을 형성해 점점 지경을 넓혀갈 수 있을 것입니다. 장기적으로는 경기도인권센터를
운영할 수 있는 역량과 강사를 지금부터 양성해 가고자 합니다. 제대로 된 천부 인권을
배우고 편향된 시각을 바로잡을 수 있는 계기가 되리라 예상합니다.

사랑이 흐르는 물길

권태진 이사장

지식보다 중요한 것은 인성입니다. 명문대, 고학력이라 할지라도 인성이
함양되지 않으면 소용 없습니다. 이제 청소년 교육부터 변화시킬 것입니다.
새롭게 시작된 군포시청소년노동인권센터, 20년의 역사가 있는 청소년복지학교,
인권지도사 양성까지 연계하고 협력해 공의와 정의가 살아있는 아름다운 사회,
자유대한민국을 만들어가는 세계적 인재를 배출할 것입니다.

다가오는 10년, 성민원의 전성기

각 기관의 중장기 전략에 대해 잘 들었습니다. 제가 오늘 당부하고 싶은 말은
잘하려고 하지 마십시오. 혹여 이사장에게 잘 보이려 하지도 마십시오. 그냥
사랑하면 됩니다.
각 기관의 수혜자와 직원들을 섬기려면 여러분의 에너지로는 할 수 없습니다.
2000명, 1000명의 관한 일을 어찌 혼자서 감당할 수 있겠습니까. 애를 써도 금방
지칠 뿐입니다.
더불어 같이 가는 내 가족이라 생각하면 쉽습니다. 노인을 대할 땐 누군가 내
아버지에게 나처럼 이렇게 마음 써주기를 바라며 베풀고, 장애인에게는 내 아들
딸들을 사랑으로 바라봐주었으면 좋겠다는 마음으로 섬기면 됩니다. 그래서 제가
여러분을 보냈습니다. 여러분이 소모되지 않고 사랑으로 채워지기를 바랍니다.
솔직한 제 마음입니다. 그리고 헌신하되, 자신을 위해서 헌신하십시오.

세계를 무대삼아 혁신을 주도하는 성민원

저도, 여러분도 정말 많은 복을 받은 사람입니다. 하나님이 지금까지 붙들어주셔서
목회자의 길을 걷고, 복지사로서, 이사장으로서, 시인으로서, 작사가로서 열심을
다했습니다. 기관장들도 이제 하기에 달렸습니다. 지금도 꿈을 꾸고 있습니다.
다가오는 10년은 성민원의 전성기가 될 것입니다. 향후 5년, 10년 뒤 우리의
무대는 세계가 되어있을 것입니다. 어디로 가야할 지는 우리가 제일 잘 알고
있습니다. 정부 정책의 변화가 필요하다면 여러 채널로 방향을 제시하며 혁신을
주도해갈 수 있습니다. 올바른 방향을 설정해 한걸음씩 전진하는 것이 중요한
때입니다. 10년 후 전성기의 주인공은 바로 여러분입니다. 그동안 받은 사랑이
추진력이 되어줄 것입니다. 저도 도우며 끝없이 함께 하겠습니다. 세계와 미래를
향해 전진하는 성민원을 기대합니다.

5 사랑으로 채우며
지금도 꾸는 꿈

SUPPLEMENT

부록

성민원

25년의 기록

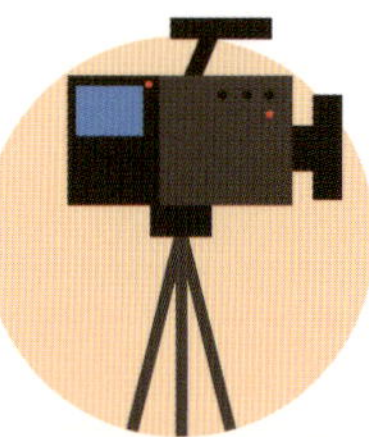

사랑이 흐르는 물길

지역영역

283억
4,003만원

장애인영역

708억
8,274만원

총 복지사업 규모

2,692억
3,334만원

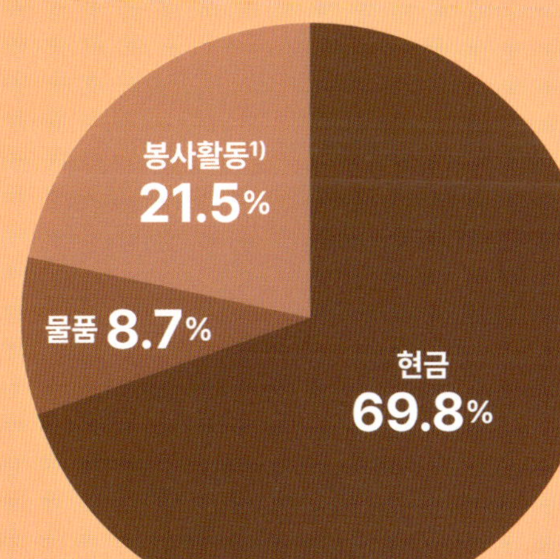

군포제일교회 지원

900억
2,981만원

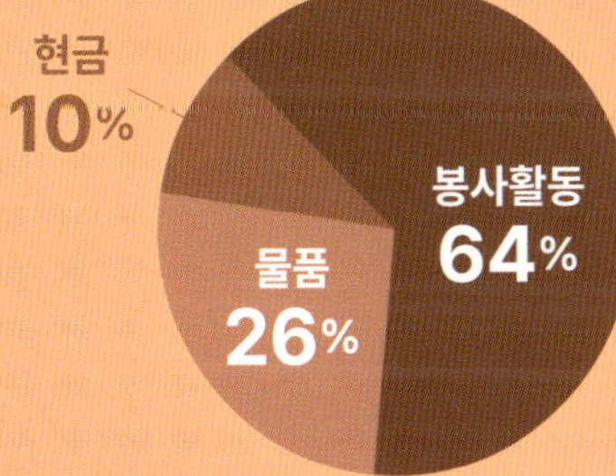

총 복지사업 규모 대비 교회지원

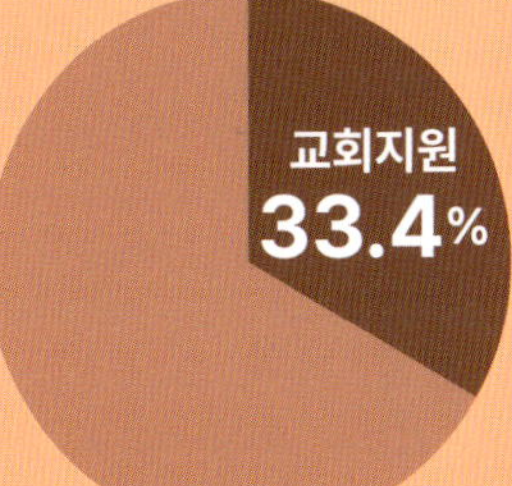

자원봉사 참여자 수

41만
5,713명

자원봉사 규모

332만 5,704시간
=약 380년

자원봉사 시간의 경제적 가치

579억
6,343만원[1]

1) 실질 월평균 고용노동부 「고용형태별근로실태조사」, 통계청, 「소비자물가조사」 근거함.
　시간당 평균 임금=실질 월평균 임금 / 임금 근로자 월간 근로시간, 자원봉사자 인건비=시간당 평균 임금 × 총 봉사시간

사랑이 흐르는 물길

Sp

누적 수혜자

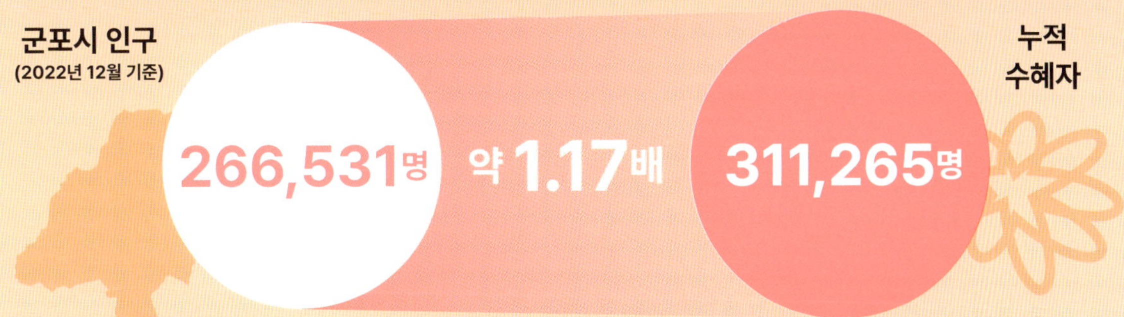

결산 현황

2022년 현황

직원	후원자	후원기업
335명	24,401명	3,037

2) 25년간 현금결산액 기준

성민원 법인

사랑이 흐르는 물길

VISION

섬김, 나눔, 사랑 실천으로 서로에게 행복의 날개가 되는 성민원

성민원의 심볼마크는 예수 그리스도의 십자가 사랑으로 사람 섬김을 모티브로 합니다.
거룩한 사람들, 빛의 사람들, 행복의 사람들, 나라와 민족을 아름답게 이끄는 사람들이 하나로 모여
여러 복지 사업들이 펼쳐지고, 풍성한 꽃으로 만개하여 활짝 피어난 형상을 의미하며, 부드러운
하늘색과 겹쳐지는 청색은 투명성과 전문성을 상징합니다.

성민원 법인

1. 조직과 영역, 시설현황

1) 성민원의 조직과 영역

- 이사장: 권태진
- 상임이사: 정길훈
- 이사: 송재영 / 박현남 / 최현종 / 김창모 / 전용건
- 감사: 김윤기 / 조재용

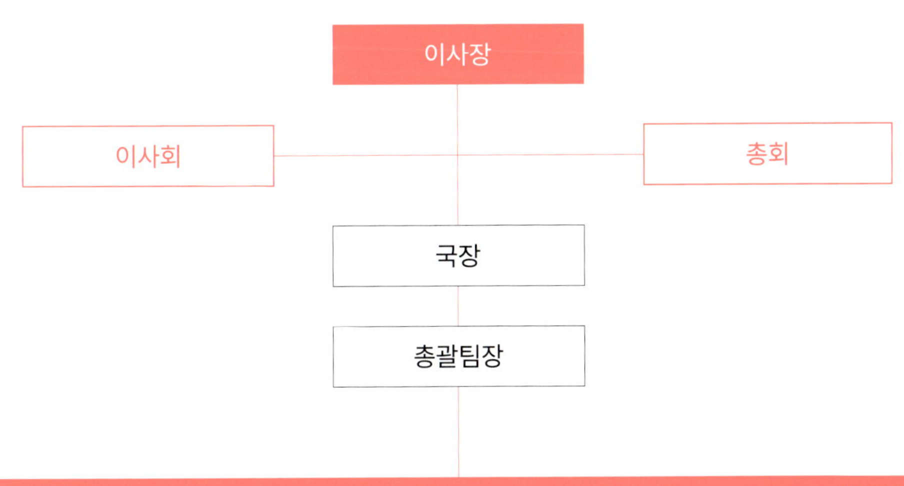

2) 성민원 시설현황(기준일: 2023.2.1.)

성민원 시설현황 및 직원 수						
시설명	시설장	소재지	전화번호	복지영역/ 비고	설립일 (수탁일)	직원 수
성민원 법인 사무국	이사장 권태진	군포시 오금로 102 6층	031- 397-2051	-	1998.3.5	4
성민재가노인 복지센터	홍미숙	군포시 군포로 487 동영프라자 5층	031- 397-2020	노인복지/ 직영	1999.7.22	57
성민노인 복지센터	김남규	군포시 군포로 487 동영프라자 4층	031- 397-4001	노인복지/ 직영	2003.3.5	10
군포 시니어클럽	김정호	군포시 금당로 69번길 29 5층	031- 454-2077	노인복지/ 수탁	2007.7.1	26
이천 시니어클럽	최용석	경기도 이천시 영창로163번길 28	031- 633-2034	노인복지/ 수탁	2019.12.1	25
군포기초 푸드뱅크	박현주	군포시 오금로 102 1층	031- 397-2054	지역복지/ 직영	2000.10.10	2
안양시관악 장애인 종합복지관	박용구	안양시 만안구 경수대로 1132	031- 472-7774	장애인복지/ 수탁	2012.7.18	210
군포시청소년 노동인권센터	이진희	군포시 군포로 487 동영프라자 5층	031- 391-1350	청소년복지/ 수탁	2023.1.1	1

총 335명
(겸직 제외)

사랑이 흐르는 물길

2. 후원기업 명단 및 총 금액

- 총 후원처: 126곳
- 후원 건수: 22,517건
- 후원 금액: 742,703,105원

경기공동모금회	IBK기업은행경수지역본부	㈜엔투스	오금동주민센터
농업회사법인문경미소	DnC영어학원	㈜이마트 산본점	(주)엔티씨이엔엠
군포제일교회	농협군포용호지점	㈜조은이앤씨	신한은행
안양시관악장애인종합복지관	다솜어린이집	㈜창성제일	나눔과기쁨
안양지구축산업협동조합군포지점	디자인미창	㈜퓨어멤	알씨(RC)보험대리점
한국도로공사군포지사	라면이라면	㈜화성메텍	에쓰 와이
군포농협협동조합	리틀모짜르트음악교습소	채선당	
(주)엠에이치코퍼레이션	머리앤코글로벌한의원	청림유통	
안산디자인문화고등학교	목화부동산	청아한교회	
한국도로공사	미성산업	청진동 뼈해장국 당동점	
딥폴컬트	민우약국	카페프롬나드	
의왕중학교	박은자맛사랑	쿰란	
현대케피코	보성개발(주)	클로버관광여행사(주)	
민족통일문화재단	보성에이앤디	태백물닭갈비	
군포시립오금동어린이집	복된유통	파인디자인	
현대케피코밥퍼봉사단	비씨카드㈜	프로엠	
현대케씨고지회	사회복지공동모금회	플레루김치과의원	
이지스트레이딩 인터네셔널	삼영로지스	하나전기	
군포농업협동조합	성누리건설㈜	할매정성밥상	
(재)천만장학회	성민Eng	해오름교회	
CJ나눔재단	송정주간보호센터	행복한교회	
IBK기업은행 군포지점	스마트학생복산본점	효산의료재단 지샘병원	
KB국민은행평촌범계지점	신광엘리베이터	후쿠오카함바그 롯데피트인점	
경기도 개인택시운송사업조합	신도네트군포점	당정메디칼약국	
군포시조합	씨엠넷	서울법인재무	
경동택배 군포당동48	안양운전기사선교회	애플김밥	
경안종합건설㈜	안양윌스기념병원	인돌이분식	
골프존파크 부곡첨단점	양지의집	주식회사경도	
관악장애인부모회	에어컨밸리	주식회사카카오	
광천김	엔젤정보통신	채선당플러스(안양시청점)	
군포시기독교연합회	엘림사	카페미쁘다	
군포유약국	온누리예치과의원	커피데이	
금정경로당	유한회사 모수차미	한국복합물류(주)	
금정부대찌개	이건B&Co㈜	IBK기업은행명학지점	
	이영석수학학원	산본제일병원	
	제일공인중개사사무소	새가깃드는나무	
	제일선교원	에스빔	
	㈜가스트론	(주)코밴	
	㈜경신	(주)한나	
	㈜모바이스	군포기초푸드뱅크	
	㈜보영테크	두목커피연구소	
	㈜삼천리 오산지역본부	부산케키	
	㈜아성레미콘	세무사조재용사무소	

성민원 이사장 및 산하기관 시설장 이력		
시설명	**성명**	**주요 이력**
성민원	권태진 이사장	•군포제일교회 담임목사 •한국기독인총연합회 대표회장 •대한예수교장로회(합신) 96회 총회장 •한국장로교총연합회 30대 대표회장 •한국교회연합 8대, 9대 대표회장 •대통령 표창 •보건복지부 표창 •군포시장상 •군포시민대상 •월남참전유공자
성민재가노인 복지센터	홍미숙	•성민원 총괄팀장 역임 •군포시지역사회보장협의체 실무협의체 부위원장 •한국사회복지사협회장 표창 •군포시장상
성민노인 복지센터	김남규	•성민원 사무국장 역임 •군포기초푸드뱅크 시설장 역임 •국회의원상 •경기도사회복지협회장 표창 •군포시장상
군포 시니어클럽	김정호	•한국시니어클럽 9대, 10대 회장 역임 •한국사회복지시설단체 상임대표 •경기복지재단 이사 •군포지역사회보장협의체 대표위원 •국무총리상 •보건복지부장관상(2회) •경기도지사 표창(2회) •군포시장상(2회)
이천 시니어클럽	최용석	•성민재가노인복지센터 시설장 역임 •성민노인복지센터 시설장 역임 •경기도지사 표창 •군포시장상
군포기초 푸드뱅크	박현주	•성민원 운영지원팀장 •군포시의장상
안양시관악 장애인 종합복지관	박용구	•군포시노인종합복지관 관장 역임 •군포시니어클럽 초대 관장 역임 •안양시사회복지협의회 등기이사 •경기도지사 표창(2회) •보건복지부장관 표창 •대통령 표창 •군포시민대상
군포시청소년 노동인권센터	이진희	•군포의왕교육지원청 학교 인권 상담 •경기도청소년활동진흥센터 인권 교육 •법무부 수원보호관찰소 청소년 수강 교육 •군포시장상

3. 수상내역

성민원 수상내역	
일자	**수상내용**
2000.10.2.	제4회 노인의 날 보건복지부장관상
2000.10.2.	제4회 노인의 날 군포시장상
2001.9.7.	제2회 사회복지의 날 사회복지활동 유공자 대통령상
2001.10.6.	제13회 군포시민의 날 명예선양부문 군포시민대상
2004.12.9.	제1회 CBS 크리스천 자원봉사대상 우수상
2006.10.15	강원도 인제군수 감사패 - 강원도 인제군 집중호우 재난지역 지원
2008.6.27.	충청남도 도지사 감사패 - 태안 유류피해오염사고 자원봉사 참여
2008.12.10.	국토해양부장관상 - 태안 허베이스프리트호 유류 오염사고 방제유공포상 전수식
2011.12.5.	한국교회희망봉사단 공로패 - 한국교회 서해안 살리기 자원봉사 기념비 제막 및 전시관 개관식
2012.11.17.	경기도지사상 성민에듀투게더
2023.1.29.	한국교회봉사단 섬김 봉사상 – 태안 유류피해 극복 참여 25개 교단·1만 교회 대표

성민재가노인복지센터

사랑이 흐르는 물길

1. 연도별 이용자 수

성민재가노인복지센터 연도별 이용자 수	
연도	이용자(명)
1999	100
2000	124
2001	145
2002	110
2003	105
2004	110
2005	103
2006	115
2007	110
2008	598
2009	633
2010	623
2011	655
2012	649
2013	665
2014	827
2015	1405
2016	1363
2017	1389
2018	1231
2019	1237
2020	852
2021	997
2022	981
합계	15,127

성민재가노인복지센터

사랑이 흐르는 물길

2. 후원기업 명단 및 총 금액

- 총 후원처: 50곳
- 후원 건수: 77건
- 후원 금액: 77,673,371원

군포시사회적경제협의회
(사)한국여성농업인경기도연합회
G샘병원
KEB하나은행
가야종합사회복지관
경기공동모금회
경기도재가노인복지협회
경륜경정총괄본부산본
국민고기정육식당
군포개인택시기사운전기사선교회
군포경찰서
군포기초푸드뱅크
군포시보건소
군포시장애인종합복지관
군포시정신건강지원센터
군포시청

군포중학교
군포지속가능발전협의회
군포환경자치시민회
기업은행군포지점
농협중앙회경기지역본부
당동청소년문화의집
대한적십자사
도시가스협회
독거노인종합지원센터
루안코리아(주)
미성산업
블랙야크
삼천리도시가스
삼천리신우회
신안은행사회공헌부
안양세무서
오금동주민센터

올리브요가센터
의료법인편강의료재단
장하루뼈다귀전문점
주몽종합사회복지관
(주)문경미소
(주)삼천리신우회
(주)삼천리도시가스신우회
주식회사정성담에프앤비
　군포지점
(주)이마트
(주)제이피에스코스메틱
(주)현대케피코
코리아식품
한국다우퍼주식회사
한국도로공사
현대케피코
희망풍차

3. 수상내역

성민재가노인복지센터 수상내역	
연도	수상내용
2004	경기도지사 제4회 자원봉사활동 사진공모전 대상
2011	2010년 장기요양기관평가 방문요양 최우수(A)등급
2014	2014년 경기도 재가노인지원서비스 평가 A등급
2014	경기복지재단 경기도재가노인복지협회 한마음워크샵 우수기관 표창
2014	독거노인보호 유공기관 경기도지사 표창
2016	2016년 경기도 재가노인지원서비스 평가 A등급
2016	제20회 노인의날 우수기관 군포시장 표창
2016	2016년 사회서비스 품질평가 A등급(전국2위)
2016	노인보호 유공기관 경기도지사 표창
2017	노인돌봄종합서비스 우수 기관 보건복지부장관상
2019	노인복지기여 기관 국회의원상
2023	노인보호 및 권익증진 기여 유공기관 경기도지사상

성민노인복지센터

사랑이 흐르는 물길

---

1. 연도별 이용자 수

성민노인복지센터 연도별 이용자 수	
연도	**이용자(명)**
2003	11
2004	15
2005	21
2006	26
2007	25
2008	26
2009	22
2010	24
2011	28
2012	23
2013	36
2014	34
2015	38
2016	29
2017	34
2018	37
2019	39
2020	29
2021	30
2022	43
합계	570

2. 후원기업 명단 및 총 금액

- 총 후원처: 109곳
- 후원 건수: 775건
- 후원 금액: 22,990,240원

가정숙	김성준	성민원	이춘지
강계화	김순현	성민재가노인복지센터	이판임
강복순	김연일	성원모	이형재
고팔곤	김영두	손소향	이희재
구연경	김영애	손지민	인순옥
군포경찰서	김영예	손현복	임성자
군포시청	김유순	신숙호	장순석
군포제일교회	김윤순	심애자	장영신
군포기초푸드뱅크	김정원	안상옥	장인덕
권수안	김정진	에스더	정기영
권정희	김혜선	오병란	정세현
김남규	김희자	오인순	정양순
김미경	류영규	오정옥	정진용
김병례	민효식	용희중	정필님
김병섭	박승순	우제준	제일선교원
김복동	박연희	원선혜	조규분
김몽규	박정희	유승옥	조은희
김분이	박종운	유흥순	차지영
김삼남	박주현	이규범	최만규
김성순	박진심	이규환	최순옥
	박화숙	이상구	최양휴
	박희	이수연	최용석
	밝음유치원	이수자	최중섭
	배경희	이순예	최희숙
	배영옥	이점례	한경례
	백종수	이전찬	하방식
	산본간호학원	이정표	한순애
	서복례	이차순	홍성란
	서원영	이창해	홍인숙

3. 수상내역

성민노인복지센터 수상내역	
연도	**수상내용**
2017	경기복지재단 표창
2017	국민건강보험공단 장기요양기관평가 주야간보호 최우수기관 (A등급)
2020	국민건강보험공단 장기요양기관평가 주야간보호 최우수기관 (A등급)

군포시니어클럽

사랑이 흐르는 물길

1. 연도별 이용자 수

군포시니어클럽 연도별 이용자 수	
연도	이용자(명)
2007	586
2008	715
2009	1,457
2010	1,194
2011	877
2012	1,142
2013	1,085
2014	1,202
2015	1,440
2016	1,078
2017	1,605
2018	1,455
2019	1,781
2020	1,864
2021	2,166
2022	2,792
합계	22,439

2. 후원기업 명단 및 총 금액

- 총 후원처: 71곳
- 후원 건수: 102건
- 후원 금액: 188,198,386원

(사)대한민국경비협회
   경기남부지방협회
(사)한국일자리연구소
(재)중앙문화재연구원
(주)그린리브
(주)금성종합주방
(주)나무와 물고기
(주)뉴골든벨투어
(주)에이치피물류
(주)엔투스
(주)코레일
(주)퍼니넷
IBK기업은행
경기과학기술대학교
경기도청
경기도노인종합복지관협회
경기사회복지공동모금회
경륜경정사업본부
군포1·2·대야행정복지센터
군포경찰서
군포도시공사
군포시(지오패션)
군포시노인복지관
군포시니어클럽
군포시보건소
군포시장애인종합복지관
군포시지역사회보장협의체
군포시청
군포시청소년수련관
군포시치매안심센터
군포위생(주)
군포지역자활센터
라임포장
래미안 1차(아) 경로당
롯데택배 부곡대리점
롯데택배 산본대리점
보성개발(주)
비디에스코리아
사단법인 성민원
산본효치과
새가깃드는나무
성누리건설(주)
성민재가노인복지센터

세종6단지경로당
수도권서부본부
   안산관리역 산본역
수리산두꺼비
수원과학대학교
수원과학대학교 사회복지과
수원시배드민턴연합회
신한대학교
안양시관악장애인종합복지관
이마트 산본점
장애인기업 이음
조인트리치인터내셔날
㈜군포여객, 군포운수
주몽사회복지관
주몽이발소
㈜스마트팜센터
   농업회사법인 에스팜
㈜애즈프라이데이
㈜오케이올
태도
한국노인인력개발원
한국노인인력개발원
   (경인지역본부)
한국시니어클럽협회
한마음혈액원
행복시니어상담봉사단
현대로지스틱스(주) 부곡대리점
현대로지스틱스(주) 산본대리점
현대로지스틱스(주) 수리대리점
회계법인조은
효산의료재단 G샘병원

3. 수상내역

군포시니어클럽 수상내역	
연도	**수상내용**
2009	군포실버인력뱅크 평가 경기도노인일자리 우수수행기관
	보건복지가족부 전국시니어클럽 평가(B등급)
2010	경기도노인자원봉사 페스티벌 경기도자원봉사상
	경기도노인취업우수사례관리공모사업 장려상
2011	보건복지부 전국노인일자리 기관평가(A등급)
	보건복지부 노인일자리사업 공익형부문(참손실버급식도우미) 대상
2012	노인일자리사업 공공분야 우수프로그램 공모 실버케어(복지형) 최우수상
	보건복지부 전국노인일자리 기관평가(A등급)
	한국시니어클럽 연차표창대회 수기공모 우수상
2013	노인일자리 종합평가대회 사회공헌형 우수상
	보건복지부 전국노인일자리 기관평가(A등급)
2014	보건복지부 전국노인일자리사업 종합평가대회 기관 대상
2015	보건복지부 전국노인일자리사업 종합평가대회 기관 최우수상
	한국시니어클럽협회 연차표창대회 우수기관상
2016	보건복지부 노인일자리사업 종합평가대회 우수상
2018	노인일자리사업 종합평가대회 보건복지부장관 최우수기관상
	노인일자리 및 사회활동지원사업 아이템 공모전 최우수상(실버인력뱅크)
	경기도 노인일자리 및 사회활동지원사업 민·관 합동 연찬회 노인일자리 유공기관
2019	보건복지부 노인일자리사업 종합평가대회 최우수기관상
	한국노인인력개발원 노인일자리 사업 수기공모전 최우수상
2020	보건복지부 노인일자리 및 사회활동지원사업 평가 최우수상
2022	제11회 인구의 날 기념식 경기도지사상
	경기도 노인일자리사업 민•관합동 연찬회 유공기관

이천시니어클럽

1. 연도별 이용자 수

이천시니어클럽 연도별 이용자 수	
연도	**이용자(명)**
2020	1,628
2021	1,767
2022	1,730
합계	5,125

2. 후원기업 명단 및 총 금액

- 총 후원처: 31곳
- 후원 건수: 52건
- 후원 금액: 200,000,000원

SK하이닉스(주)
YOUTUBE 형진이의 소소일상
경기도노인일자리지원센터
경기도청
군포제일교회
남천로타리클럽
사회복지공동모금회
샘물노인복지센터
설봉로타리클럽
스타벅스코리아
이천YMCA
이천교육지원청
이천보건소
이천시관고전통시장상인회
이천시노인종합복지관
이천시사회복지사협회
이천시서희청소년문화센터
이천시시설관리공단
이천시어린이집연합회
이천시자원봉사센터
이천시지속가능발전협의회
이천시지역사회보장협의체
이천시창전청소년문화의집

이천시청
이천후레쉬센터
㈜억셉트커피
㈜진영
토마토어린이집
한국노인인력개발원
한국노인인력개발원경인지역본부
한국시니어클럽협회

3. 수상내역

이천시니어클럽 수상내역	
일자	**수상내용**
2021	이천시 코로나19 대응 관련 우수기관
2021	보건복지부 노인일자리 수행기관 평가 대상
2022	보건복지부 노인일자리 우수 운영모델공모전 최우수상
2022	경기도 노인일자리사업 유공기관

4. 노인일자리 사업장 창출내역

이천시니어클럽 노인일자리 사업장 창출내역				
사업장	**사업개시일**	**근무자수**	**사업내용**	**주소**
공동작업장	2020.6.9.	67	식품 가공 전문 OEM	이천시 영창로163번길 28
카페오늘	2020.10.28.	12	커피 등 기타음료 제조 및 판매	이천시 부발읍 경충대로2250번길 35 (이천시립효양도서관 4층)
카페행복하이	2021.3.29.	12	커피 등 기타음료 제조 및 판매	이천시 남천로 31
카페꼬꼬동	2021.11.25.	14	커피 등 기타음료 제조 및 치킨 제조·판매	이천시 영창로163번길 34
카페이룸	2023.2.22.	12	커피 등 기타음료 제조 및 판매	이천시 설봉로81번길 50 (이천시립도서관 지하1층)

군포기초푸드뱅크

1. 연도별 이용자 수

군포기초푸드뱅크 연도별 이용자 수	
연도	이용자(명)
2012	241,575
2013	304,729
2014	223,829
2015	261,475
2016	257,620
2017	260,683
2018	294,105
2019	329,699
2020	188,351
2021	228,717
2022	267,276
한계	2,858,059

2. 후원기업 명단 및 총 금액

- 총 후원처: 245곳
- 후원 건수: 149,845건
- 후원 금액: 9,234,125,581원

GS수퍼 군포당정점
갓구운제빵소
건국우유군포보급소
경인1지역시온쇼핑
고지
곡란중학교
곡란초등학교
관모초등학교
광역푸드뱅크
광정초등학교
교촌치킨산본3호점
군포e비지니스고등학교
군포고등학교
군포농업협동조합

군포상공회의소
군포시노인복지회관
군포시오금동어린이집
군포시청
군포양정초등학교
군포중학교
군포화산초등학교
굿모닝베이커리
궁내중학교
궁내초등학교
궁전떡지
금정중학교
금정초등학교
김관중

김쉐프
김정희
김현주
남궁가족발 당정점
남송식품
농심사회공헌단
농업회사법인 주식회사 대경햄
농협중앙회(군포시지부)
능내초등학교
다온식품
다이앤골드경기서부총판
다정원
달구움
담원푸드(주)
당동중학교
당동초등학교
당정초등학교
대가떡집
대원케이크
대일통운
대진공무(주)
대진유통
던킨 금정역점
던킨 산본역점
던킨 의왕역사점
던킨 산본뉴코아점
던킨 당동점
던킨 지샘병원점
도시곳간 군포점
도장중학교
도장초등학교
둔전초등학교
따삐오
떡갈나무
떡마차
떡보의하루
떡을 만드는 사람들
뚜레쥬르 산본동백마을점
뚜레쥬르 금정역점
뚜레쥬르 산본역센트로
라인미트(축산물)
라코미다
롯데제과(주)경기KAM팀

롯데제과(주)대전KAM팀
롯데제과(주)안양영업소
마들렌베이커리
매일해오름
매화종합사회복지관
명가떡집
모두계란빵
모두의 디저트
몽드
무명
미래유통
미성떡방앗간
미친짜장
베스킨라빈스 산본이마트점
베스킨라빈스 산본금정역점
브레댄코 군포당동점
브레드104
브레드본
비알코리아(주)
빚은떡짐 산본대림점
빚은산본역점
빠띠제
빵부자
빵쟁이
빵카페
사단법인 성민원
사회복지공동모금회 경기도지회
산본고등학교
산본중학교
상미유통
새싹푸드
샌드박스네트워크
서울우유번동보급소
서울우유산본가정대리점
성민재가노인복지센터
세원에프앤비
센트럴팩토리
소이빈네이터
소이빈네이터 제2공장
손가네장충한방족발
수리중학교
수리초등학교
숲속해뜰유치원

식빵공방
신낙원떡집
신세계유통
신흥초등학교
아리랑떡집
아미트레이딩
안양시관악장애인종합복지관
엠에스푸드
여의도순복음교회
예스푸드
오금초등학교
오레시피
오병이어쌀찐빵
오씨에
옥천초등학교
올리베이커리
요요연연
용호고등학교
용호중학교
용호초등학교
용화정육점
우바일
원광대학교의과대학산본병원
유미경
의료법인평강의료재단
이룸
이마트산본점
이민자
이재동빵집
자연채움
재건유통
재아산업(주)
정각사
정담기지떡 군포의왕점
정도너츠
정직유부 산본점
조셉파리
종로떡집
좋은아침 군포점
좋은아침페스츄리시그니처점
㈜ 아이엠로지스
㈜ 아티산푸드시스템
㈜ 아하식품 군포지사

(주) 에스앤피인터내셔널	주식회사 에버빈스	투데이푸드
(주) 에이뷰	주식회사 가담사	파리바게뜨 군포당정역점
(주) 영진식품	주식회사 코지맘	파리바게뜨 군포삼성마을점
(주) 쑥쑥컴퍼니	주식회사 쿱무역	파리바게뜨 산본8단지점
(주) 케잌드라마	주식회사 푸드가이드	파리바게뜨 수리산역점
(주) 우리밀	주식회사 푸드윈	파리바게뜨 산본래미안점
(주) 자연지기	주식회사 다다	파리바게뜨 산본한숲점
(주) 청미식품	주식회사 삼일식품	파리바게뜨 군포아카점
(주) 아이스팩토리	주호	파리바게뜨 금정역점
(주) 케피코	진이찬방	파리바게뜨 당동2호점
(주) L.C.C	진이찬방 당동점	파리바게뜨 당동점
(주) 푸르온에프앤지	진이찬방 군포부곡점	파리바게뜨 대야미역점
(주) 비에이치푸드	진진상사	파리바게뜨 산본3단지점
(주) 대두식품	참다원떡집	파리바게뜨 산본대림점
(주) 대광푸드	청정원 대건상사	파리바게뜨 산본동백점
(주) 농업법인쿱스토어	카페 보네르두	파리바게뜨 산본역점
(주) 농업법인생협에스토어(자연드림)	카페더치즈케잌	파리바게뜨 산본목련점
(주) 농민	캄포베이커리카페	파리바게뜨 한숲점
(주) 글로벌푸드	케잌아트	파리바게뜨 산본6단지점
(주) 그레닉스	케잌프라자	평촌오뚜기
(주) 오뚜기	코리아식품(주)	하나유통
(주) 오뚜기 군포	쾨니히브로트과자점	하나푸드
(주) 파낙스코리아	태백고랭지김치	한국예술직업전문학교
주식회사 자몽인터내셔널	태을초등학교	현대케피코
주식회사 대통	텃밭F&S	홍종흔베이커리(대야, 송정지구)
수식회사 삼송비엔씨(BNC)	테스터	흥진고등학교
주식회사 스마트티비에스	토종한우정육점	흥진중학교
주식회사 씨앤씨바이오	통큰무한삼겹 금정역점	흥진초등학교

3. 수상내역

군포기초푸드뱅크 수상내역	
연도	**수상내용**
2001	경기도지사 버금상 표창장
2003	모범 푸드뱅크 경기도지사 표창
2006	모범 푸드뱅크 경기도지사 우수상

안양시관악장애인종합복지관

1. 연도별 이용자 수

안양시관악장애인종합복지관 연도별 이용자 수	
연도	이용자(명)
2012	241,575
2013	304,729
2014	223,829
2015	261,475
2016	257,620
2017	260,683
2018	294,105
2019	329,699
2020	188,351
2021	228,717
2022	267,276
합계	2,858,059

2. 후원기업 명단 및 총 금액

- 총 후원처: 1,635곳
- 후원 건수: 35,242건
- 후원 금액: 1,900,870,999원

(사)무궁화복지월드	(주)롯데렌탈
(사)희망을나누는사람들	(주)루안코리아
(주)강남산업	(주)류콘
(주)고려은단	(주)명성농산
(주)굿빈스	(주)모바이스
(주)근영이엔지	(주)미동전자통신
(주)기아자동차	(주)베르온즈
(주)뉴엠	(주)보성개발
(주)대도식품	(주)부방유통
(주)대원철강	(주)비엠케이유통
(주)대흥파이어 프렌드	(주)삼성웰스토리
(주)동진환경	(주)새아스
(주)로이코	(주)선향

(주)세일피앤에프
(주)썬스포츠 코리아
(주)에스원
(주)에스코이에스
(주)에이알
(주)에이원카프
(주)에코케이션
(주)에코푸드코리아
(주)엠에이치코퍼레이션
(주)오스방음자재
(주)온세물류
(주)원씽
(주)원일시흥영업소
(주)이건비앤코
(주)인스코비
(주)일광실업
(주)정건설
(주)제이시케이
(주)지에스어패럴
(주)지윙스
(주)창성제일
(주)케이앤씨종합건설
(주)코리아식품
(주)코스마이징
(주)코스콤
(수)클린푸드팩토리
(주)킵스
(주)티브로드에이비씨방송
(주)풍산시스템
(주)피엘씨
(주)하성하이론
(주)한미유통
(주)휴비딕
(주)힐링샘
51사단
CS프리미어관광호텔
FTC
GS리테일
GS슈퍼마켓
IBK기업은행
kbb 스포츠
KORSOA(코소아)
KTNG복지재단

강남이동푸드마켓
경기관광공사
경기군포지역자활센터
경기남부아동일시보호소
경기농림진흥재단
경기도교원단체총연합회
경기도사회복지사협회
경기도시각장애인복지관
경기도시공사
경기도안양과천교육청
경기도장애인복지관협회
경기도장애인복지시설연합회
경기도장애인생산품판매시설
경기도장애인체육회
경기도직업재활시설협회
경기밀알선교단
경기사회복지공동모금회
경동컬렉션
계원예술대학교
고용노동부 안양지청
고향유통
과천과학관
과천시장애인복지관
과천종합사회복지관
관악부모회
관악성당
관악임원회
관악장애인복지관
광명시장애인종합복지관
교촌경기중부유통 주식회사
교통장애인단체
국가인재개발원
국민연금공단
국민은행
국민은행 스포츠사업단
국일에프엔비
국제나은병원
국토교통과학기술진흥원
군포시니어클럽
군포시립노인요양센터
군포시장애인종합복지관
군포장애인주간보호센터
군포제일교회

군포기초푸드뱅크
굿네이버스인터네셔날
귀인중학교
근명여고
까치어린이집
난치병아동돕기운동본부 희망세움터
내동초등학교
노루표 페인트
노무법인로고스
녹십자웰빙
농심
늘사랑요양센터
능이백숙 누룽지백숙 대가
다누리장애통합
다래월드
다장인포럼
대경커피
대길농장
대림대학교
대림전자
대한노인회 만안구지회
대한사무용가구
대흥사
더미소
던킨도너츠
데코 플라워
도서출판 무한
돕는사람들
동방사회복지회
동방평택복지타운
동부화재
동안새마을금고
동안청소년수련관
동행복지재단
들꽃향기회
디자인나무
디자인메이트
디자인미창
라솔케미칼
라프로메사
랩포유
렛츠런재단
롯데복지재단

르노삼성자동차
리홈안양
마마디자인
마이크로소프트 코리아
만안구보건소
만안구청
만안청소년문화의집
만안청소년수련관
만안플러스어린이집
말아톤기금
매일우유
명대근컴퓨터
명동아우디
명진카
목련선경아파트
문화체육관광부
미래기연
미림상사
미미월드
민이식품
밀알복지재단 경기지부
밀알자립센터
바이탈약품
박일윤 치과의원
밸리도넛
법무부법사랑만안지구협의회
보건환경연구원
본사랑
본오카리나
본코스메틱
부천장애인복지관
비치월드
빈대떡신사
사단법인 정다우리
사랑의집
사회복지공동모금회
사회복지법인백우현진복지재단
산본가
삼한식품
새누리장애인부모연대안양시지부
새마을금고
서울경마장조교사협회노조
서울우유

서원엘리베이터
성결가정봉사원 파견센터
성남시장애인종합복지관
성민노인복지센터
성민요양원
성민원
성민재가노인복지센터
세계로가구
세무법인나라
세일지오텍
소곤소곤(SOGON SOGON)
소나무한식부페
수리장애인복지관
수원시장애인종합복지관
수플라워
수학평정연구소
스타짐헬스
스토리오브앤
시그너스
시온피아노
시흥장애인종합복지관
신광엘리베이터
신도네트군포지점
신도에이스솔루션
신선설농탕
쌍둥이추어탕
쓰리원주유소
아낌없이주는나무
아리수
아이공간
아이들과미래
아이들과미래재단
아이들어린이집
아임인터네셔널
아주산업의학재단
안산시상록장애인복지관
안산시장애인종합복지관
안성시장애인복지관
안양FC
안양기업연대
안양남부시장상인회
안양남부시장협동조합
안양대학교

안양도시공사
안양레미콘
안양문구센터
안양문화고등학교 학부모회
안양부부치과의원
안양세무서
안양시 한중친선협회
안양시노인종합사회복지관
안양시니어클럽
안양시만안장애인주간보호센터
안양시만안종합사회복지관
안양시민프로축구단
안양시부흥종합사회복지관
안양시비산종합사회복지관
안양시사회복지사협회
안양시사회복지협의회
안양시수리장애인종합복지관
안양시여성단체협의회
안양시율목종합사회복지관
안양시의회
안양시자립생활센터
안양시자원봉사센터
안양시장애인부모연대
안양시장애인부모회
안양시장애인인권센터
안양시장애인자립생활센터
안양시지역사회보장협의체
안양시지체장애인협회
안양시청
안양어린이도서관
안양여고드리밍
안양여성의전화
안양여성인력개발센터
안양우체국
안양운전기사선교회
안양원예농협
안양월드휴먼브리지
안양재가요양센터
안양제일교회
안양중앙로터리클럽
안양지역자활센터
안양직장인밴드
안양착한푸드마켓

에디슨아트랩
에어컨밸리
엔컴
엘림크린존
여의도떡집
연성대학교
열린기획
열손가락서로돌봄사회적협동조합
영진교육
예담공예연구회
오산시종합복지관
오아라쭈꾸미
오케이몰
오케이통상
오피스웨이
와이틴
와일드로즈
왓치캅
우당
우리은행
위디자인
유니레버코리아
유쾌한푸드뱅크
유한떡집
으뜸50안경
의왕 용화사
의왕시사랑채노인복지관
이금숙다세대주택
이레맛김
이마트
이선법무법인
이안세무법인
이천시장애인종합복지관
인천광역시시각장애인복지관
인피아드
일일카페
잇츠스킨
자강한방병원
장곡남부교회
장독대샛별한양점
재단법인 스마일
적십자사
전국경마장마필관리사노동조합

전국장애인부모연대안양지회
정심여자정보산업학교
제이스토리밴딩
제이앤제약
종로장애인복지관
좋은이웃교회
좋은이웃협동조합
좋은집
중부지방고용노동청경기지청
중부지방고용노동청성남지청
중앙공무원교육원
중앙의료기
지파운데이션
진로마트
진성산업
착한기술융합사회
창훈미디어
청강유통
초록우산어린이재단
초원축산
카와커피
카포카
컵스카우트 경기남부연맹
안양과천지구연합회
케이앤비스포츠
코벤이이리브피플
코아FS
콩갈아맷돌되비지
쿡클레스
타베크
태영종합건설
태원컴퍼니
토니모리
토이랜드
파리바게뜨
퍼니쭈니아트
펄어비스
평촌교회
평촌재가요양센터
평화의집
푸르메재단
플로리아
피치마켓

하나로TNS
하나로상사
하나은행
하남시장애인복지관
하이대동문고
학원버스연합회
한국교통장애인협회 안양시지회
한국농어민신문
한국다이퍼
한국도서관협회
한국문화예술교육진흥원
한국문화예술위원회
한국부인회 안양지회
한국사회복지관협회
한국사회복지협의회
한국야쿠르트
한국장애인고용공단
한국장애인복지관협회
한국장애인부모회 안양시지부
한국재활재단
한국전기안전공사
한국주택금융공사
한국지역복지봉사회
한국청소년운동연합안양지회
한국출판문화산업진흥원
한라푸드
한림인쇄
한마음축제
한솜방송미술센터
한신제화
한양유통
한화투자증권
할매정성밥상
함께맹그는공방협동조합
함께하는한숲
합동환경
해피빈
행복나래
현대종합주방
호계한우한돈
호당노래방

3. 수상내역

안양시관악장애인종합복지관 수상내역	
연도	**수상내용**
2012	보건복지부·한국사회복지협의회 전국 장애인복지관 평가 최우수등급 선정
2013	노사발전재단 고용구조개선 지원대상기관 선정
2016	한국보건복지인력개발원 사회복무요원 우수 실습기관 선정 보건복지부장관 표창
2018	보건복지부 전국 사회복지시설 평가 최우수등급 선정
2020	장애인 활동지원기관 우수기관 선정
2021	2020년 중증장애인지원고용 민간위탁사업 우수기관 선정
	보건복지부 경기도 사회복지시설평가 A등급 선정
	한국사회복지협의회 전국사회복지시설(장애인공동생활가정)평가 A등급 선정
2022	장애인 활동지원기관 최우수기관 선정

성민무료급식센터

1. 연도별 이용자 수 및 자원봉사자 수

성민무료급식센터 연도별 이용자 및 자원봉사자 수		
연도	**이용자(명)**	**자원봉사자(명)**
2010	11,810	672
2011	17,574	1,246
2012	16,873	942
2013	20,764	1,074
2014	22,851	1,151
2015	7,089	116
2016	14,730	562
2017	13,008	711
2018	14,339	1,060
2019	15,013	1,013
2020	192	0
2021	405	20
2022	1,153	22
합계	155,801	8,589

2. 수상내역

사랑의 이동급식 수상내역	
연도	**수상내용**
2006	강원도 인제 수해복구-이동급식 8천여 끼니 제공
2008	충청남도 도지사 감사패 - 태안 유류피해오염사고 자원봉사 참여
2008	국토해양부장관상 - 태안 허베이스프리트호 유류 오염사고 방제유공포상 전수식
2011	한국교회희망봉사단 공로패 - 한국교회 서해안 살리기 자원봉사 기념비 제막 및 전시관 개관식
2023	한국교회봉사단 섬김 봉사상 - 태안 유류피해 극복 참여 25개 교단·1만 교회 대표

성민청소년복지학교

1. 성민청소년복지학교 강의 실적

1) 현재 강사이력과 다를 수 있음

기수	강의 제목	강사진	수료인원(명)
1기	21세기 바람직한 학생 상	선융선(군포교육청 교육장)	140
	노인복지의 이해	윤정수(한세대학교 사회복지학과)	
	사회복지 개론	박용구(군포시노인복지회관 부장)	
	자원봉사 이해와 역할	조승철(성결대학교 사회복지학과)	
	자원봉사실태	권태진(성민원 이사장, 군포제일교회 담임목사)	
2기	21세기 복지사회를 향하여	권태진(성민원 이사장, 군포제일교회 담임목사)	98
	노인복지의 이해	박용구(군포시노인복지회관 부장)	
	사회복지에 대한 이해	이근홍(협성대학교 사회복지학과)	
	장애인에 대한 이해를 통한 우리의 자세	조윤경(한신대학교 재활학과)	
	청소년 자원봉사의 자세와 역할	조승철(성결대학교 사회복지학과)	
	노인-존엄한 생명	백은성(한국 누가회 간사)	
	군포시 자원봉사센터의 소개와 역할	원유형(군포시청)	
	21세기 청소년의 역할과 자세	김주삼(경기도의원)	
3기	사회복지와 자원봉사	정무성(카톨릭대학교 사회복지학과)	83
	청소년과 비전	박경록(한국MIT전략연구소 소장)	
	노인-존엄한 생명	백은성(한국 누가회 간사)	
	노인문재와 노인이해	박용구(군포시노인복지회관 부장)	
	진정한 복지란	권태진(성민원 이사장, 군포제일교회 담임목사)	
4기	진정한 사랑	권태진(성민원 이사장, 군포제일교회 담임목사)	132
	사회복지의 이해와 청소년자원봉사의 가치	신은주(평택대학교 사회복지학과)	
	새로운 천년과 도전받는 생명윤리	박상은(안양병원 부원장)	
	청소년 문제와 국제적 의식비교	박용구(군포시노인복지회관 관장)	
5기	청소년 자원봉사의 이해	박용순(성결대학교 사회복지학과)	84

기수	강의 제목	강사진	수료인원(명)
5기	노인학대의 이해	박용구(군포시노인복지회관 관장)	84
	노인의 신체적, 정신적 특성	김태덕(안양병원 간호부장)	
	청소년의 올바른 가치관과 효 문화	권태진(성민원 이사장, 군포제일교회 담임목사)	
	실습1-장애우를 처음 만나는 우리가 알아야 할 몇 가지	김영철(송파인성장애인복지관 재가복지팀장)	
	실습2-수화를 배워봅시다	김정은(성결대학교 기독교교육학과)	
6기	청소년 자원봉사의 이해	신은희(발룬티어21 교육담당 간사)	125
	고령화 사회에서의 노인학대	박용구(군포시노인복지회관 관장)	
	청소년 성교육 및 약물남용	박영희(안양병원 간호사)	
	청소년에 대한 비전	권태진(성민원 이사장, 군포제일교회 담임목사)	
	실습1-장애체험	황인원(명지대학교 강사)	
	실습2-레크리에이션(수화배우기2)	구민영(성결대학교 수화동아리)	
7기	청소년 자원봉사의 이해	황산(한마당 놀이문화연구소 소장)	67
	청소년 자원봉사활동의 필요성과 활동분야	박용순(성결대학교 사회복지학과)	
	노인의 이해	구자훈(한세대학교 교수)	
	현대사회와 노인학대의 원인	박용구(군포시노인복지회관 관장)	
	종교와 사회복지	정연동(성결대학교 수화동아리)	
8기	전도와 청소년 자원봉사	김태식(안양병원 전인건강연구소 소장)	202
	청소년 임싱	황점곤(열린문 사회복지센터 대표)	
	노인이해와 노인문제	박용구(군포시노인복지회관 관장)	
	실습1-장애체험	황인원(명지대학교 강사)	
	실습2-레크리에이션(수화배우기2)	김정국(성결대학교 수화동아리)	
9기	청소년 자원봉사의 의의와 중요성	유상렬(성결대학교 사회복지대학원장)	141
	청소년 자원봉사의 이해	권순미(성결대학교 사회복지학과)	
	생명의 윤리	박영희(안양병원 간호사)	
	노인의 이해와 봉사활동	박용구(군포제일가정봉사원파견센터 시설장)	
	실습1-수화배우기	서정호(수화 강사)	
10기	자원봉사는 왜 하는가	문재우(한세대학교 사회복지학과)	158
	속담 속에 나타난 복지사상	이경복	
	종교와 복지	박용구(군포시노인복지회관 관장)	
	실습-어르신과 함께 하는 시간	1·3세대 강사 어르신	

기수	강의 제목	강사진	수료인원(명)
10기	실습-노래로 배우는 수화	김정국(성결대학교 수화동아리)	158
11기	이미지 메이킹	고은경(에듀이즈 수석 컨설턴트)	90
	자원봉사의 실제 (동남아 해일피애봉사를 중심으로)	소성섭(한국 누가회 간호사)	
	자원봉사자의 자세	김현주(군포제일가정봉사원파견센터 시설장)	
	청소년 금융교육(합리적인 소비생활)	김종수(공인회계사)	
	실습-레크레이션	황산(한마당 놀이문화연구소 소장)	
	분과토의-함께 만드는 세상	김현(시민자치정책센터)	
12기	청소년 자원봉사와 인간관계	이영실(성결대학교 교수)	168
	꿈을 키우는 청소년	백은성(한국 누가회 간사)	
	고령화사회 무엇이 문제인가?	박용구(군포시노인복지회관 관장)	
	청소년의 시간경영	임현민(시간경영 컨설턴트)	
	비전을 품은 청소년	권태진(성민원 이사장, 군포제일교회 담임목사)	
13기	청소년 범죄예방	강협신(한세대학교 경찰행정학과)	99
	청소년 자원봉사(미래를 움직이는 힘)	서재범(경기도 청소년 자원봉사센터)	
	꿈을 키우는 청소년	박대운(폭소클럽 개그맨)	
	청소년 성교육	강영수(샘안양여성병원진료원장)	
	고령화 사회에서의 청소년의 역할	박용구(군포시노인복지회관 관장)	
	전문봉사활동 사례	이재혁(샘안양병원 이사)	
	꿈을 향해 도전하는 청소년	권태진(성민원 이사장, 군포제일교회 담임목사)	
14기	청소년 자원봉사활동의 이해	조승철(성결대학교 사회복지학과)	163
	청소년-함께 풀어가는 성	지설환(인천지역사회교육협의회 강사), 송복선(한국지역사회교육협의회 강사)	
	희망특강	김수미(샬롬선교발레단장)	
	변해야 산다-패러다임전환	이돈필(햇빛교회 담임목사)	
	나+너=우리	박용구(군포시노인복지회관 관장)	
	현장봉사활동 특강	권태진(성민원 이사장, 군포제일교회 담임목사)	
15기	청소년 자원봉사 교육	정현숙(평택대학교 교양학부)	140
	장애인의 이해	오길승(한신대학교 재활학과)	
	청소년심리 이해를 통한 학습법	이요한(푸른마을 푸른교회 목사)	
	가족 愛 발견	김영철(정선병원 사회복지사)	
	존엄한 세상을 꿈꾸는 청소년	백은성(군포제일교회 부목사, 의사)	

기수	강의 제목	강사진	수료인원(명)
15기	사랑의 열매를 맺자	권태진(성민원 이사장, 군포제일교회 담임목사)	140
16기	세상의 빛과 소금이 되자	권태진(성민원 이사장, 군포제일교회 담임목사)	152
	사랑 愛 발견	김영철(정선병원 사회복지사)	
	잃어버린 나를 찾아서(소시오드라마)	성결대학교 동아리	
	응급처리요령	김경희(군포소방서 소방교)	
	웃음치료와 자아정체성 회복프로그램	유종훈(한세대학교 사회복지학과)	
	인간관계 훈련	김민수(군포제일교회 부목사)	
	저출산 고령화 문제와 대책	박용구(군포시니어클럽 관장)	
	레크리에이션	황인원(명지대학교 강사)	
17기	내 마음 열기(토론: 사회복지 그림 그리기)	김민수(군포제일교회 부목사)	200
	Plus a 사회복지란?	한영주(한국재가복지시설협회 강사)	
	소시오드라마	별자리(사회심리극 연구소)	
	희망특강	이용로(테니스 국가대표 선수)	
	청소년의 인생설계	박용구(군포시니어클럽 관장)	
	세상을 향해 달려라	권태진(성민원 이사장, 군포제일교회 담임목사)	
18기	사회복지, 더불어 살아가는 것!	박원희(주몽종합사회복지관 관장)	118
	깨끗한 환경 내가 먼저	서재범(경기도청소년 자원봉사센터)	
	다문화와 청소년 자원봉사	박용구(군포시니어클럽 관장)	
	세상을 움직이는 나의 나침반	장은경(성민원 사원개발 팀장)	
	희망특강	박경근(한국재활재단)	
19기	사회복지의 이해와 학교사업	박용구(성민원 사무국장)	111
	주니어 리더십-너 자신을 디자인하라	김덕범(아하가족성장연구소 부소장)	
	희망특강	오재호(장애인신문 발행인 대표)	
	생명과 힘(나는 희망을 만들어 가는 사람)	김태식(안양샘병원 통합의학암센터 소장)	
	DISC를 통한 내 성격에 맞는 자원봉사 활동 찾기	반태섭(한국치유문화원장)	
	나는 희망을 만들어 가는 사람	장은경(성민원 자원개발 팀장)	
20기	사회복지 이해와 청소년 자원봉사활동의 이해	박용구(성민원 사무국장)	199
	바른 국가관	김옥희(한영신학교 상담학 교수)	
	레크레이션을 통한 리더십훈련	황인원(명지대학교 강사)	
	사랑받는 청소년	백은성(한국 누가회 간사)	

기수	강의 제목	강사진	수료인원(명)
20기	생명체가 우연히 만들어졌을까?	이영석(한국창조과학회 정회원)	199
	하나님 사랑, 나라 사랑, 이웃사랑하는 청소년	장은경(성민원 자원개발 팀장)	
	특별강의	권태진(성민원 이사장, 군포제일교회 담임목사)	
21기	사회복지와 자원봉사	박용구(성민원 사무국장)	128
	edge 있는 나! 나를 디자인하다!	김덕범(아하가족성장연구소 부소장)	
	나눔 & 레크리에이션	황산(한마당 놀이문화연구소장)	
	합리적인 금융생활	이강우(한국은행 경기본부 경제교육 부국장)	
	청소년학교폭력의 실태와 개선방안	조춘범(성결대학교 사회복지학과)	
	한 사람의 영향력	장은경(성민원 자원개발 팀장)	
	특별강의	권태진(성민원 이사장, 군포제일교회 담임목사)	
22기	사회복지와 자원봉사의 이해	박용구(성민원 사무국장)	179
	청소년 인터넷 중독의 이해와 개입	조춘범(성결대학교 사회복지학과)	
	내 영혼의 밥상	장주대(군포제일교회 부목사)	
	착한 밥상	이영희(유대인의 밥상머리 자녀교육 저자)	
	생활이 건강해지는 습관	장은경(성민원 자원개발 팀장)	
	생활이 건강해지는 비타민	권오중(레알 권오중여성외과 원장)	
23기	우리나라 사회복지 발달	박용구(성민원 사무국장)	98
	미래를 향한 당당한 삶	황산(한마당 놀이문화연구소 소장)	
	세계를 향한 무한도전	서경덕(성신여자대학교 객원교수)	
	나눔의 근원과 행복	장주대(군포제일교회 부목사)	
	창조과학 '소중한 생명'	이영석(한국창조과학회 정회원)	
24기	사회복지와 자원봉사의 이해	박용구(성민원 사무국장)	145
	꿀벌가의 가훈과 꿀벌산업의 가치	우순옥(국립농업과학원 곤충학 전공)	
	우리 역사 바로알기	전광훈(청교도영성수련원 원장)	
	개그맨의 날개 짓	신보라(개그맨)	
	나에게 맞는 진로	박미화(한국상담학회 전문상담사)	
25기	우리나라 사회복지 발달	박용구(성민원 사무국장)	115
	복지는 나로부터 시작 된다	백은성(한국 누가회 간사)	
	학교폭력 바로알기	정승화(청소년폭력예방재단 강사)	
	세계 속의 바른 한국 역사관 복지관	안상혁(합동신학대학교 역사신학 전임교수)	

기수	강의 제목	강사진	수료인원(명)
26기	사회봉사와 자원봉사의 이해	박용구(안양시관악장애인종합복지관장)	184
	사회복지의 첫걸음, 인간은 존엄하다	백은성(한국 누가회 간사)	
	내 마음 전하고 싶어	김옥남(다문화리더십센터 소장)	
	한국 근현대사의 도전	박명수(현대기독교역사연구소 소장)	
27기	영국의 사회복지역사	최용석(성민재가노인복지센터장)	143
	스트레스 Down! 에너지 Up!	오창현(에스엘컨설팅 차장)	
	긍정의 행복으로 내안의 행복을 깨워라	이상현(한국웃음건강연구소장)	
	대한민국 역사이야기	최용호(한민족역사연구소장)	
	이사장님과 힐링 토크	권태진(성민원 이사장, 군포제일교회 담임목사)	
28기	사회복지와 자원봉사	박용구(안양시관악장애인종합복지관장)	153
	꿈과 믿음이 미래를 결정한다	유태영(농촌청소년미래재단 이사장)	
	청소년은 결단하라	김성욱(리버티헤럴드 대표)	
	학교폭력예방교육	박정숙(청소년폭력예방재단 강사)	
29기	지금은 선물이다	션(YG엔터테인먼트 소속 가수)	131
	차별금지법	김승규(법무법인 로고스대표)	
	민주주의와 사회주의의 이해	김윤기(한반도평화봉사단 대표회장)	
	사회복지역사의 이해	김희숙(성민재가노인복지센터장)	
30기	북한의 실상	신은하(채널A '이제만나러갑니다' 출연, 탈북여성)	176
	사회주의와 민주주의의 이해	김윤기(한반도평화봉사단 대표회장)	
	우리나라 사회복지역사	최용석(성민노인복지센터장)	
	응급처치교육	군포소방서	
31기	격변하는 한반도 정세와 미래	강명도(경민대학교 효충인성교육원 북한학교수)	103
	'꿈' 찾기	김윤주(군포시 시장)	
	너는 왜 여기 있니?	고세진(前 아세아연합신학대학교 총장)	
	지역과 함께하는 사회복지 '우리 동네 어르신'	김희숙(성민재가노인복지센터장)	
32기	자유주제	유은성(예스뮤직 소속가수)	112
	자원봉사로 만드는 자랑스런 나의 문화유산	황산(복지인력연구소 We대표)	
	칼의 벌판을 꽃의 벌판으로	김윤기(한반도평화봉사단 대표회장)	
	이슬람문화 바로알기	이혜훈(국회의원)	

기수	강의 제목	강사진	수료인원(명)
33기	부끄러운 꿈은 없다	여은(가수, 멜로디데이)	57
	왜 청소년기 흡연, 음주가 위험한가	김현경(대한 기독교 절제회 이사)	
	섬김의 시작 '효'	금종례(국립한경대학교 공공정책 대학원 겸임교수)	
	나눔은 관심이다	김효진(경기사회복지공동모금회 사무처장)	
	당신이 기적의 주인공이다	권영찬(개그맨, 권영찬닷컴 대표)	
34기	블레싱	김정호(군포시니어클럽 관장)	134
	북한에 대해 알아보기	송지영(前북한아나운서, 탈북여성)	
	교육복지 실천방법	김성구(글로벌선진학교 교목실장)	
	바른 역사관 갖기	이호(통일한국리더십아카데미 대표)	
35기	대한민국 우리로 인해 희망이 있다	정용선(前 경기남부지방경찰청장)	84
	청소년 인터넷, 스마트폰 중독예방교육	고승환(한국도박문제관리센터 강사)	
	복지의 시작은 나로부터	최용석(성민노인복지센터장)	
	동성애 및 에이즈	김지연(한국가족보건협회 대표)	
36기	동성애 및 에이즈 바로알기	김지연(한국가족보건협회 대표)	138
	청소년 도박문제 예방교육	고승환(한국도박문제관리센터 강사)	
	행복한 삶을 만드는 이끎과 섬김의 이야기	이승주(경기도재가노인복지협회 부회장)	
	탈북민 다음세대, 통일세대로 키우기	임창호(장대현학교 교장)	
	인간(안트로포스)	최낙중((사)한국청소년바로세우기 운동협회 이사장)	
37기	청소년 문화 복지	박진권(한국가족보건협회 탈동성애 상담소장)	102
	미디어와 복지	박수웅(KOSTA 주강사, 前 마취과 전문의)	
	미디어와 복지	이상호(SBS 생활의 달인 PD)	
	한국의 노인복지	김근홍(강남대학교 사회복지전문대학원 교수)	
38기	바른 비전관	김병철((사)경찰선교회장, 前경북울산경찰청장)	138
	글로벌시민교육 '조화로운 세계'	김지희((사)성민원 협력개발팀장)	
	대한민국의 비전과 복지	주대준(CTS 인터내셔널 회장, 前 카이스트 부총장)	
	민족통일과 청소년 복지	김성욱(리버티헤럴드 대표)	
39기	두 세계관	길원평(부산대학교 물리학교 교수)	83
	미래 사회를 준비하는 청소년	주대준(CTS 인터내셔널 회장, 前 카이스트 부총장)	

기수	강의 제목	강사진	수료인원(명)
39기	장애 이해 교육	임은현(안양시관악장애인종합복지관 사회복지사)	83
40기	대한민국의 사명과 비전	주대준(CTS 인터내셔널 회장, 前 카이스트 부총장)	91
	고령사회와 노인문제	홍미숙(성민재가노인복지센터 시설장)	
	좋은 날이 오게 하자	이언주(국회의원)	
41기	장애인 복지와 장애인의 이동권	박용구(안양시관악장애인종합복지관 관장)	63
	대한민국 역사 바로알기	이동호(자유민주연구학회 사무총장)	
	세계관 전쟁의 시대, 과연 우리는?	정소영(변호사, 세인트폴 세계관 아카데미 대표)	
42기	자유를 억압하는 차별금지법	박성제(법무법인 추양 가을햇살 파트너 변호사)	44
	자유와 민주주의	고세진(시카고대학교 대학원 근동고고학 박사)	
	도전과 실패의 함수관계	이혁재(MBC공채 개그맨, HH컴퍼니 대표)	
43기	스크루테이프의 편지 (사탄을 다루는 몇 가지 방법)	정소영(변호사, 세인트폴 세계관 아카데미 대표)	37
	우리나라는 어떻게 이루어졌나?	고세진(시카고대학교 대학원 근동고고학 박사)	
44기	의료선교의 역사	신명섭(의료법인 성누가병원 치과 원장, 성누가회 대표)	44
	대한민국 현대사의 올바른 이해	이춘근(한국해양전략연구소 선임 연구위원)	
45기	진정한 평등과 차별의 구별	김지연(한국가족보건협회 대표)	27
	복음통일을 위한 북한 및 주변 국제정세의 이해	이춘근(한국해양전략연구소 선임 연구위원)	
46기	자유란 무엇인가? 그리고 소중함	강명도(북한 선교사, 국제만나트리선교회 대표)	38
	마을로 간 체제전쟁	이희천(주민자치법반대연대 대표)	
	8.15의 역사와 의미	이춘근(한국해양전략연구소 선임 연구위원)	

수료인원 총 5,411명

GBN뉴스(경기복지뉴스)

사랑이 흐르는 물길

1. 집필진 (가나다 순)

강기태	류태영	이용희
강영수	류상열	이은애
고명진	문성모	임병우
고정욱	문재우	장화정
권영해	박상은	정계헌
김동배	박용구	정인찬
김명욱	박재현	조원일
김민철	백종만	차흥봉
김범수	서상목	함영이
김병학	손병덕	홍승표
김양희	송길원	홍영란
김종인	신계용	홍영주
김지선	오창현	그 밖의 다수
김해성	육수기	
김호중	이기복	
남진석	이명우	

2. 함께 한 기업 (가나다 순)

이영석수학학원	이튼치과
국민고기정육식당	임실팝피자
금동명가	자연드림군포생협(산본점)
꿈꾸는윙빵	정도너츠(산본점)
마더베어	제일종합인테리어
반짝반짝어린이집	채선당(군포당동점)
보물찾기뷔페식당	카페마실
오웰	태백물닭갈비
서울정보처리컴퓨터학원	템퍼
성누리건설㈜	㈜퓨어멤
스토리방방(군포당정점)	하은정보통신
씨엠넷	한가람공방
아그집쭈꾸미볶음전문점	할매정성밥상
월드베스트프랜드	황가네오리촌
이규호치과	

성민실버합창단

1. 연주회 실적(활동내용)

성민실버합창단의 20년간의 활동

- 정기연주회 16회
- 성민원 기념음악회 출연 1회
- 군포시민대축제 및 노인문화축제 참가 6회
- 성민원 설립 예배 찬양 16회
- 예인예술제 수리합창제 참가 8회
- 군포시니어클럽 행사 찬조 출연 3회
- 성민소년소녀합창단 찬조 출연 9회

- 월강 금빛합창제 참가 1회
- 전국 골든에이지(어르신)합창 경연대회 참가 1회
- 성민원 송년 행사(빛사랑모임) 찬조 출연
- 군포경찰서 성탄 예배 찬양 1회
- 서울구치소(여성) 위문 공연 2회
- 영광교회 노인문화축제 참가 1회

2. 역대 지휘자, 반주자, 단원 명단

역대 지휘자 명단

변영훈
천봉화
임정현

역대 단원 명단 (가나다순)

강 일	김단순	김재형	문미자	방성자	윤준자	임교술	조기석
강혜숙	김보애	김정남	문승옥	방명자	윤필섭	임복순	조성옥
고성호	김봉선	김정숙	문인숙	변연실	이갑용	임선빈	조순자
고순선	김선희	김정옥	문인술	상순자	이경애	임춘영	조화옥
고영희	김순배	김종욱	박경희	석연옥	이길자	임태인	주복녀
구온서	김순애	김종훈	박신자	손춘자	이덕희	임홍달	최문자
김경파	김순열	김진규	박숙자	송명순	이명진	장선주	최범순
김남준	김순자	김태규	박연휘	송영자	이미현	장익제	최정숙
	김승태	김현옥	박영명	송창섭	이상권	전선자	최진란
	김영자	김형옥	박영욱	송홍순	이상준	전성자	태범엽
	김영희	김혜숙	박옥매	신순자	이석분	전애자	한세창
	김옥순	김혜자	박옥현	양정선	이수남	전옥남	한영숙
	김용근	김홍석	박정미	여인영	이영진	전해숙	현순혜
	김은숙	김효복	박정숙	여춘자	이옥주	전혜숙	홍경애
	김은자	남영희	박정순	오옥순	이원구	정병욱	홍재화
	김을순	노명준	박정옥	오옥자	이익명	정숙자	황규문
	김임순	노민환	박정자	왕영귀	이정례	정연인	황은희
			박춘옥	유성해	이정순	정연현	(139명)
			박충석	유지성	이정애	정진숙	
			박희숙	윤득원	이정희	조금현	

성민소년소녀합창단

1. 연주회 실적(활동내용)

성민소년소녀합창단의 14년 간의 활동

- 정기연주회 11회
- 성민원 설립 감사 예배 찬양 10회
- 인도 바나나합창단 내한 순회공연 찬조 출연 1회
- 꿈의 사람 요셉과 채색 옷 뮤지컬 출연 1회
- 성민원 기념음악회 출연 1회
- 군포제일교회 헌당 감사예배 찬양 1회
- 군포시니어클럽 행사 출연 2회
- 예인예술제 관내 합창제(수리합창제) 참가 6회
- 경기도 자원봉사대회 출범식 1회
- CTS 씽! 할렐루야 출연 1회
- 군포어르신 문화축제(1·3세대합창) 참가 1회

2. 역대 지휘자, 반주자, 단원 명단

역대 지휘자 명단
정윤미
신재은

역대 단원 명단 (가나다순)

소프라노

강민지	김예슬	손예진	최모세	박수정	최유담	김현아	안유정
강예은	김윤서	송성애	한성아	박시온	최인영	김현주	양광모
고서윤	김은신	신가연	황세림	박승주	최지원	박다원	양범모
고예은	김은지	신희연	(56명)	박온유	태효경	박민혁	여민욱
고하은	김은하	안소희		박지혜	(44명)	박성우	우유진
공민정	김진솔	안유니	**메조소프라노**	박해인		박수지	유재현
공하정	김진주	양성온	강민지	백주은	**알토**	박재영	이가영
권지현	김하민	여예은	강현준	서솔지	공민정	박지혜	이문희
김대은	김현아	윤주혜	고은서	서지영	김가은	박찬우	이지호
김민선	김현하	이가영	고하은	신윤서	김강민	박하늘	이채은
	남윤서	이가은	공하정	안유정	김동하	박해민	이하연
	박다원	이규상	권지현	이가은	김동현	백지성	임해진
	박성준	이수아	김미진	이문희	김미진	서연지	전수민
	박수림	이지윤	김서현	이채원	김민성	서예림	전유민
	박온유	이채원	김성애	이하연	김민재	서예은	전지민
	박지유	이채윤	김여진	이형민	김상현	서유진	전진호
	백주은	이채은	김예슬	임해진	김서연	서은영	정시현
	서솔지	이하연	김원석	전수민	김여진	손주원	정윤호
	서예은	이형미	김준희	전혜림	김연후	손진성	조아라
	손예지	전가은	김진솔	정시현	김준희	송하은	최모세
		전채림	남윤서	최예린	김진석	신요한	최예진
		정시은	박민혁	최예진	김진성	심은빈	(60명)
		정시현	박수지	최요한	김태현	심혜민	

성민에듀투게더

1. 자원봉사자 명단

성민에듀투게더 년도별 학생 인원 및 교사(자원봉사자) 명단		
연도	**학생인원**	**교육 자원봉사자**
2012	16명	김누리 김대환 김라엘 김명철 김영관 김은주 김하수 박민규 서용준 오향자 이루리 김지혜 이세희 이영석 이재은 이정진 정의훈 조해경 채현준 최충만 최현준 최용석 (22명)
2013	20명	이선옥 김영훈 이세희 김혜민 김은주 김영훈 김동열 박정임 이지홍 임도진 조해경 조혜원 박정임 윤승현 최용석 최충만 (16명)
2014	23명	이성재 이현승 민동영 채현준 고덕주 김민영 김현우 이선옥 이현승 장윤옥 이지은 김대학 손진동 김영훈 조해경 (15명)
2015	23명	김영훈 조해경 오형석 최영주 유보은 윤동희 이선옥 고덕주 김수하 김대학 김현우 민동영 이은하 이성재 김명순 김명자 김영순 성복식 이강산 박지현 정종희 박용준 조혜은 김영자 장태훈 이수은 김명철 이유진 김동건 김영훈 정해철 (31명)
2016	27명	김명자 김명수 김영순 윤동휘 김동민 장태훈 고민정 오향자 서지윤 한유수 김대학 홍린 윤하원 이수은 조혜은 박민우 김영훈 김동건 정해철 조해경 최순아 (21명)
2017	3명	김명자, 김명수, 이현정, 김석찬 (4명)
2018	20명	김명자 조해경 김현정 이태무 김명수 고하은 조민강 배성광 장인자 채예진 장승연 김민서 전진호 조수아 정지윤 정태현 송하륜 김수정 정주원 김나연 안성준 김가은 신시하 김민서 정지윤 김세휘 장동준 강현지 이소영 최지완 장인자 (31명)
2019	22명	김명자 조해경 정민지 이태무 김명수 고하은 조민강 배성광 장인자 채예진 고덕주 송재명 김민서 정지윤 정태현 송하륜 김수정 정주원 안성준 김가은 신시하 박연우 박현지 고재은 김나연 정다연 조수아 이찬우 박재은 이유진 정지윤 (31명)
2020	-	-
2021	15명	안성준 전진호 안소희 정다은 이형철 이지호 황보준 박민지 김수정 안하은 이지원 김세희 (12명)
2022	1명	김민수 (1명)
총 계	170명	184명

빛사랑모임

1. 연주회 실적(활동내용)

빛사랑모임 역대 수상자			
연도	훈격	수상자 명단	
		개인	단체
1999	감사장	김은령 김윤희 허명희 서기도 박종구 이상희 김기남 김계영	지구촌 안양한방병원
2000	감사장	김중필	LG전자산본점
	시장상	김남규	
2001	시장상	김영숙 안순옥 김명숙 에스원 유임숙 김복례 유명옥 장영신	
	국회의원상	장은경 김미은 김말숙 김성수 유현희 김신자 김성수	
	도지사상	기미은	
	감사패	신상호 김복례 백득순 박정희 송순녀 송성혜 안순옥 이정희 이덕규 송정환 신국현 신윤식	지구촌치유선교회 그린스포츠 동양면옥 흥진초 블란서베이커리
	공로패	이은자	
	감사장		광정교회 군포초녹색어머회 군포농협주부대학 군포성당레지오단 궁내동통장회 남서울교회 산본1동노래동아리 산본경륜장 산본교회 산본침례교회 선교중앙교회 성삼교회 시민의교회 신환아파트부녀회 영은교회 은성교회 한나라봉사단 촛불봉사단
2002	이사장상	임흥근 김철홍 이석화 이길순	재궁동주공1단지부녀회 촛불봉사단 대성생오리 종로떡집
	표창장	이재명 강근이 오형종 진영섭 김윤권 석연옥 임영근 주동휘 강대원 정차교 조광호	
	재가협회장상	김복례 홍성란	

연도	훈격	수상자 명단	
		개인	단체
2002	노인복지협회장상	이주근	
	표창장 (사회교육수료식)	김태옥 이후양 정명조 이회순 김순단 정형채 김은주 성금분 김순자 최분호 윤달중	
	감사장 (어르신송년모임)	이수옥 이용주 김구 정병욱 정학영 송명순 김영자 이종화 이상현 이현재 이철진 강일 윤용일 박충배 김정자 김순자 박지자 전인순 정문자 최춘득	
2003	시장상	이강옥 정학영 김영희 최춘흥	
	국회의원상	김현주 이계숙 김중곤 서득용	
	시의장상	박현남 정병욱 이순자 이덕노	
	이사장상	이주근 이병석 이월미 송명순 김순단 박옥자 이영자 정철교	수리고 토토제과점 다정원 참숯나물 신환부녀회 시민의교회
	한국노인복지관 협회장상	김희숙	
	군포시노인복지 관장상	조영희 임홍달 진경님 박순영 송재각 권지훈 김현옥 양지석	
2004	시장상	김희숙 노희경 김국종	안양상사
	국회의원상	유임숙 박정이 전효숙 백경희	
	시의장상	권연순 배영두 정숙자	
	이사장상	박필선 박정희	향군여성회 율곡부인회 기우회
	감사패	주문환	함께하는 사람들 케피코 노인지회장 안양베네스트
2005	시장상	한지윤 이순자 공봉애	
	국회의원상	표순열 안순옥 윤명자	
	갈릴리회장상	유명숙 이남숙	
	성신클럽회장상	유현숙 이순선	
	한국노인복지관 협회장상	신국현	
	이사장상	강일 구온서 김경실 김순자 김윤권 김현경 박영란 박영애 박은자 오미선 오지인 유춘자 윤명자 장인경 정유정 조윤정 김정희 김영기 유애순	

연도	훈격	수상자 명단	
		개인	단체
2005	감사패		이마트 쌍용축산 던킨도너츠 성산교회 수정교회
	표창패		당동쌍용아파트부인회 당동적십자부녀회 성서침례교회 은행봉사단 혜향봉사단
	공로패	권원혁 이경복 김임순 정길훈	
	장학금		금정중학교 군포중학교 군포고등학교
2006	시장상	길근화 신윤식	파리바게트한숲점
	국회의원상	홍경애 강성민 박재영 채현준 김남규	소이빈네이처
	시의장상	김계영 이주근	뽕잎사랑
	이사장상	서교심 김광옥 류태영박사	충무2단지부녀회 누가한방병원(장지욱) 산본제일병원(강중구) 한맥학원장(조국연) 삼천리도시가스
	공로패	최복연	
	장학금수여	조인영(당동중) 외 4명	
	갈릴리상	한숙정	
	천국사다리 이사장상	방재영 지성애 배임선	
2008	시의장상		이마트산본점(오용준) 산본제일병원(강중구) (주)삼천리(공동대표: 이영복, 한준호)
	국회의원상	박서희 권수안	한국복합물류(주) (주)퍼니넷(맹상호) 국민은행(손학현)
	이사장상 (감사패)	차선도 임병우	
	이사장상 (표창장)	성열호, 임양덕 배미향 안상섭 채을룡 윤원구 황기화 박미경 진옥님	떡마차(신준순)
	장학금수여		흥진초 금정중 군포고 산본공고 군포중
	갈릴리상	이은숙	
2009	이사장상(자원봉사 자 표창패)	양병수 오흥조 김상임 최경신 문애순	
	이사장상 (후원자감사패)	김구석 표정희 송성혜 남기현 서진아	당동정육점 퓨어멤 미래에셋생명
	갈릴리상	조윤정	

연도	훈격	수상자 명단	
		개인	단체
2009	갈릴리상 (표창패)	김경옥	
2010	국회의원상	승병록 채성민 김현경 허상분	옥돌돼지갈비(도현순)
	시의장상	서해남 이순선	다우리교회(안익환목사) 성경동화(이경복)
	이사장상 (감사패)	이상업 최명옥 윤상문 정호진 박동순 이계원 임동성 문수옥 정성현 인치덕	착한고기(김재욱) 소이빈네이처(허원욱) 은평교회(장상래목사) 낙원떡집(김춘겸)
	이사장상 (표창패)	우종만 김순애 가홍숙 김순용 문영진 석연옥 박정자 전해숙 박옥매 박영명 박신자 김정숙 임홍달	
	갈릴리상	정명예	
	장학금	이하영 한규형 오병주 박민우 민경준 박상현 안유성 김민 황혜림 김성희 방기용	
	격려금		군포경찰서군포지구대(성승렬경장) 군포경찰서산본지구대(박병훈경사)
2011	국회의원	승희조 채을용 조경숙 권연순	
	시장상	권재형 김영희 최용석	
	시의장상	유춘자 차향식 황기화 이은민	
	이사장상(감사패)	이창우 배순옥	파리바게트(김부경)
	이사장상 (표창패)	유현옥 김미옥 남경숙 홍성란	
	경기복지재단 이사장	박귀종 김지수	
	갈릴리상	안혜성	
	장기근속상	김효복 이갑용 김순애	
2012	국회의원상	김민하 이강순 백영화 채화엽	
	시장상	이규호 민옥기 김은숙 이지혜	
	시의장상	이현숙 박정희 곽아롬	
	이사장상	박화숙 김정호	신안양어린이집원장 나눔봉사단 선행봉사단
	장기근속상	변연실 김혜자 김영희 홍재화	
2013	시장상	문영진	이마트 CJ나눔재단
	국회의원상	박은자 전태진 황순봉 이미자	삼천리 현대케피코 안양로타리
	시의장상	서향숙 김구석	퓨어멤

연도	훈격	수상자 명단	
		개인	단체
2013	경기복지재단 이사장상	민경자 김순용 신윤식	
	경기도사회복지사 협회장상	박용구	
	경기도사회복지협 의회장상	이정 안재호	
	경기도장애인복지 관협회장상	김종달	신선설농탕(안양역점)
	한국장애인복지 관협회장상	박승천	
	이사장상	김삼남 황복덕 김은자	군포시개인택시하조선교회 무지개봉사단 곰돌이봉사단 가스트론
2014	이사장상	김영빈 이성이 민준기 김창숙	
	시장상	홍성란 김예은 이형택	
	국회의원	이순선 문영환 김민수	비산동성당
	시의장상	오인옥	화성메택
	경기복지재단 이사장상	이병찬	
	경기도사회복지 사협회장상	이효진	
	안양시사회복지 협의회장상	고미연 김서윤	
	경기도장애인복 지관협회장상	박민아	
	한국장애인복지 관협회장상	조은애	
	한국교회복지 봉사상	정원매	
2015	이사장상	박용구 최하나 오은미 김종숙 김성자 이호영	아름다운치과그룹 경동콜렉션
	시장상	권수안 조해경	㈜현대케피코·현대케피코지회 보성개발(주)
	국회의원상		IBK기업은행군포지점
	시의장상	김미옥	마실봉사회 ㈜다우

연도	훈격	수상자 명단	
		개인	단체
2015	경기복지재단 이사장상	이선옥	
	한국교회복지 봉사상	최인순	
	경기재가노인 복지협회장상	노경수 이신숙 정구복	화산초등학교 흥진초등학교
2016	이사장상 (감사패)	박종기 최충식 정희시	
2017	군포시장상	이순선 조희경 홍미숙	씨엠넷(채영희)
	국회의원상	황기화 이난주 진인숙 최용석	
	군포시의장상	김은숙 윤영순 이용자	
	이사장패	황희철 김선녀 김효복 김형갑 김명수 김명자 김종순 오순애 오정옥 임홍달	다솜어린이집 (주)아성레미콘
2018	군포시장상	김혜남 인순옥 한은지	굿빈스(주)
	국회의원상	김용순 박호진 김미경 정연완	
	군포시의장상	민혜란 박현주 정명예	
	이사장패	서상호 이순분 김영선 고숙희 서다은 서정희 정영분	
총계		총 378명	기업 119 곳

성민원 25년 연혁

사랑이 흐르는 물길

성민원 설립 이전 : 교회부서 및 성민회 활동

연도		내용
1982	02.23	선교원을 개원하다.
1983	02.14	선교원 제1회 졸업식에서 20명이 졸업하다. **(2023년까지 졸업생 총 2,073명)**
1984	12월	군포제일교회 청년부 주최로 제1회 불우이웃돕기 및 성전건축을 위한 엿 판매를 하다.
1986	05.02	제일노인학교를 설립하다.(일년후 노인대학으로 변경)
1991	12.16	군포제일교회 청년회 주최로 불우이웃돕기 일일찻집 바자회를 개최하다.
1997	년초	성민회를 조직하다.(지역 내 밤샘 특근하는 경찰들을 위해 커피 및 음료 봉사를 시작)
	05.02	성민회 주최로 치매예방과 대책을 위한 세미나를 열다. (장소: 군포시여성회관)
	05.11	성민회에서 어버이날을 맞아 독거노인가정에 떡과 카네이션을 전달하다. (192가정)
	05.27	독거노인과 본 교회 노인이 함께 온천나들이를 다녀오다.
	11.20	사회복지법인 순애원 주관으로 본 교인들이 가정봉사원 교육을 받다.
	12.25	성민회에서 가정봉사원 2급 교육과정 양성교육에 68명이 수료하다.
1998	01.21	성민회에서 산본 2단지 충주경로당에서 200여 명 어르신께 중식을 대접하다.

성민원 설립 이후

연도		내용
1998	03.05	사단법인 성민원이 경기도 제98-1호로 법인 설립허가를 받다.
	04.17	**법인 설립 감사예배 및 사단법인 성민원 현판식을 하다.**
	04.26	군포시로부터 군포시 노인복지회관 위탁운영 계약을 체결하다. (9년 수탁 운영)
	05.30	군포시 노인복지회관이 개관하다. (초대관장: 권태진 담임목사)
	06.07	성민원을 후원할 일천 명 복지 후원회 회원을 모집하다. (358명으로 시작)
1999	01.01	'제일케어'를 개원하다.(현, 성민재가노인복지센터)
	03.04	군포시 노인복지회관 부설 나눔 교실을 관인 제일어린이집으로 전환하여 개원하다.
	10.20~21	제1회 군포시 노인문화축제를 개최하다.
	12월	제1회 자원봉사자·후원자를 위한 빛사랑모임을 개최하다.

연도		내용
2000	1.9	제1기 성민청소년복지학교 개교하여 140명이 수료하다.
	2.24	2000년도 군포노인복지대학 수료식을 개최하다.
	3.5	성민원 제1회 정기총회를 개최하다. (회원 80명)
	07.20~22	제2기 성민청소년복지학교를 개최하여 98명이 수료하다.
	10.1	군포 노인상담소를 개소하다.
	10.2	성민원이 보건복지부장관 표창을 수상하다.
	10.10	군포시로부터 군포푸드뱅크를 수탁운영하다. (0.5톤 냉동탑차 자체 구입)
	12월	제2회 자원봉사자·후원자를 위한 빛사랑모임을 개최하다.
2001	1.8~10	제3기 성민청소년복지학교를 개최하여 83명이 수료하다.
	7.19~21	제4기 성민청소년복지학교를 개최하여 132명이 수료하다.
	9.7	제2회 사회복지의 날에 사단법인 성민원 권태진 이사장이 사회복지 활동 유공자 대통령표창을 수상하다.
	10.6	군포시민의 날에 사단법인 성민원 권태진 이사장이 명예선양부문에서 군포시민대상을 수상하다.
	10.9	제일케어를 군포제일가정봉사원파견센터로 명칭을 변경하다.
	12.22	군포푸드뱅크가 경기도지사 버금상 표창장을 수상하다.
	12월	제3회 자원봉사자·후원자를 위한 빛사랑모임을 개최하다.
2002	1.10~12	제5기 성민청소년복지학교 개최하여 84명이 수료하다.
	2.22~3.6	노인주간보호센터 지원을 위한 권태진 이사장님의 시화전을 열다.
	2.27	군포푸드뱅크(현, 군포기초푸드뱅크)가 사회복지공동모금회로부터 1톤 냉동 탑차 (경기89 노3733)를 기증받다.
	6.10	연세대 백주년 기념관에서 성민원 권태진 이사장이 '교회와 사회복지'를 강의하다.
	6.15	성민원 권태진 이사장 칼럼집 목회 속에 피어나는 복지를 출판하다.
	7.22~24	제6기 성민청소년복지학교 개최하여 125명이 수료하다.
	12월	성민원 권태진 이사장의 논문집 「교회성장과 사회복지사역의 연관성 연구」가 출판되다.
	12.14	사회복지공동모금회에서 지원받은 로또 이동목욕차량을 반납하다.
	12월	제4회 자원봉사자·후원자를 위한 빛사랑모임을 개최하다.
2003	1.9~11	제7기 성민청소년복지학교를 개최하여 67명이 수료하다.
	1.22	군포푸드뱅크가 모범 푸드뱅크 경기도지사 표창장을 수상하다.
	3.1	노동부로부터 사단법인 성민원이 고령자 인재은행으로 지정받다.
	3.5	군포제일주간보호센터(현, 성민노인복지센터)를 개원하다.
	3.23	군포시로부터 성민무료직업소를 허가받다.

연도		내용
2003	5.25	성민원 문화여가복지사업으로 성민실버합창단을 창단하고 제1회 연주회를 개최하다.
	12.12	제5회 장학금 전달식 및 자원봉사자·후원자를 위한 성민원 송년의 밤을 개최하다.
2004	1.15~17	제9기 성민청소년복지학교를 개최하여 141명이 수료하다.
	1.15	성민원 권태진 이사장 박사논문 <교회성장과 사회복지사역의 연관성 연구> 발표회를 열다.
	11.23	제4회 자원봉사활동 사진공모전에서 군포제일가정봉사원파견센터가 대상을 수상하다. (경기도지사 제1480호)
	12.9	제6회 자원봉사자·후원자를 위한 빛사랑모임을 개최하다.
		제1회 CBS 크리스천 자원봉사대상에서 우수상을 수상하다.
2005	1.4	군포기초푸드뱅크를 군포시로부터 운영사업자로 지정받다.
	1.17~29	제11기 성민청소년복지학교를 개최하여 90명이 수료하다.
	2.17	군포복지뉴스 창간호(월간)를 발행하다.
	5.23~24	(사)성민원 주최로 제1회 목회자를 위한 교회 사회복지 지도자 세미나를 개최하다.
	7.3~4	(사)성민원 주최로 제2회 목회자를 위한 교회 사회복지 지도자워크숍을 개최하다.
	7.21~23	제12기 성민청소년복지학교를 개최하여 168명이 수료하다.
	8.24~26	영락교회에서 개최한 기독교 사회복지 엑스포 2005에 성민원이 참가하다.
	10.12	경기도 중부권 노인일자리 박람회를 개최하다.
	10.25	서울대 음대 서계숙 교수 동문회 주최로 성민원 후원을 위한 자선음악회를 개최하다.
	12.9	제7회 자원봉사자·후원자를 위한 빛사랑모임을 개최하다.
	11.28~29	성민봉사단 50여 명이 1천여 포기 김장을 담궈 지역의 독거어르신과 소년소녀 가장, 장애인 가정, 한부모 가정 등에 전달하다. (매해 진행)
	12.3	천국사다리호스피스가 창립 4주년을 맞이해 성민원 권태진이사장을 천국사다리 호스피스 이사장으로 취임하고 취임식 및 교육 수료식을 개최하다.
2006	1.12	유료 노인요양시설인 성민요양원 개원하다.
	1.19~21	제13기 성민청소년복지학교를 개최하여 99명이 수료하다.
	2.4	사회복지공동모금회를 통해 포스코에서 이동급식 차량(5톤)을 후원받아 사랑의 이동급식 사업을 시작하다.
	3.6	군포복지뉴스가 경기복지뉴스로 명칭을 변경하다.
	4.21	군포제일주간보호센터를 성민노인복지센터로 명칭을 변경하다.
	6월~현재	삼천리 도시가스 사랑봉사단이 성민원과 연계하여 사랑의 도시락을 독거어르신 및 장애인가정 등 100여 가정에 배달하다.
	6.3	경기복지뉴스 웹사이트를 개설하다. (www.ggwn.co.kr)
	7.11	성민원 사랑의 이동급식차량이 수원 헤비타드 현장에 식사를 지원하다.

연도		내용
2006	7.17~30	민원 사랑의 이동급식차량이 강원도 인제 수해 현장에서 인제군 사회복지협의회, 가야교회, 여성단체협의회원들과 이재민, 실종자수색작업 및 구호작업에 나선 자원봉사자, 소방대원 등의 식사를 10일간 8,000끼 제공하다.
	7.21	군포제일가정봉사원파견센터가 성민재가노인복지센터로 명칭을 변경하다.
	7.24~26	제14기 성민청소년복지학교를 개최하여 163명이 수료하다.
	8.1~4	성민원 사랑의 이동급식차량이 수원 헤비타드 현장에 식사를 지원하다.
	10.15	집중호우로 재난지역으로 선포된 강원도 인제군에서 사랑의 이동급식차량과 청, 장년 자원봉사자를 보낸 성민원에 감사패를 전달하다.
	12.8	제8회 후원자·봉사자를 위한 빛사랑모임을 개최하다.(1,000여명 참석)
	12.15	성민원이 경기도지사, 경기도 청소년 활동 진흥센터로부터 청소년 자원봉사 터전 인증을 받다.
		군포푸드뱅크가 모범 푸드뱅크로 선정되어 경기도지사 우수상을 수상하다.
	12.18	전국복지관 보건복지부 평가에서 군포시노인복지회관이 우수기관으로 선정되다.
2007	1.18~21	제15기 성민청소년복지학교를 개최하여 140명이 수료하다.
	3.2	성민소년소녀 합창단을 창단하다.
	3.15	성민원은 성악가 박인수, 김요한, 김현주, 오미선, 길한나를 초청해 성민원 설립9주년 음악회를 개최하다.
	5.7~11	성민원과 루치아노최가 결식노인 및 카렌족난민을 위한 사랑의 바자회를 롯데백화점 안양점에서 개최하여 수익금의 5%를 성민원에 전달하다.
	6.1	성민재가노인복지센터에서 독거노인생활지도사파견사업(현 노인돌봄기본서비스사업)을 수탁운영하다.
	7.1	성민원이 군포시로부터 군포시니어클럽을 수탁운영하다.
		군포실버인력뱅크 사업을 군포시니어클럽에서 부설로 운영하다.
	7.23	군포시니어클럽(노인일자리 전문기관)이 군포시청 대회의실에서 개관식을 하다.
	7.26~28	제16기 성민청소년복지학교를 개최하여 152명이 수료하다.
	9.8	제1회 성민청소년축구대회를 군포시민체육광장에서 개최하다.
	10월~12월	성민고령자인재은행이 고령자 뉴스타트프로그램을 노동부로부터 지원받다.
	10.27	성민실버합창단이 제1회 월강 금빛합창제에 참가하여 장려상을 수상하다.
	12.12~08, 1.31	태안기름유출 재난지역에 45일간 사랑의 이동급식차량 지원 및 급식지원으로 총 20,000여 끼 식사를 제공하다.
2008	1.1	성민고령자인재은행이 근로복지공단 안양지사로부터 전문 간병인 교육기관으로 재 지정되다.
	1.10~12	제17기 성민청소년복지학교를 군포와 서울노원에서 개최하여 200명이 수료하다. (태안 기름유출사고 봉사지원)
	3.18	성민요양보호사 교육원이 경기 2008 제78호로 개원하다.

연도		내용
2008	3.28	군포시니어클럽이 법인 사업인 군포시 노인상담소를 위임받아 운영하고 행복시니어 상담봉사단 활동을 하다.
	4.1	성민요양보호사 교육원 개원예배를 드리다.
		성민요양원보호사교육원을 개원하다. (경기도 지정등록 제2008-78호)
	4.12	천국사다리호스피스가 암 환자를 돕기 위한 제1회 사랑 나눔 걷기대회를 대야미 인근에서 개최하다.
	5.4	성민소년소녀합창단 창단 1주년 기념 연주회를 하다. (지휘자-정윤미, 반주-김혜정)
	5.6	군포지역 중증장애인 바다 나들이에 사랑의 이동급식차량과 식사를 지원하다.
	5.9	성민요양보호사 1차 교육에서 신규 1급 27명, 간호조무사반 6명이 수료를 하다.
	5.15	성민요양원이 장기요양기관으로 지정되다.
	5.28	성민재가노인복지센터가 노인장기요양사업기관으로 지정되다.
	6.16	성민노인복지센터가 장기요양기관으로 지정되다.
	6.27	군포제일교회와 (사)성민원이 태안기름유출사고 사랑의 이동급식 차량 지원 및 무료급식봉사로 충남도지사 감사패를 수상하다.
	7.1	성민요양원이 장기요양보험을 시행하다.
	7.22~24	제18기 성민청소년복지학교를 개최하여 118명이 수료하다.
	12.5	허베이스프리트호 유류 오염사고 방제유공포상 전수식에서 군포제일교회, (사)성민원이 국토해양부 장관상 표창을 수상하다.
	12.12	제9회 자원봉사자·후원자와 함께하는 빛사랑모임을 개최하다. (950명 참가)
2009	1.15~17	제19기 성민청소년복지학교를 개최하여 111명이 수료하다.
	1.30	군포푸드뱅크가 군포시로부터 1톤 냉동 탑차(91부8159)를 기증받다.
	5.26	산본 중심상가에서 2009 행복UP 드림UP 후원행사를 개최하다. (총 4회)
	7.23~25	제20기 성민청소년복지학교를 개최하여 199명이 수료하다.
	12.1	군포시니어클럽 부설 실버인력뱅크가 2009 사회복지자원봉사 전국우수인증센터로 선정되다.
	12.4	제10회 자원봉사자·후원자와 함께하는 빛사랑모임을 개최하다.
	12.24	군포시니어클럽이 노인취업 우수사례 공모전에서 대상을 수상하다.
2010	1.1	성민요양원을 노인전문요양시설로 변경하다.
	1.7~9	제21기 성민청소년복지학교를 개최하여 128명이 수료하다.
	1.16	한국교회희망봉사단 주최 노숙인을 위한 설날희망 큰잔치에서 군포제일교회와 성민원이 점심식사 1,000인분과 방한복 100벌을 전달하다.
	4.12	아동청소년지원센터 '햇살공부방'을 개소하다.
		청소년무료석식사업 및 어르신 무료급식소인 성민무료급식센터를 개소하다.

연도		내용
2010	5.6	현대케피코 밥퍼봉사단의 후원으로 성민무료급식센터 제1회 어버이날 행사를 개최하다. (매년 진행)
	6.29	경기도 여주 캐슬파인리조트에서 제1회 사랑나눔 자선골프대회를 개최하다.
	6.30	성민노인복지센터가 노인돌봄종합서비스 제공기관으로 지정되다.
	7.26~28	제22기 성민청소년복지학교를 개최하여 179명이 수료하다.
	10.13~16	여의도순복음교회에서 열린 기독교 사회복지 엑스포 2010에 성민원이 참가하다.
	12.10	제11회 자원봉사자·후원자와 함께하는 빛사랑모임을 개최하다.
	12.31	경기도청에 성민요양보호사교육원 폐지 신청을 하다.
2011	1.13~15	제23기 성민청소년복지학교를 개최하여 98명이 수료하다.
	5월	군포시니어클럽이 2010년 전국노인일자리 기관평가에서 A등급을 받다.
	5.26	성민재가노인복지센터가 2010년 장기요양기관평가 방문요양 최우수(A)등급 기관으로 선정되다.
	6.2	성민노인복지센터가 경기도 365 어르신돌봄센터 운영기관으로 지정되다.
	7.21~23	제24기 성민청소년복지학교를 개최하여 145명이 수료하다.
	8.3	경기 광주 수해복구 현장에 사랑의 이동 밥차를 지원해 식사를 제공하다.
	8.15	전북 정읍 수해복구 현장에 사랑의 이동 밥차를 지원해 300여 명에게 식사를 제공하다.
	10.5	경기복지재단 주관 에듀투게더 사업에서 성민에듀투게더가 경기도 시범기관으로 지정되다.
	10.28	성민에듀투게더 개원감사예배 및 경기복지재단과 협약식을 하다.
	11.1	빈곤대물림방지를 위한 저소득 가정 청소년 야간보호사업 성민에듀투게더를 개소하다. (경기복지재단 400만원 지원)
	12월	군포시니어클럽 부설 실버인력뱅크가 2011 사회복지자원봉사 전국우수인증센터로 선정되다.
	12.1	현대케피코 밥퍼봉사단의 후원으로 성민무료급식센터 제1회 송년 행사를 개최하다. (매년 진행)
	12.5	한국교회희망봉사단 주최로 태안 의항교회에서 열린 한국교회 서해안 살리기 자원봉사 기념비 제막 및 전시관 개관식에서 성민원이 공로패를 수여받다.
	12.8	제12회 자원봉사자·후원자와 함께하는 빛사랑모임을 개최하다.
2012	1.1~16, 12.30	민에듀투게더가 경기사회복지공동모금회로부터 5년 연속 복권기금 아동·청소년야간보호 사업으로 선정되다. (경기사회복지공동모금회 야간보호사업/회계 전 분야 최종평가 최우수 A등급 평가)
	1.16~18	제25기 성민청소년복지학교를 개최하여 115명이 수료하다.
	1.30	성민에듀투게더 제1기 입학식 및 개학식을 개최하다.
	6.12	군포시니어클럽이 2011년 보건복지부 노인일자리사업 종합평가대회에서 복지형(실버케어) 부문 최우수상(보건복지부장관상)을 수상하다.
	7.18	성민원이 안양시로부터 안양시관악장애인종합복지관을 수탁운영하다.

연도		내용
2012	7.24~26	제26기 성민청소년복지학교를 개최하여 184명이 수료하다.
	8월	군포시니어클럽이 2011년도 전국노인일자리 기관평가에서 A등급을 받다.
	9.26	안양시관악장애인종합복지관 수탁 감사예배를 드리다.
	11.17	성민에듀투게더가 우수기관으로 선정되어 경기도지사상을 수상하다.
	11.22	제13회 자원봉사자·후원자와 함께하는 빛사랑모임을 개최하다.
	12.14	엘림복지회가 주최한 2012년 다사랑축제에서 군포기초푸드뱅크가 감사패를 받다.
	12.31	군포시니어클럽이 군포시어린이집 연합회와 경기도교육청에서 감사패를 받다.
2013	1.17~19	제27기 성민청소년복지학교를 개최하여 143명이 수료하다.
	2.22	군포푸드뱅크가 군포시로부터 사회복지시설 신고증을 발급받다. 군포푸드뱅크에서 군포기초푸드뱅크로 명칭을 변경하다.
	2.28	성민에듀투게더 제1기 수료 및 제2기 입학식에서 10명이 수료, 7명이 입학하다.
	3.15	성민원이 도날드 서덜랜드 초청 파이프오르간 연주회를 개최하여 수익금 전액을 장애인과 아프리카 에이즈고아를 위해 후원하다.
	5.6~7	군포시니어클럽이 제1회 꿈과 이야기가 있는 기차여행 효(孝)소풍을 개최하다. (매년 진행)
	5.28	군포시니어클럽이 2012년 보건복지부 노인일자리사업 종합평가대회에서 우수상(한국노인인력개발원장상) 및 수요처(궁내초등학교)보건복지부장관상을 수상하다.
	7월	군포시니어클럽이 2012년 전국노인일자리 기관평가에서 3년 연속 A등급을 받다.
	7.4	성민원 법인본부에서 한국타이어나눔재단 2013년 사회복지기관 차량나눔에 선정되어 차량 모닝을 지원받다.
	7.18	안양시관악장애인종합복지관 수탁 1주년 감사예배 및 기념식을 개최하다.
	7.19	안양시관악장애인종합복지관이 노사발전재단 지원 고용구조개선 대상기관에 선정되다.
	7.22~24	제28기 성민청소년복지학교를 개최하여 153명이 수료하다.
	11.29	제14회 자원봉사자·후원자와 함께하는 빛사랑모임을 개최하다.
2014	1.16~18	제29기 성민청소년복지학교를 개최하여 131명이 수료하다.
	3.18	성민재가노인복지센터가 군포시독거노인종합돌봄센터를 수탁운영하다.
	4.3~4	(주)다우의 후원으로 5천여 점의 의류를 후원 받아 성민희망바자회를 개최하다.
	4.28	성민요양원이 2013년 장기요양급여평가에서 최우수기관(A등급)으로 선정되다.
	7.18	성민원이 안양시로부터 안양관악장애인종합복지관을 재수탁 운영하다.(3년)
	7.28~30	제30기 성민청소년복지학교를 개최하여 176명이 수료하다.
	8.5	성민재가노인복지센터가 2014년도 재가노인지원서비스 평가에서 A등급을 받다. (경기도 노인복지과-13750)
	9.2	군포시니어클럽이 2013년 보건복지부 노인일자리사업 종합평가대회에서 대상(보건복지부장관상)을 수상하다.

연도		내용
2014	9.15	성민재가노인복지센터가 독거노인응급안전돌보미사업을 수탁운영하다.
	9.24	성민재가노인복지센터가 경기도재가노인복지협회 한마음워크숍에서 경기복지재단 대표이사로부터 우수기관표창을 받다.
	11월	안양시관악장애인종합복지관이 중증장애인직업재활센터 평가에서 우수시설로 선정되다.
	11.27	제15회 자원봉사자·후원자와 함께하는 빛사랑모임을 개최하여 명예이사장에 김삼환 목사, 고문변호사에 손평업 목사를 추대하다.
	12.1	성민원 셔틀콕 사업 굿싱(GOOSHING)을 군포시니어클럽이 위탁운영하다.
	12.31	성민재가노인복지센터가 경기도지사로부터 독거노인보호 유공기관표창을 수상하다.
2015	1월	안양시관악장애인종합복지관이 2014년 보건복지부·한국사회복지협의회 전국 장애인복지관 평가에서 최우수시설로 선정되다. (3년 연속)
	1.22~24	제31기 성민청소년복지학교 개최하여 103명이 수료하다.
	2.13	성민재가노인복지센터에서 독거어르신을 초청해 군포제일교회 청년부와 함께하는 쌀양해 행사를 개최하다.
	2.17	북한이탈주민을 위한 명절 사랑 나눔 행사를 개최해 군포시 관내 북한이탈주민 240세대(325명)에 선물을 전달하다.
	3.5	군포시니어클럽이 국내 유일 셔틀콕 작업장을 오픈하다.
	3.26	성민원 설립 17주년을 기념하여 KBS교향악단과 함께 하는 후원음악회를 개최하다.
	4.15~16	진도 팽목항에서 열린 세월호 참사 1주기 행사에 사랑의 이동급식차량을 지원하다.
	7.13~15	제32기 성민청소년복지학교를 개최해 112명이 수료하다.
	9.4	군포시니어클럽이 2014년 보건복지부 노인일자리사업 종합평가대회에서 기관최우수상 장관상을 5년 연속 수상하다.
	9.25	북한이탈주민을 위한 추석 나눔 행사를 개최해 군포시 관내 북한이탈주민 240여 세대에 선물을 전달하다.
	10.22	'한국교회 오늘과 내일' 포럼에서 군포제일교회·성민원 사례가 발표되다. (장소: 국회도서관)
	11.26	제16회 자원봉사자·후원자와 함께하는 빛사랑모임을 개최하다.
	12.1	성민원 셔틀콕사업 굿싱을 고령자친화기업 (주)지윙스로 설립하다.
	12.14	군포시니어클럽이 한국시니어클럽협회 연차표창대회에서 군포시니어클럽이 우수기관으로 선정되다.
	12.28	북한이탈주민을 위한 성탄절 사랑 나눔 행사를 개최해 군포시 관내 북한이탈주민 240여 세대에 선물을 전달하다.
2016	1.26~28	제33기 성민청소년복지학교를 개최하여 57명이 수료하다.
	1.29	군포시 북한이탈주민을 위한 설 사랑 나눔 행사를 개최해 관내 탈북가정 280여 세대에 선물을 전달하다.
	6.30	군포시니어클럽이 2015년 보건복지부 노인일자리사업 종합평가대회에서 우수기관으로 선정되어 한국노인인력개발원장상을 수상하다.

연도		내용
2016	7.1	성민재가노인복지센터가 2016년도 재가노인지원서비스 평가에서 A등급 받다. (경기도 노인복지과-11511)
	7.25~27	제34기 성민청소년복지학교를 개최하여 134명이 수료하다.
	8.25	KBS교향악단을 초청하여 성민원과 함께하는 KBS교향악단 제709회 정기연주회를 개최하다. (장소: 군포시문화예술회관 수리홀)
	9.2	한가위 사랑의 선물 전달식을 개최해 군포시 관내 북한이탈주민 100여 세대에 선물을 전달하다.
	10.11	성민재가노인복지센터가 군포시 제20회 노인의 날 행사 군포시장 표창을 받다.
	10.15~20	'제3회 기독교사회복지엑스포(2016 디아코니아코리아)'에 참가하다.
	11.25	제17회 자원봉사자·후원자와 함께하는 빛사랑모임을 개최하다.
	12.8	안양시관악장애인종합복지관이 법무부 사회봉사집행 우수협력기관으로 선정되다.
	12.20	성민재가노인복지센터가 2016년도 사회서비스 품질평가에서 A등급으로 전국 2위를 차지하다.
	12.30	성민재가노인복지센터가 경기도지사로부터 노인보호 유공기관 표창을 받다.
2017	1.16~18	제35기 성민청소년복지학교를 개최해 84명이 수료하다.
	1.19	경기복지뉴스 제100호를 발행하다.
	1.20	2017 북한이탈주민 설 희망 나눔을 통해 군포 관내 탈북가정 260여 세대에 설 명절 선물을 전달하다.
	2.21	성민재가노인복지센터가 노인돌봄종합서비스 우수기관으로 선정되어 보건복지부장관표창을 받다.
	3.21~23	2017 성민원 시설장 및 중간관리자 역량 강화를 위한 워크숍을 제주도에서 진행하다.
	7.18	안양시와 성민원이 안양시관악장애인종합복지관 5년 재수탁 협약을 하다.(5년)
	7.24~26	제36기 성민청소년복지학교를 개최해 138명이 수료하다.
	8.8	안양시관악장애인종합복지관이 활동보조기관 평가 우수기관으로 선정되다.
	9.22	2017 북한이탈주민 한가위 희망의 선물 전달식을 통해 군포시 관내 130여 세대에 선물을 전달하다.
	10.19	성민노인복지센터가 경기복지재단 대표이사 표창(기관부문)을 수상하다.
	11.23	제18회 자원봉사자·후원자와 함께하는 빛사랑 모임을 개최하다.
	12.22	북한이탈주민을 위한 성탄절 사랑 나눔 행사를 개최해 군포시 관내 북한이탈주민 300여 세대에게 선물을 전달하다.
2018	1.22~24	제37기 성민청소년복지학교를 개최해 102명이 수료하다.
	3.5~3.9	2018 성민원 관리자 및 관리자가족과 함께하는 역량강화 워크숍을 다녀오다.(베트남 호치민)
	4.19	성민노인복지센터가 2017년 장기요양기관평가에서 주·야간보호센터 최우수기관 A등급으로 선정되다.

연도	내용	
2018	5.3	성민원이 백석대학교와 상호협력 협정(MOU)을 맺다.
	5.10	경기복지뉴스가 지면신문에서 인터넷신문으로 사업을 확장하다.
	7.23~25	제38기 성민청소년복지학교를 개최해 138명이 수료하다.
	9.13	성민원이 사단법인 한국기독교연합에 가입하다.
	9.16	성민원 설립 20주년 감사예배를 드리다.
	9.19	군포시니어클럽이 보건복지부 장관상을 수상하다.
	10.15	성민원 20년사 '성민원의 20년 사랑이 흐르는 물길' 출간
	11.30	제19회 자원봉사자·후원자와 함께하는 빛사랑 모임을 개최하다.
	12.4	군포시니어클럽이 노인일자리 수행기관 유공표창(경기도 지사상)을 수상하다.
2019	1.21~23	제39기 성민청소년복지학교 '사랑 전하는, 희망 가득한 청소년'을 개최해 83명이 수료하다.
	2.21	한국교회연합과 함께 하는 사랑의 연탄나누기에 참여하다.
	3.29	한국교회연합 회원 단체에 가입하다.
	7.1	군포시니어클럽 재수탁 협약을 하다(5년)
	7.22~24	제40기 성민청소년복지학교 "좋은 날이 오게 하자"를 개최해 91명이 수료하다.
	8.12	'경기복지뉴스'의 제호를 'GBN뉴스'로 변경하다.
	9.25	성민재가노인복지센터가 노인복지기여기관 국회의원 표창을 받다
	10.1	군포시니어클럽이 보건복지부 노인일자리사업 평가대회 최우수기관상(보건복지부장관상)을 수상하다
	11.6	한국교회연합 사람의 김장 나눔 대축제에 참여하다.
	11.8	성민재가노인복지센터 2020년 군포시 노인맞춤돌봄서비스(남부권) 수탁 협약을 하다.
	12.1	이천시니어클럽 수탁 협약을 하다.(5년)
2020	1.13~15	제41기 성민청소년복지학교 '세계를 품는 청소년'을 개최해 63명이 수료하다.
	2.26	한국교회연합 '2020 사랑의 연탄 나눔 행사'에 참여하다.
	6.	긴급재난지원금 기부릴레이를 진행하다.
	8.14	911 수색구조단에 수해복구를 위한 사랑의 이동급식차량 및 식량을 지원하다.
	9.5	911 수색구조단과 태풍피해 구호·복구 봉사활동 출정식을 갖다.
	9.21	군포시니어클럽이 노인일자리 및 사회활동지원사업 평가 최우수상(보건복지부장관상)을 수상하다.
	10.24	성민원이 코로나19 예방키트를 지역사회 취약계층 100가정에 전달하다. (기부릴레이, 같이가치 후원금)
	10.24.~31	제42기 성민청소년복지학교 '세계를 품고 자유를 사랑하자' 개최하여 41명이 수료하다.

연도		내용
2021	1.23~25	제43기 성민청소년복지학교 '도전하는 청소년이 희망이 있다'를 개최해 37명이 수료하다.
	2.22	이천시니어클럽이 코로나19 대응관련 우수기관 선정 이천시장 '표창'을 수상하다.
	4.30	성민노인복지센터가 2020년 장기요양기관 평가 주·야간보호센터 최우수기관 A등급 선정되다.
	5.3	안양시관악장애인종합복지관 2020년 경기도 사회복지시설평가 종합 A등급 선정
	5.7	안양시관악장애인종합복지관이 2020년 경기도 사회복지시설평가 "최우수등급"에 선정되다.
	8.10	제44기 성민청소년복지학교 '지혜로운 선택을 하는 청소년'을 개최해 44명이 수료하다.
	8.11	이천시니어클럽이 2020년 노인일자리 및 사회활동지원사업 평가 전국 최우수기관(S등급)으로 선정되다.
	9.27	이천시니어클럽이 2020년 노인일자리 수행기관 평가 보건복지부장관 '대상'을 수상하다.
2022	1.25~27	제45기 성민청소년복지학교 ' 세계를 보는 눈을 열자'를 개최해 27명이 수료하다.
	2월	성민원이 경기사회복지공동모금회로부터 이동세탁차량(2.5톤)을 지원받아 '사랑의 이동세탁차' 운영을 시작하다.
	7.1	안양시와 성민원이 안양시관악장애인종합복지관 5년 재수탁 협약을 하다.(5년)
	7.11	군포시니어클럽이 제 11회 인구의 날 기념 경기도지사 표창을 받다.
	7.5~7	성민원 시설장 및 중간관리자 역량강화를 위한 워크숍을 다녀오다.
	7.25~27	제46기 성민청소년복지학교 개최 "자유대한민국의 주인공이 될 청소년"을 개최해 38명이 수료하다.
	8.13~16	군포제일교회·(사)성민원, 수재민 위한 '사랑의 이동 세탁차'를 운영을 지원하다.
	8.25	성민원이 산본1동행정복지센터에 수해 극복을 위한 KF94 마스크'(2만5천여 장)를 전달'하다.
	11.24	이천시니어클럽 2022년 노인일자리 우수 운영모델 공모전 보건복지부장관 최우수상 수상
	11.30	이천시니어클럽이 2022년 경기도 노인일자리사업 유공기관 경기도지사상 표창을 받다.
	11.30	군포시니어클럽이 경기도 노인일자리 창출 노후시설 개선 표창을 받다.
	12.24	안양시관악장애인종합복지관이 국민연금공단이 주최하는 장애인 활동지원기관평가 최우수기관으로 선정되다.
2023	1.5	성민재가노인복지센터가 2022년 노인보호 및 권익증신 기여 유공 기관 경기도지사 표창을 받다.
	1.29	이사장 권태진 목사, 태안유류피해극복기록물 유네스코 세계기록유산등재 기념 참여25개교단(교회) 대표 섬김봉사상을 수상하다.

사랑이 흐르는 물길
성민원 25년사

성민원 25년사 편찬위원회(가나다순)
편찬위원장 권태진 이사장
편찬위원 김희연 사모 / 김지희 / 김차희 / 서다은 / 정성은
감수 김남규 / 김정호 / 박용구 / 이진희 / 최용석 / 홍미숙 / 이영석 / 정희진
자료 국강호 / 권성은 / 문성은 / 박현주 / 안성현 / 이주근 / 이지호 / 이형철 / 조성하 / 한은지

사랑이 흐르는 물길
성민원 25년사

초판발행 2023년 3월 19일
발행인 권태진
기획 사단법인 성민원 25년사 편찬위원회
　　　 TEL 031-397-2051 FAX 031-397-0160
　　　 sungminwon.org

발행처 성빛출판사
등록번호 제 2003-6호
등록된 곳 경기도 군포시 군포로 487 402호
이메일 sungbitbooks@gmail.com
홈페이지 www.sungbit.com

ISBN 978-89-87187-37-2 (03330)
디자인 인권앤파트너스